Sigurd Sadowski

Sigurd Sadowski

# Kirche, wo Not ist – wo Kirche not ist

## Notfall-Seelsorge als parochiale Aufgabe

EVANGELISCHE VERLAGSANSTALT
Leipzig

Sigurd Botho Sadowski, Jahrgang 1972, absolvierte seinen Zivildienst als Rettungssanitäter. Anschließend studierte er Evangelische Theologie in Siegen und Bonn und wirkte am Aufbau mehrerer Notfall-Seelsorgebereitschaften mit. Seit 2003 ist er Pfarrer in den Kirchengemeinden Melsungen und Kehrenbach sowie Beauftragter für Notfall-Seelsorge im Kirchenkreis Melsungen (Ev. Kirche von Kurhessen-Waldeck). Zudem wirkt er als Referent im Rahmen der Fort- und Weiterbildung für Pfarrerinnen und Pfarrer, aber auch für Hilfsdienste und Einsatzkräfte.

Bibliographische Information der Deutschen Nationalbibliothek
Die Deutsche Nationalbibliothek verzeichnet diese Publikation in der Deutschen Nationalbibliographie; detaillierte bibliographische Daten sind im Internet über http://dnb.dnb.de abrufbar.


Printed in Germany · H 7706



Das Buch wurde auf alterungsbeständigem Papier gedruckt.

Cover: Zacharias Bähring, Leipzig
Satz: MEDIEN PROFIS GmbH, Leipzig
Druck und Binden: Hubert & Co., Göttingen

ISBN 978-3-374-03749-0
www.eva-leipzig.de

Für Maren

# Vorwort

Notfall-Seelsorge leistet Beistand in akuter Not. Sie ergibt sich aus der gemeindlichen Seelsorge vor Ort und mündet in diese. Durch die Notfall-Seelsorge sind Seelsorger der Kirche an den Schnittstellen des Lebens von jetzt auf gleich erreichbar und suchen Menschen in ihrem Lebenskontext und sozialen Umfeld auf. Durch ihre Offenheit, Präsenz und Zuständigkeit verkörpern sie in der seelsorgerlichen Begleitung die Relevanz des christlichen Glaubens.

Die folgende Darstellung und Untersuchung der Notfall-Seelsorge fasst diese theoretischen und praktischen notfall-seelsorgerlichen Erfahrungen aus nahezu 20 Jahren Arbeit im Rettungsdienst, Theologiestudium, Vikariat und Gemeindepfarramt zusammen. Sie wurde im Wintersemester 2012/2013 von der Evangelisch-Theologischen Fakultät der Rheinischen Friedrich-Wilhelms-Universität zu Bonn unter gleichem Titel als Dissertation für das Fach Praktische Theologie angenommen, für die Drucklegung geringfügig überarbeitet und um weitere Literatur ergänzt.

Ich verdanke die erfolgreiche Fertigstellung dieser Arbeit meinem Doktorvater, Prof. Dr. Reinhard Schmidt-Rost. Er hat über viele Jahre mit sehr viel Langmut mein wissenschaftliches Interesse unterstützt, gefördert und mich stetig mit viel Vertrauen zu eigenständigen Interpretationen ermutigt. Er bestätigte meine Einstellung als studentischer Mitarbeiter am Lehrstuhl für Praktische Theologie seines Bonner Vorgängers, Prof. Dr. Friedrich Wintzer (1933–2004). Prof. Wintzer gedenke ich in dieser Arbeit mit großer Dankbarkeit, denn er hat mich in seinen Veranstaltungen und v. a. durch sein Wesen gelehrt, die Menschen zu lieben und dadurch Theologe zu sein.

Bereits zu Studienzeiten durfte ich zum Thema wissenschaftlich publizieren, wozu mich Prof. Dr. Eberhard Hauschildt ermutigte, dem ich für die Mühe des Zweitgutachtens danke. Prof. Dr. Udo Rüterswörden hat als Dekan das Promotionsverfahren maßgeblich vorangetrieben.

Ich danke meinem Freund, Pfarrer Dr. Dirk Schinkel, für die kritisch-konstruktive Begleitung meiner Arbeit.

Für einen namhaften Druckkostenzuschuss danke ich der Ev. Kirche von Kurhessen-Waldeck und dem Ev. Pfarrverein Kurhessen-Waldeck für die Gewährung einer Promotionsbeihilfe. Dr. Annette Weidhas, von der Evangelischen Verlagsanstalt Leipzig, danke ich für die Aufnahme des Werkes in das Verlagsprogramm.

Für ihre vielfältige und wohlwollende Unterstützung meines Vorhabens danke ich meinen Eltern, Hiltrud und Pastor i. R. Werner Sadowski, herzlich.

Meine Frau, Pfarrerin Maren Sadowski, war in den Jahren der Entstehung und Fertigstellung dieser Studie meine erste und wichtigste Gesprächspartnerin. Sie hat mich nachhaltig und liebevoll unterstützt und hat mir mit viel Humor und Geduld den nötigen familiären Freiraum verschafft. Ihr widme ich in Dankbarkeit diese Arbeit.

*Melsungen, am Erntedankfest 2013* *Sigurd Sadowski*

# Inhalt


I. Zur Fragestellung der Arbeit ..... 15

**1. Genese und Struktur** ..... 15
**2. Mehrdimensionale Institutionalisierung der Notfall-Seelsorge** ..... 17
**3. Notfall-Seelsorge aus der Parochie für die Region** ..... 19

II. Geschichte der Notfall-Seelsorge ..... 21

**1. Seelsorge in der theologischen Familie** ..... 21
**2. Der Dienst am Nächsten als konstitutiv christliche Aufgabe** ..... 23
**3. Miteinander und Gegenüber in der Sorge um Verletzte** ..... 26
**4. Differenzierung der Hilfe im 20. Jahrhundert** ..... 27
4.1 Die EKD-Schrift »Kirchliches Handeln bei Unglücksfällen und Katastrophen« ..... 28
4.2 Der Unfall-Folgedienst (UFD) ..... 32
**5. Pionierarbeit in den späten Achtziger Jahren** ..... 34
5.1 Die Kasseler Thesen ..... 37
5.2 Entstehung und Einordnung ..... 40
5.3 Kritik ..... 42
**6. Von der Initiative zur Institution** ..... 42
6.1 Begriffsklärungen ..... 42
6.1.1 Kirchliche Notfall-Seelsorge (NFS) ..... 43
6.1.2 Krisenintervention der Rettungsdienste (Kriseninterventionsteams [KIT] oder -dienste [KID]) ..... 45
6.1.3 Stressbearbeitung nach belastenden Ereignissen (SbE®) ..... 47
6.1.4 Psychosoziale Unterstützung (PSU) bzw. Psychosoziale Notfallversorgung (PSNV) ..... 51
6.1.5 Seelsorge in Rettungsdienst und Feuerwehr ..... 54
6.2 Aus-, Fort- und Weiterbildung ..... 55
6.3 Prinzipien und Organisationsformen (Modelle) notfall-seelsorgerlicher Arbeit ..... 59
6.3.1 Das Konfessionsmodell ..... 61
6.3.2 Das Kooperationsmodell ..... 61

6.3.3 Das Vereinsmodell ..... 62
6.3.4 Das Institutionsmodell ..... 62
**7. Der Status quo der Arbeit ..... 63**
7.1 Die Hamburger Thesen ..... 63
7.2 Entstehung, Einordnung und Vergleich der Kasseler und Hamburger Thesen ..... 65
7.3 Botschafter des Lebens an der Grenze des Todes ..... 69
7.4 Problematik der Thesen ..... 70
**8. Ausblick und Auftrag: Sensible Seelsorge in der Gemeinde ..... 70**

III. Notfall-Seelsorge als pfarramtlicher Auftrag ..... 73

**1. Notfall-Seelsorge im *innerhäuslichen* Bereich ..... 73**
**2. Ein Beispiel ..... 75**
2.1 *Mitten aus seinem Leben heraus* ..... 75
2.2 *Es kommt dann, wenn man nicht damit rechnet* ..... 76
**3. Phänomenologie einer Krise ..... 77**
3.1 Lebensbedingungen: Differenzierung und Vereinfachung ..... 78
3.2 Folge: Verdrängung ..... 79
**4. Der Pfarrer als Seelsorger ..... 79**
**5. Stationen kirchlicher Seelsorge ..... 81**
5.1 Das hereinbrechende Ereignis ..... 81
5.1.1 Grundsätzliche Überlegungen zum Umfang der Hilfe ..... 81
5.1.1.1 Aus dem Alltag der Gemeinde heraus ..... 81
5.1.1.2 In zeitlicher Nähe zum Geschehen ..... 82
5.1.1.3 Konkrete Hilfe ..... 83
5.2 Der Trauerbesuch ..... 83
5.3 Die Trauerfeier ..... 85
5.4 Die Aufnahme in die Fürbitte ..... 87
5.5 Einige Wochen danach ..... 87
5.6 Ewigkeitssonntag ..... 88
**6. Dimensionen kirchlicher Seelsorge als Wegbegleitung ..... 89**
6.1 Seelsorge als Diakonia ..... 89
6.2 Seelsorge als Koinonia ..... 90
6.3 Seelsorge als Martyria ..... 91
6.4 Seelsorge als Leiturgia ..... 93
6.5 Bewertung und Verortung ..... 94

7. **Klärungen** ... 95
7.1 Der soziale Aspekt ... 95
7.1.1 Diakonie bei John N. Collins ... 96
7.1.2 Würdigung ... 100
7.2 Der körperliche Aspekt: Bleiben ... 101
7.3 Der psychische Aspekt: Loslassen ... 102
7.4 Der bezeugende Aspekt ... 103
7.4.1 Martin Luthers Seelsorge des Trostes ... 103
7.4.2 Würdigung: »Wir sollen menschen und nicht Gott sein. Das ist die Summa.« ... 105
7.5 Der spirituelle Aspekt: Von der Kraft der Rituale ... 107
8. **Notfall-Seelsorgerlicher Dienst als pfarramtlicher Auftrag** ... 112
8.1 Vor Ort ... 112
8.2 Verantwortung ... 113
8.3 Präsenz ... 114
8.4 Kirche ist dort, wo sie gebraucht wird ... 115

IV. POIMENIK EINES NOTFALLS ... 117

1. ***Komm zu uns, zögere nicht*** ... 117
2. **Und hätte die Liebe nicht ... Notfall-Seelsorge als diakonisch-religiöse Kommunikation des Evangeliums** ... 118
3. **Die Liebe ist langmütig und freundlich ...** ... 119
3.1 Das Evangelium *finden* – Liebe üben ... 124
3.2 Das Evangelium *formen* – beten ... 127
3.3 Die Liebe erträgt alles, glaubt alles, hofft alles und duldet alles ... Von den Zumutungen und Wundern der Liebe ... 130
4. **Die Liebe hört niemals auf ... Vom Not-Fall zum Normal-Fall** ... 133
5. **Das Evangelium *verantworten* – Nun aber bleiben Glaube, Hoffnung, Liebe, diese drei, aber die Liebe ist die größte unter ihnen** ... 136

V. NOTFALL-SEELSORGE ALS PAROCHIALE AUFGABE ... 143

1. **Notfall-Seelsorge im Miteinander der Hilfsdienste** ... 143
1.1 Einsatzkräftegottesdienste im Schwalm-Eder-Kreis ... 143
1.1.1 Geschichtlicher Einblick ... 143

1.1.2 Aktives Vertrauen gründen und pflegen ... 145
1.2 Einsatzkräftegottesdienst 2009 in Melsungen ... 148
1.2.1 Vorbereitungen ... 148
1.2.2 Verlauf ... 151
1.2.3 Predigt ... 153
1.2.4 Rückblick und Nachwirkungen ... 155
1.2.4.1 Gemeinde und Einsatzkräfte ... 155
1.2.4.2 Stärkung des Gottesdienstes jenseits der Kerngemeinde ... 157
1.2.4.3 Verstärkte Zusammenarbeit ... 157
**2. Notfall-Seelsorge im Lebensvollzug der Gemeinde** ... 158
2.1 Gemeindediakonischer Dienst ... 158
2.2 Der Notfall als Kommunikations- und Vermittlungsgeschehen ... 159
2.3 Präsenz und Fortbildung ... 160
2.4 Geistliche und organisatorische Hilfen ... 162
2.5 Seelsorgerlich motivierte Kasualien ... 162
**3. Notfall-Seelsorge im Alltag der Familie** ... 164
3.1 Veränderte Wochen- und Tagesplanung ... 164
3.2 Veränderte Lebensgewohnheiten ... 164
3.3 Veränderte Dienstgewohnheiten ... 165
3.4 Freie Zeit ... 165
**4. Notfall-Seelsorge im Miteinander der Kollegen** ... 166
4.1 Dienstplangestaltung ... 166
4.2 Wochenbereitschaftsdienst mit kollegialen Absprachen ... 166
4.3 Übergabe ... 166
4.4 Erreichbarkeit ... 167

VI. Die Not der Notfall-Seelsorge ... 169

**1. Die Fülle von Material und Schriften durch konsequente Praxisorientierung** ... 169
**2. Das Auf und Ab der (notwendigen) Kooperationsbemühungen** ... 170
**3. Seelsorge in der Volkskirche** ... 175

VII. Liturgie-Anhang ... 179

**1. Liturgie zum Gottesdienst für Einsatzkräfte *Gott sei Dank! – Einsatzkräfte*** ... 179
**2. Predigt über 1 Kor 12,12–27** ... 185

VIII. Verzeichnis der verwendeten Literatur ............. 191

1. **Quellen** ........ 191
2. **Lexikonartikel** ........ 191
3. **Monographien und Aufsatzsammlungen** ........ 192
4. **Aufsätze** ........ 203
5. **Internet** ........ 225
6. **Handreichungen, Themenhefte, Broschüren, Zeitschriften** ........ 233
7. **Hilfsmittel, Berichte in Broschüren, Zeitschriften und Zeitungen sowie sonstige Veröffentlichungen** ........ 238
8. **Thematische Schriften zur Notfallseelsorge mit hohem Bekanntheitsgrad** ........ 241
9. **Buchbesprechungen des Autors** ........ 242
10. **Bundeskongresse für Notfallseelsorge** ........ 242

Abkürzungen ........ 243
Weitere Abkürzungen ........ 243
Weitere Hinweise ........ 244

# I. Zur Fragestellung der Arbeit

## 1. Genese und Struktur

Die vorliegende Arbeit basiert auf mehrjähriger praktischer Tätigkeit als Gemeindepfarrer in der Notfall-Seelsorge in Nordhessen, in der Evangelischen Kirche von Kurhessen-Waldeck. In dieser Landeskirche gehört die Notfall-Seelsorge zur Gemeindearbeit und damit in den Bereich des pfarramtlichen Grundauftrages, so dass alle Kirchenkreise über die Gemeindepfarrämter mit der Notfall-Seelsorge befasst sind. Diese Erfahrung fließt in die vorliegende Arbeit mit ein. Die Verschiedenheit der Zugänge und im Grundverständnis der Notfall-Seelsorge in anderen Landeskirchen und Bistümern ist deshalb umso mehr Gegenstand der Betrachtungen.

Die Arbeit ist zudem aus Erfahrungen gespeist, die der Verfasser vor und während seines Theologiestudiums im Rettungsdienst gesammelt hat. Die Entwicklung der sich institutionalisierenden Notfallseelsorge ist nahezu zwei Jahrzehnte in eigenen Veröffentlichungen beobachtet, begleitet und kommentiert worden.[1]

Trotz dieser recht neuen Entwicklung – Notfall-Seelsorge als institutionalisiertes Arbeitsfeld ist seit ca. 30 Jahren bekannt – beleuchten die folgenden Überlegungen letzten Endes eine Kernaufgabe kirchlicher Arbeit, welche bereits mit der Entstehung des Christentums aufblüht. Die Sorge für Menschen in Not kennt schon die Heilige Schrift an exponierten Stellen als Konstitutivum christlicher Identität und damit christlicher Gemeindebildung.

---

1 Vgl. z. B. Sadowski, S., Notfallseelsorge, in: PTh 88 (1999), 422–434.

Aus diesem Grunde betrachtet diese Ausarbeitung die Notfall-Seelsorge zunächst unter geschichtlichem Blickwinkel, um an die Wurzeln der Arbeit zu erinnern, die im täglichen Vollzug leicht übersehen werden.

Diese Wurzeln sind es, die sie qualifizieren. Sie motivieren den Seelsorger und vermitteln den beteiligten Menschen eine Perspektive. Dabei eröffnet Seelsorge unter pfarramtlichen Bedingungen besondere Chancen und eine tiefe Sinnhaftigkeit des Sich-Sorgens.

Ist diese Sorge in den Lebensvollzug der Gemeinde vor Ort eingebunden, so erweitert sich der Kreis der beteiligten Personen sprunghaft, denn der Gemeindepfarrer als Notfall-Seelsorger ist *Netzwerker*, der seine Gemeinde im Kern und darüber hinaus durch dieses Thema erreicht und verbindet. Er ist den Menschen immer dann besonders nahe, wenn er diese in ihrem Umfeld abholt und sich in ihrem Denken bewegt. Schließlich wird durch solchen lebensnahen Vollzug notfall-seelsorgerlicher Arbeit das Evangelium neu durchbuchstabiert, *geerdet* und an die Menschen in ihrer Lebenswirklichkeit gerichtet. Es wird auf diese Weise diakonisch gelebt.[2]

Das ist der andere Pol einer geschichtlichen Betrachtung von Notfall-Seelsorge. Sie vollzieht sich jeweils neu. Jedoch beschreitet dieser Vollzug bereitete Wege, die bei redlicher Betrachtung zur Einsicht in eine Wirklichkeit führen, die jenseits unserer Verfügung liegt. Sie ist Interpretationsarbeit des Glaubens im 21. Jahrhundert in einer sich immer neu ausdifferenzierenden Gesellschaft, die im Umgang mit Sterben und Tod weitgehend hilflos ist.[3]

Diese Einsicht in die Voraussetzungen notfall-seelsorgerlicher Arbeit wird keineswegs allgemein geteilt und ist insofern nicht als gesetzt zu betrachten. Im Gegenteil. Der *Markt der Möglichkeiten* sog. psychosozialer Unterstützung wächst stetig. Dabei hat sich unter der *Dachmarke Notfallseelsorge* eine große Schar von Helfern gesammelt, die unter den je eigenen Denk- und Arbeitsbedingungen Seelsorge zu betreiben suchen.

Diese unterschiedlichen Wurzeln und Ziele der Helfer und ihrer Organisationen machen das Feld der Notfall-Seelsorge inzwischen mehr als unübersichtlich. Das hat mehrere Gründe, die im Folgenden kurz aufgeführt werden sollen.

---

[2] Vgl. Wegner, G., »Kirche, wo Not ist – wo Kirche not ist.« Heil und Wohl in einer diakonischen Kirche, in: Herrmann, V. (Hg.), Diakonische Existenz im Wandel. »Hephata – öffne Dich« (DWI-Info. Forum, Materialien, Informationen 39), Heidelberg 2007, 170–191.

[3] Vgl. Sadowski, S., Kirchliche Arbeit in der Notfallseelsorge: Interpretationsarbeit des Glaubens im 21. Jahrhundert, in: Evangelische Verantwortung 11/01, 12–14.

## 2. Mehrdimensionale Institutionalisierung der Notfall-Seelsorge

»Gemeindliches Handeln ist älter als praktisch-theologisches Denken.«[4] Analog gilt dies für die Notfall-Seelsorge. Als Institution ist sie in den letzten drei Jahrzehnten aus Initiativen entstanden. Zunächst griffen Ende der 1980er Jahre einzelne Organisationen oder gar Personen (oftmals waren es Gemeindepfarrer) die Hilferufe der Hilfsdienste zur »Ersten Hilfe für die Seele«[5] auf und leisteten in der Not Beistand. Sie verstanden sich dabei von Anfang an als notwendiges Glied in der Rettungskette. Sie bildeten die Schnittstelle zwischen der rettungsdienstlichen oder feuerwehrtechnischen Arbeit und den Patienten bzw. deren Angehörigen und das Bindeglied zum Krankenhaus oder zur Polizei.[6]

Daraus erwuchsen Stück für Stück Strukturen in sehr unterschiedlicher Ausprägung. Dies hat z. B. im evangelischen (d. h. vor allem dem landes- bzw. volkskirchlichen) Bereich zu unterschiedlichen Arbeitsmodellen (und auch Einstellungen zur Notfall-Seelsorge) geführt. Vereinfacht könnte man es mit der folgenden Frage erklären, die in den Diskussionen um das Pfarrbild auch im Hintergrund steht:[7]

Ist für die Notfall-Seelsorge der Pfarrer als Spezialist (Funktion) oder als Generalist (Parochie) zuständig? Ist für Notfall-Seelsorge eine dezentrale neue Institution zuständig oder nimmt das gemeindliche Pfarramt vor Ort die Aufgaben der notfall-seelsorgerlichen Arbeit wahr?

Die vorliegende Arbeit nimmt auf dem Hintergrund dieser Fragestellung exemplarisch einzelne Schwerpunktsetzungen, v. a. in den evangelischen Landeskirchen, auf. Sie führt darüber hinaus anhand praktischer Beispiele aus,

---

[4] Ammer, H., u. a. (Bearb.), Handbuch der Praktischen Theologie I. Die Praktische Theologie. Gestalt, Aufbau und Ordnung der Kirche. Zur Person des kirchlichen Amtsträgers (HPTh(B)), Berlin 1975, 21.

[5] Der Begriff wird mit den sog. Kasseler Thesen der Konferenz Evangelischer Notfallseelsorgerinnen und Notfallseelsorger (später: Konferenz Evangelische Notfallseelsorge (KEN) in der EKD [zunächst: Vertreter der Notfallseelsorgedienste aus verschiedenen Landeskirchen und Bistümern]) vom 5. Februar 1997 zur prägenden Kurzdefinition für die Arbeit, vgl. Thesenreihe zur Notfallseelsorge, Kassel 1997, 21–22.

[6] Vgl. Sadowski, S., Warum arbeiten Theologen in der Notfallseelsorge?, in: Rettungsdienst 23 (2000), 534–538.

[7] Vgl. dazu exemplarisch Karle, I., Pastorale Kompetenz, in: PTh 89 (2000), 508–523, und dies., Pfarrerinnen und Pfarrer in der Spannung zwischen Professionalisierung und Professionalität, in: DtPfrBl 103 (2003), 629–634.

dass es zwingend notwendig ist und bleibt, Notfall-Seelsorge aus dem Gemeindepfarramt heraus zu denken und zu leisten.

Aufgrund der Entwicklung der Notfall-Seelsorge aus Initiativen heraus haben beide großen Kirchen Lösungen hervorgebracht, die stark im eigenen Kirchenbild und in der eigenen Kirchenstruktur wurzeln. Die praktische (Zusammen-)Arbeit aus den Gemeinden heraus wurde und wird dadurch nicht immer erleichtert. Jedoch ist grundsätzlich anzumerken, dass die evangelischen Kirchen wie die römisch-katholische Kirche in der Sorge für Menschen in Not die ökumenische Zusammenarbeit von Anfang an grundsätzlich bejahten und förderten, wenngleich regionale Besonderheiten und Gewichtungen immer im konkreten Vollzug zu beachten waren und nach wie vor sind.

Auch etliche Hilfsdienste selbst fühlten sich ermuntert, die Seele (oder wie man dort eher zu sagen pflegt: die Psyche) zu unterstützen oder zu versorgen (nicht: für sie zu sorgen).

Diese Ausgestaltung war und ist auch abhängig von der Frage, wie oder ob sich Menschen überhaupt konfessionell oder gar religiös gebunden fühlen, aber auch davon, welche Initiativen bzw. Organisationen zu Beginn der Arbeit in der Region den Ton angaben.

Diese angedeutete Paradigmenfülle unter dem Dach der Notfall-Seelsorge hat den Druck zur Profilbildung verschärft und eine Unübersichtlichkeit im Sinne nicht allgemein verbindlicher Ausgangsbedingungen und Vorverständnissen befördert.[8] So ist z. B. Krisenintervention (als zumeist rettungsdienstliche Aufgabe) nicht automatisch Notfall-Seelsorge, weil ihr zumeist der religiöse Bezug fehlt. Sie beantwortet Fragen nach Schuld, Gott und Leid anders. Zudem zieht das Arbeiten innerhalb der Hilfsdienste Loyalitäten nach sich, die kirchlich gebundener Notfall-Seelsorge vom Ansatz her fremd sind. Wiederum hat diese schleichende Institutionalisierung ein neues Arbeitsfeld für Psychologen, Psychotherapeuten und Berater eröffnet, die ihrerseits mit sog. psychologischer Erster Hilfe vehement Profilpflege betreiben.

Diese Arbeit sucht deshalb durch eine Poimenik des Notfalls einen theologischen Beitrag zur Diskussion um das kirchliche Profil notfall-seelsorgerlicher Arbeit zu leisten. Dabei geht sie von dem Gedanken der Notfall-Seelsorge als diakonisch-religiöser Kommunikation des Evangeliums aus.

Es war eine weise Entscheidung, aufgrund der sehr unterschiedlichen Erfahrungen in der praktischen Arbeit bereits 1998 den 1. Bundeskongress

---

8 Vgl. dazu auch Sadowski, S., Notfallseelsorge. »Ohne zu zögern« oder »Zwischen Angebot und Nachfrage«, in: PThI 23 (2003), 190–200.

Notfallseelsorge und Krisenintervention[9] (als Nachfolger der bundesweiten AGS-Treffen [Arbeitsgemeinschaft Seelsorge in Feuerwehr und Rettungsdienst] von 1993–1997) zu initiieren, um die in der Notfall-Seelsorge tätigen Mitarbeiter zu sammeln, die Vielfalt der Arbeitsstrukturen, Denkmuster und Wurzeln offenzulegen und nach Kooperationsmöglichkeiten zu suchen. Seit dieser Zeit bietet der Bundeskongress (in der Regel einmal jährlich) Notfall-Seelsorgern die Möglichkeit, die Variationsbreite der Arbeit im In- und Ausland zu erfahren.

Diese Zusammenkünfte suchen auch dem Trend einer Orientierung allein an der Praxis entgegenzuwirken. Neben sinnvollen und von den Teilnehmern geforderten Praxis-Workshops sind es v.a. die Grundsatzreferate und richtungweisenden Themenschwerpunkte, die den Kongress zu einer Institution haben werden lassen. Da der Impuls zu einem regelmäßigen Austausch von den Kirchen ausging und da nach wie vor die Kirchen den Austausch wesentlich suchen (prägende Veranstalter sind die *Konferenz Evangelische Notfallseelsorge* und *Die Akademie Bruderhilfe-Familienfürsorge* in Kassel), stellt dieser Kongress immer auch ein Bedenken und Austauschen vor dem Angesicht Gottes dar, indem z.B. Andachten und ein großer gemeinsamer Gottesdienst angeboten werden.

## 3. Notfall-Seelsorge aus der Parochie für die Region

Notfall-Seelsorge ist als diakonisch-religiöse Kommunikation des Evangeliums ein (gemeinde-)pfarramtlicher Auftrag, der die Kirche dort sein lässt, wo sie gebraucht wird. Sie bleibt durch die orts- und zeitnahe Hilfe bei ihrer Sache. Sie delegiert sie nicht an Fachleute, sondern entwickelt durch ihren geistlich-theologischen Auftrag ein Gespür für die Notlagen vor Ort.

---

[9] Vgl. Institut für Notfallseelsorge und Krisenintervention (Hg.), »Horizonte«. 1. Bundeskongress Notfallseelsorge, Krisenintervention, Einsatznachsorge, Jena 1998. Leider ist es nicht durchgehend gelungen, Referatebände dieser wichtigen Zusammenkünfte zu erstellen und zu veröffentlichen. Dies wird unterschiedliche Gründe haben, aber sicher auch durch die Niedrigschwelligkeit des Internets befördert. Viele Referate und Ergebnisse der letzten Kongresse finden sich z.B. nur unter www.nfs-kit.de. Der letzte mir zugängliche Referateband entstammt dem 11. Bundeskongress 2008: Müller-Lange, J./Schüssler, P., (Hg.) unter Mitarbeit von Unruh, J. und Sadowski, S., Spiritualität und Trauma. Referateband des 11. Bundeskongresses für Notfallseelsorge und Krisenintervention, Frankfurt 2009.

Ein solches Plädoyer für eine parochial-pfarramtliche Zuständigkeit und regionale Zusammenarbeit sieht volkskirchliche Strukturen als Chance an und stimuliert zudem die regionalen ökumenischen Bemühungen.[10]

[10] Es zeigt sich in der Begegnung mit europäischen oder gar (nord)amerikanischen Partnerkirchen bzw. -gemeinden deutlich, welches Potential in der volkskirchlichen Struktur und Arbeitsweise im Gegensatz zu einem eher freikirchlich-denominationalen System vorhanden ist. Diese Erfahrung mache ich als Gemeindepfarrer einer landeskirchlichen Kirchengemeinde, die seit Jahren partnerschaftliche Beziehungen zu einer US-amerikanischen Denomination (United Church of Christ, UCC) in Pennsylvania pflegt.

# II. Geschichte der Notfall-Seelsorge

## 1. Seelsorge in der theologischen Familie

Kirchliche Arbeit nimmt die geschichtlichen Bedingungen ernst, unter denen sie entstanden ist und derzeit steht. Darum bilden Christen einen Teil der Gesellschaft in der Welt und sind doch immer auch Gemeinschaft der Heiligen.

Der Versuch einer geschichtlichen Darstellung notfall-seelsorgerlicher Arbeit[11] erfolgt damit aus der Einsicht, dass die Aufgabe der Seelsorge stets in ihrer Zeitgebundenheit zu sehen ist. Sie ist das Ergebnis geschichtlicher Entfaltung des Christentums, welches aus gegebenen Verhältnissen und Konstellationen heraus entstanden ist. Ihre Praxis ist durch das Auftreten entsprechender Aufgaben im Zusammenhang der Christentumsgeschichte begründet[12], sie ist durch die Teilnahme an den Lebenswelten von Menschen gekennzeichnet.

Im 19. Jh. wird Seelsorge theoretisch reflektiert und infolgedessen kommt es zu einer Theoriebildung[13], in die ebenso kritisch reflektiert human-

---

11 Ich verwende in dieser Arbeit das Wort Notfall-Seelsorge stets mit Bindestrich (außer bei gewachsenen Bezeichnungen), um anzuzeigen, dass es sich dabei immer um eine Form gemeindlicher Seelsorge handelt, die nicht aus den poimenischen Diskussionen, sondern aus konkreten Praxiserfahrungen entstanden ist. Der weitgehend in der Literatur verbreitete Begriff *Notfallseelsorge* geht zu stark einher mit den institutionalisierten und damit spezialisierten Seelsorge-Systemen jenseits der Gemeinde, wie z.B. der Krankenhaus-, Polizei- oder auch Militärseelsorge. Leider hat gerade dieser verengte Blick auf die Arbeit inzwischen auch in die Lehrbücher Eingang gefunden, so z.B. bei Morgenthaler, Chr., Seelsorge. Lehrbuch Praktische Theologie, Bd. 3, Gütersloh 2009, 343–345.

12 Vgl. Rössler, D., Grundriß der Praktischen Theologie, Berlin, New York, 2., erweiterte Auflage 1994, 175.209f.

13 Achelis, E. Chr., Art. »Seelsorge«, in: RE$^3$ Bd. 18, 132, hält exemplarisch dazu fest:

wissenschaftliche Erkenntnisse einbezogen werden. Seelsorge individualisiert sich nach C. I. Nitzsch als Gottes Wort nach Zeit, Ort und Person.[14] Damit ist Seelsorge eingebunden in einen bestehenden Rahmen des Verstehens, der sich aus der (gelebten) Geschichte als vorgegeben ergibt. Dieses Verstehen wird jedoch geprägt durch die Verhältnisse der Zeit, denn Seelsorge ereignet sich in der Gegenwart, in der Vielfalt der Lebenssituationen.[15]

Seelsorge (Poimenik) ist ein Teilgebiet der Praktischen Theologie. Diese ist auf die Ausübung ausgerichtet.[16] Praktische Theologie setzt die Ausbildung der anderen (eigentlichen) Disziplinen der Theologie bzw. des theologischen Studiums voraus.

Im Bild gesprochen ist die Praktische Theologie in der Familie der theologischen Disziplinen angesiedelt. In dieser Familie fungiert eine Mutter (Exegese), die die Quelle und Materie der geschichtlichen Offenbarung untersucht. Ein Vater (Dogmatik) gibt systematisch an, was gelten soll in dieser Familie. Er tritt aber einem kritischen Dialog nicht abgeneigt gegenüber. Eine ältere Schwester (Kirchengeschichte) thematisiert wie die jüngere Schwester (Praktische Theologie[17]) die Breite, Fülle, aber auch Armseligkeit christlichen wie kirchlichen Lebens. Ein gleichaltriger Bruder (Ethik) ist mehr systematisch interessiert. Viele Neffen und Kusinen (Humanwissenschaften) und ehrwürdige Onkel (Hermeneutik oder Praktische Philosophie) stehen mit der kleineren Schwester in stetigem Austausch.[18]

---

»Seelsorge im weiteren Sinne des Wortes ist Grund und Zweck aller Lebensäußerungen der Kirche nach innen und nach außen.«

14 Vgl. Nitzsch, C. I., Praktische Theologie, Bd. 3. Erste Abteilung: Die eigenthümliche Seelenpflege des evangelischen Hirtenamtes mit Rücksicht auf die Innere Mission, Bonn, 2. Auflage 1868, 118.

15 So der Untertitel des Alterswerkes G. Ebelings: Luthers Seelsorge. Theologie in der Vielfalt der Lebenssituationen an seinen Briefen dargestellt, Tübingen 1997.

16 F.D.E. Schleiermacher spricht darum in diesem Zusammenhang von der Theologie als positiver Wissenschaft, als Kunstlehre zur Lösung der praktischen Aufgabe der Kirchenleitung, um den Theologen für die Arbeit in der Kirche handlungsfähig zu machen, vgl. Fedler-Raupp, M., Gemeindepfarrdienst, Frankfurt 2008, 187 ff.

17 Außerhalb des familiären Bildes gesprochen wäre Praktische Theologie als theoriegeleitetes Verstehen christlicher Praxis zu verstehen, vgl. Friedrichs, L., Kasualpraxis in der Spätmoderne, Leipzig 2008, 12 f.

18 Vgl. Schröer, H. (Hg.), Einführung, Gütersloh 1982, 165 f., und unter eher wissenschaftstheoretischem Blickwinkel: Ders., Art. Praktische Theologie, in: TRE 27, 198.

Diese Familienidylle darf jedoch nicht darüber hinwegtäuschen, dass alle theologische Arbeit der Auslegung der Heiligen Schrift zu dienen hat,[19] die selbst eine Explikation von (Gottes) Geschichte darstellt.[20] Somit kann die Theologie an sich nur als eine Tochter lebendig praktizierter Religion verstanden werden,[21] als Religion im Lebensvollzug, als kirchlicher oder auch gesellschaftsdiakonischer Dienst. Als solche entwickelt sie sich im Dialog.[22] Und damit wird sie dann zu einer seelsorgerlichen Theologie, die »den ganzen Menschen satt und heil macht«[23], dass sich die Herzen gegenseitig öffnen können und sie sich als bedürftige Partner erleben.[24]

## 2. Der Dienst[25] am Nächsten als konstitutiv christliche Aufgabe

Eine *Geschichte* der Notfall-Seelsorge fußt auf dieser Einsicht gegebener Verhältnisse und Konstellationen in ihrer zeitlichen Gebundenheit. Sie stellt theologiegeschichtliche Entwicklungen eines besonderen Arbeitsfeldes der Seelsorge dar und beschreibt zugleich organisationsspezifische Phänomene. Das Verstehen der seelsorgerlichen Arbeit kann aber nur aus dem Verständnis der Aufgabe hergeleitet werden, die ihr gestellt ist.

So kommen im Folgenden zahlreiche notfall-seelsorgerliche Theorieentwürfe der vergangenen Jahre in ihrer Eigenart zu Wort, die auf ihre je eigene Art und Weise die Frage nach einer genauen Beschreibung des Arbeitsfeldes *Notfall-Seelsorge* aufwerfen.

---

19 Vgl. Ebeling, G., Kirchengeschichte als Geschichte der Auslegung der Heiligen Schrift, Göttingen 1966, 12f.

20 Vgl. Grözinger, A., Seelsorge als Rekonstruktion von Lebensgeschichte, in: WzM 38 (1986), 187.

21 Mit Blick auf Schleiermachers Glaubenslehre vgl. Karle, I., Der Pfarrberuf als Profession, Gütersloh 2001, 189f.

22 Auf diesem Weg sieht M. Schibilsky auch die Diakonie als Lebens- und Wesensäußerung der Kirche. Dialogische Diakonie bringt einen Perspektivwandel mit sich, der im Perspektivwandel Gottes (Joh 3,16) seinen Grund hat und Theologie damit zur Lebenskunst werden lässt, vgl. Schibilsky, M., MitMenschen aktiv – mehr wert als alles andere. Theologie als Lebenskunst, Heidelberg 2007, 194–208.

23 Vgl. Evangelisches Gesangbuch 223, 3.

24 Vgl. Ebeling, G., Luthers Seelsorge, Tübingen 1997, 275f.

25 Im Folgenden werden die Begriffe *Dienst*, *Sorge* und *Hilfe* gebraucht, um die vielschichtigen Facetten der Arbeit in der Vergangenheit und jeweiligen Praxis zu beschreiben.

Seelsorge im Sinne selbständig-institutionellen kirchlichen Handelns hat sich erst in späteren geschichtlichen Epochen ausgeprägt.[26] Christlichen Gemeinden war jedoch von Anfang ihres Wirkens an bewusst, dass sie durch ihren Glauben eine besondere Verantwortung für Kranke und schwache Menschen zu tragen hatten.[27] Die Sorge um den Menschen in Not kennt die Heilige Schrift an vielen Stellen (Mt 11,28–30; Mt 18,15–18; Mt 25,31–44; Lk 10,25–37; Apg 6,1–7; 1 Tim 2,4). Das Alte Testament spricht in Gen 2,7 vom Menschen als נֶפֶשׁ, also einem lebenden Wesen.[28]

Christen sorgten für ihre Sterbenden und Verstorbenen mit großer Umsicht. Seit es Christen gibt, ist es für sie geradezu konstitutiv gewesen, in der Gemeinde seelsorgerlich zu handeln und das heißt, Menschen in Not[29] und v.a. an der Schwelle des Todes, dem Notfall schlechthin, zu begleiten sowie menschenwürdig zu bestatten. Die Gemeinden wurden zu Kollekten für das Begräbnis von Armen aufgerufen.[30] Geistliche wurden selbstverständlich zu Sterbenden gerufen und mit der Aufgabe betraut, trauernde Angehörige zu begleiten und ihnen beizustehen. Die Sterbe- und Bestattungsliturgien und -riten kannten die Einheit von Sterben und Tod, so dass schon vor dem Tod eine umfassende Seelsorge an Angehörigen und Sterbenden vorgesehen war.

---

26 Es ist unter diesem Blickwinkel von besonderem historischen Interesse, die klassischen antiken Katastrophen und ihre Bewältigung zu betrachten, denn zunehmend entwickeln sich aus traditionellen Mechanismen kollektiver Katastrophenbewältigung, die (noch) elementare Unheilerfahrungen akzeptieren, Formen menschlicher Vorsorge und Schutzmaßnahmen gegen Schäden der Natur. Es tritt spätestens mit dem 18. Jahrhundert ein Wandel von der Erkenntnis des Willens Gottes zum Wohl des Menschen ein. Damit wird die Verantwortung Gottes für die Geschicke der Welt durch den Menschen übernommen, vgl. dazu Meier, M., Katastrophen und ihre Bewältigung in der Antike, Würzburg 2011, 83–108 und Hölscher, L., Katastrophe als Katalysator, Würzburg 2011, 109–120.

27 Seitz, M., Was ist Seelsorge, Göttingen, 3. Auflage 1998, 73, hält dazu fest: »In der frühen Christenheit war die Seelsorge eine selbstverständliche Äußerung des gemeindlichen Lebens. Unter Seelsorge verstand man die in Christus gegründete gegenseitige Verantwortlichkeit für den Glauben und für das innere und äußere Ergehen des anderen.«

28 נפש gehört zu den meist untersuchten Wörtern im Alten Testament und weist eine Fülle von Bedeutungen auf, u.a. Kehle, Schlund, Atem, Seele und Lebewesen, vgl. dazu Westermann, C., Art. נֶפֶשׁ, in: ThWAT II, 71–96.

29 Zippert, Th., Art. »Notfallseelsorge«, in: RGG$^4$, Bd. 6, Sp. 397, spricht von der schon immer vorhandenen christlichen Aufgabe, Barmherzigkeit zu üben.

30 So beschreibt Tertullian, dass in den Gemeinden Kollekten für das Begräbnis von Armen gesammelt wurden, vgl. Tert.apol: 39, 6, München 1984.

In der Folgezeit übernahmen in zunehmendem Maße die Klöster die Aufgabe, Kranke zu pflegen und Arme zu unterstützen. Ausgebaut wurde diese Hilfe durch Ritter- und Hospitalorden.

Die medizinische und geistliche Betreuung erlangte mit ihnen eine große Mobilität. Eine Folge dieser Entwicklung war, dass sich eine Art *Institutionalisierung* der Hilfe bildete.

Klösterliche und durch Orden organisierte Hilfen verfestigten im Bereich der geistlichen Hilfe im hohen und späten Mittelalter Vorstellungen, die den Menschen an sich banden und eine Verbesserung seiner Umstände allein ihm überließen. Er selbst musste tätig werden, um gegen seine Verzweiflung und seinen Hochmut anzugehen. Die Reformatoren korrigierten schließlich dieses Bild vom Menschen entscheidend, indem sie dessen Infragestellung *deaktivierten* und durch den Ruf Gottes allein ersetzten. Sie trugen so entscheidend dazu bei, eine bis in die aktuelle Praxis der (Notfall-)Seelsorge tragende Grundeinsicht zu formulieren: Der Mensch verfehlt schon durch seinen Lebensvollzug seine Bestimmung, er scheitert zwangsläufig und wird doch von Gott gehalten. Aber gerade darum gilt:

> »[...] so sollen sich die kirchendiener der kranken, bedes, so ires kirchendiensts begert wird und dann für sich selbsten, mit allem ernst und fleiß annemen und denselben vermög ires beruffs zu tag und nacht bereit sein.«[31]

Gerade im Notfall ist diese wache Einsicht in den Notfallcharakter menschlicher Existenz ein entscheidender Ansatz, realistisch und konstruktiv, d.h. mit den sprachlichen Mitteln unserer Zeit dem Anderen mit Umsicht und Weitsicht zu begegnen, um ihm Lebensgewissheit zu ermöglichen.[32]

Es bedarf sicher einer gesonderten Darstellung, die seelsorgerliche Praxis aufgrund bestimmter theologischer Verständnismodelle – im Besonderen der Seelsorge im Notfall – in den verschiedenen Epochen des Mittelalters, der Reformations- sowie der Frühen Neuzeit darzustellen. Daher beschränke ich mich auf diese Zeilen.

---

[31] Zitiert nach Sehling, E. (Hg.), Die evangelischen Kirchenordnungen, Tübingen 1977, 289.

[32] Vgl. dazu Ohst, M., Seelsorge in Krisensituationen, Leipzig 2000, 325–341.

## 3. Miteinander und Gegenüber in der Sorge um Verletzte

Christliche Fürsorge[33] konzentrierte sich in der Folgezeit bis ins 19. Jahrhundert zunehmend auf stationäre Einrichtungen.[34] Kirchliche Sozialarbeit hatte eine gewisse Verfasstheit erreicht. Es war Henri Dunant, der 1859 durch die Erfahrungen der Schlacht bei Solferino zwischen Truppen Frankreichs und Piemont-Sardiniens gegen Österreich die Notwendigkeit mobiler Erster Hilfe aufgrund der erschreckenden Zustände unter den Verwundeten erkannte. Das Rote Kreuz sowie örtliche Samaritervereine entstanden. Präklinische Fürsorge für Verletzte und Kranke wurde neu aufgebaut, nunmehr jedoch nicht unter kirchlicher Federführung. Überwiegend militärisches bzw. paramilitärisches Personal war jetzt um medizinische und technische Notfallversorgung sowie -rettung bemüht. Übergeben wurden die Betroffenen jedoch dem Pflegepersonal stationärer Einrichtungen, zu dieser Zeit noch weitestgehend Angehörige von Orden.

Als Reaktion auf diese Entwicklung säkularisierter präklinischer Erstversorgung setzten sich auf kirchlicher Seite der Johanniter-Orden wie auch der Maltester-Orden für ebendiese schnelle Hilfe vor Ort ein – der Grundstein für die *moderne* Johanniter-Unfall-Hilfe (JUH) bzw. den Malteser-Hilfsdienst (MHD) war damit gelegt.

Es entstand in der Folge ein Miteinander und Gegenüber von säkularer und kirchlich gebundener Hilfe, welche den Blick stark auf den Verletzten und seine Not[35] lenkte, weniger jedoch auf die seelsorgerliche Begleitung

---

33 Vgl. im Folgenden Wietersheim v., H., Die Geschichte der Notfallseelsorge (Link 1).

34 Ab dieser Zeit kann von einer Spezialisierung auch im Bereich der Seelsorge geredet werden, die sich von den Aufgaben und dem Fokus der generellen Seelsorge mehr und mehr ablöst. Erst durch Überlegungen zum Gemeindeaufbau finden die einzelnen Bereiche wieder zueinander, vgl. Schmidt-Rost, R., Probleme der Professionalisierung der Seelsorge, in: WzM 41 (1989), 34.

35 Seelsorge scheint sich (in der Folge) diesem Trend anzupassen, denn »[die] Ausrichtung am Gesundheitsbegriff macht Seelsorge zu einer Dienstleistung, bestehend aus Empathie, sozialer und psychischer Hilfe, getragen von der Organisation der Diakonie und interpretiert durch den Abriß einer persönlichen Lebensgeschichte. Im organisatorischen Rahmen der Diakonie wird Seelsorge verständlich und verrechenbar.«, so Schmidt-Rost, R., Probleme der Professionalisierung der Seelsorge, in: WzM 41 (1989), 36–37. Ein dem Grunde nach christliches Seelsorgeverständnis weicht einer Seelsorge, welche methodisch ausgerichtet, auf den sog. Klienten zentriert, damit aber auch auf seine Probleme reduziert wird, vgl. Schmidt-Rost, R., Probleme der Professionalisierung der Seelsorge, in: WzM 41 (1989), 37–38.

und Hilfe von Betroffenen, deren Verwandten und Einsatzkräften. Dies übernahmen zunächst, wenn überhaupt, vereinzelt die sog. Standortpfarrer des Militärs.

## 4. Differenzierung der Hilfe im 20. Jahrhundert

Als Antwort auf die Erfahrungen der Kriege des 20. Jahrhunderts wurden die Seelsorge-Arbeitsbereiche Militär, Polizei, Krankenhaus[36] differenziert, spezialisiert und professionalisiert (im militärischen Bereich begann man Nachsorgeprogramme anzubieten). Die Arbeitsfelder des Rettungs- und Notdienstwesens wurden jedoch in den Gemeinden, aber auch in den genannten Funktionen, nicht oder nur partiell in den Blick genommen. Erst nach den Erfahrungen der großen Flutkatastrophe von Hamburg 1962, einer Reihe von Flugzeugabstürzen sowie dem Attentat auf die israelische Mannschaft bei den Olympischen Spielen in München 1972, des Zugunglücks bei Holzkirchen 1975 und des Elbdeichbruches bei Assel 1976 wurden erste Schritte zur heutigen Notfall-Seelsorge getan. Hinzu kam die hohe Zahl der durch Verkehrsunfälle Getöteten. Man fragte sich, welche Rolle die Kirche(n) angesichts derartiger Unglücksfälle zu übernehmen hätte(n). »Kirchliches Handeln bei Unglücksfällen und Katastrophen«[37] wurde in den Blick genommen.

Durch die zunehmende Professionalisierung rettungsdienstlicher Arbeit sowie eine intensivmedizinische Rund-Um-Versorgung konnten die Menschen vor Ort zunehmend nicht mehr so umfassend wie nötig seelsorgerlich begleitet werden.[38] Das Bewusstsein für psychische Aspekte und die Notwendigkeit seelsorgerlicher Begleitung im Bereich von Feuerwehr und Rettungsdienst begann zu wachsen. Die Arbeit mit Vietnam-Heimkehrern und die wissenschaftliche Aufarbeitung ihrer Erfahrungen in den Vereinigten Staaten brachten wichtige Erkenntnisse mit sich. Sog. Posttraumatische Belastungs-

---

36 Vgl. dazu z. B. Bastian, H.-D., Seelsorge in Extremsituationen, in: Berichte aus der Ev. Militärseelsorge I/1995, 50–71.

37 So der Titel eines inzwischen geschichtlichen kirchlichen Dokuments für notfallseelsorgerliches Handeln. Es wird in Kapitel II unter Punkt 4.1 analysiert und reflektiert.

38 Sehr differenziert und anschaulich werden diese Aufgaben beschrieben bei Radix, R., Wenn die Seele streikt. Vermeidung psychischer Gesundheitsschäden nach schweren Arbeitsunfällen, Bochum 2007, 9–18.

reaktionen wurden in der Folgezeit für Extremerlebnisse und -situationen diagnostiziert.

> »Ein ***Trauma*** ist ein gewaltvolles oder überwältigendes Ereignis, das die Bewältigungsstrategien eines Menschen überfordert, so dass dieser Mensch auf besondere Notfall- oder Überlebensstrategien zurückgreifen muss. Häufig geht dieses Ereignis mit einer (Lebens-) Bedrohung einher; kennzeichnend ist ein ausgeprägtes Erleben von Ohnmacht, Hilflosigkeit und Auslieferung. Eine ***Traumatisierung*** ist die Reaktion eines traumatisierten Menschen auf dieses Ereignis, die individuell sehr unterschiedlich sein kann.«[39]

## 4.1 Die EKD-Schrift »Kirchliches Handeln bei Unglücksfällen und Katastrophen«

Ein inzwischen geschichtliches Dokument für solche *ersten Versuche* ist die 1978 erschienene Handreichung für kirchliche Mitarbeiter der Evangelischen Kirche in Deutschland mit dem Titel »Kirchliches Handeln bei Unglücksfällen und Katastrophen.«[40] Die Broschüre nimmt die immer wieder plötzlich hereinbrechenden Unglücke und Katastrophenfälle zum Anlass, den kirchlichen Dienst in einer solchen Situation zu beschreiben und den kirchlichen Mitarbeitern Vorwissen und Möglichkeiten der Vorbereitung auf ihren Dienst zu geben. Danach besteht der kirchliche Beitrag zur Bewältigung von Katastrophen in der »[...] Seelsorge, Verkündigung und Dienst am Nächsten.«[41] Der damalige Ratsvorsitzende der EKD, Landesbischof D. Claß, forderte im Vorwort konsequent:

> »Wir müssen lernen, mit solchen Gefahren zu leben und ihnen in der geeigneten Weise zu begegnen. Denn Unglücke und Katastrophen treffen nicht nur viele Menschen unmittelbar; sie lösen auch Fragen aus, die nur schwer zu beantwor-

---

39 Spangenberg, E., Gewalt macht Frauen krank – und kann überwunden werden. Traumabewältigung nach häuslicher und sexualisierter Gewalt, in: International Police Association (IPA), Deutsche Sektion e.V. (Hg.), 19. Nationaler Kongress der International Police Association, Deutsche Sektion e.V. vom 27.09.-02.10.2011 in Lübeck, Werlte 2011, 52 [Kennzeichnungen im Original].

40 Rat der Evangelischen Kirche in Deutschland (Hg.), Kirchliches Handeln bei Unglücksfällen und Katastrophen. Eine Handreichung für kirchliche Mitarbeiter, Hannover 1978. Die Zitate beziehen sich auf die erste Auflage. Die Schrift ist in 4. Auflage 1985, hg. vom Rat der Evangelischen Kirche in Deutschland, gemeinsam mit dem Diakonischen Werk der Evangelischen Kirche in Deutschland und der Johanniter-Unfall-Hilfe letztmalig erschienen.

41 Kirchliches Handeln bei Unglücksfällen und Katastrophen, Hannover 1978, 1.

ten sind: Fragen nach dem Versagen und der Hilfsbereitschaft von Menschen, Fragen nach der öffentlichen Sicherheit und den sozialen wie technischen Bedingungen unseres Lebens, Fragen nach dem Sinn solcher Ereignisse und nicht zuletzt Fragen nach der Gerechtigkeit Gottes.«[42]

Die Schrift arbeitet mit den Begriffen *Unglücksfall* (örtlich begrenztes Geschehen) und *Katastrophe* (regionale oder überregionale Ausmaße).[43] Sie meidet den Begriff *Krise*, den sie als allgemeine Beschreibung für Veränderungen im privaten oder öffentlichen Raum versteht. Jedoch beschreibt sie im weiteren Verlauf mit dem Ausdruck Katastrophe die plötzlichen, direkten, schweren und lebensbedrohlichen Einbrüche in die physische Welt des bzw. der Menschen. Diese Not des Menschen ist es jedoch nicht allein, die eine Katastrophe entstehen lässt. Der erhebliche Einfluss auf die Psyche des Menschen wird schon hier mitgenannt.

»Die seelische (Selbst-)Isolierung des Menschen macht ihn oft unfähig, in Notsituationen aus sich herauszugehen, seine Angst zu überwinden und beherzt und umsichtig zu handeln. [...]
Eine Überbewertung leiblicher Rettung hat die weitgehende Vernachlässigung der seelischen Dimension zur Folge.«[44]

Die Handreichung beschreibt sodann die Aufgabe kirchlicher Begleitung mit seelsorgerlichem Dienst, diakonischem Einsatz und materieller wie technischer Hilfe. Die Grundlagen für eine Vermittlungstätigkeit, ein Da-Sein für Angehörige, aber auch des (nachhaltigen) Einsatzes für die Helfer sind gelegt.

---

42 Kirchliches Handeln bei Unglücksfällen und Katastrophen, Hannover 1978, 1.

43 Der Begriff der *Katastrophe(n)* ist bei genauem Hinsehen unscharf und nur wenig erforscht. Seine Inflation und heutige Verwendung entstammen dem 20. Jahrhundert, in dem sie nach Hölscher, L., Katastrophe als Katalysator, Würzburg 2011, 119, verstanden werden als »Wendemarken des geschichtlichen Prozesses, bei dem alte Geschichtsbilder, Zukunftshoffnungen und Vergangenheitsentwürfe zerbrechen und neue Geschichtsbilder entworfen werden.« Katastrophe bezeichnet gegen den ursprünglichen Wortsinn ein plötzliches Geschehen mit nachhaltigem Zerstörungspotential und steht in der Rangfolge über einem sog. Großschadensereignis oder einem sog. Massenanfall von Verletzten der Stufen 1 oder 2, vgl. Rieske, U., Von der Annahme des Unfassbaren, Würzburg 2011, 157.

44 Kirchliches Handeln bei Unglücksfällen und Katastrophen, Hannover 1978, 7.

Sie werden u. a. mit Mt 5,41 (die *zweite Meile*)[45] biblisch belegt. Und dieses Sein für Andere geschieht in der für kirchliches Handeln konstitutiven Beziehung zwischen *martyria* und *diakonia*, zwischen *leiturgia* und *koinonia*.[46] Folgerichtig wird die Glaubwürdigkeit kirchlicher Arbeit an der Präsenz, der Solidarität und dem Zuspruch der Mitarbeiter gemessen.

Bemerkenswert erscheint die selbstverständliche Einbeziehung der Ortsgemeinde in die seelsorgerliche Arbeit, die einer Funktionalisierung entgegensteht.[47] Behutsam werden in diesem Zusammenhang die Arbeits- und Denkstrukturen der Hilfsdienste beschrieben und in den kirchlichen Kontext eingeführt. Das örtliche Pfarramt kommt mit ihnen in Berührung, knüpft die Kontakte, ist *vor Ort*. Dem Stand der Zeit entsprechend wird versucht, ein Informationsnetzwerk zu beschreiben, welches in der Not trägt. Die Schrift wirbt für Zusammenarbeit: »Nur wer in normalen Zeiten gute Verbindungen zu den in öffentlichen Institutionen tätigen Menschen (Gemeindegliedern) unterhält, wird in Krisenzeiten nicht als Konkurrent, sondern als hilfreicher Partner empfunden.«[48] Es geht um ein Herantasten, ein Sich-aufeinander-zu-Bewegen des kirchlichen Dienstes zu den Hilfsorganisationen, die immer wieder explizit erwähnt und näher umschrieben werden. Die Distanz zwischen *beiden* ist (noch) spürbar. Das gilt insbesondere auch und gerade für die Frage der Vorsorge für den Fall von Katastrophen, die in der Bundesrepublik zum Ende der 70er Jahre des 20. Jahrhunderts noch stark vom Verdrängen durch das Trauma des 2. Weltkriegs bestimmt war.[49]

---

[45] Vgl. Kirchliches Handeln bei Unglücksfällen und Katastrophen, Hannover 1978, 21. Exegetisch ist jedoch über diese Deutung hinaus anzumerken, dass gerade dieser Vers v. a. zum Gewalt- und Rechtsverzicht auffordert. Jesus und Matthäus verstehen dies als Ausdruck der Liebe, die Gottes Reich entstammt, vgl. dazu Luz, U., Das Evangelium nach Matthäus (EKK I/1), Zürich u. a./Neukirchen-Vluyn, 2., durchgesehene Auflage 1989, 291–298. 302–304.

[46] Vgl. Kirchliches Handeln bei Unglücksfällen und Katastrophen, Hannover 1978, 17 mit Verweis auf Apg 2,42. Vgl. dazu auch Gengenbach, O., Beraten, begleiten, bezeugen, beten, Der Auftrag der Seelsorge in der Notfallsituation (Link 2). Insgesamt fällt auf, dass die Suche nach dem Ort von Seelsorge im Unglücksfall stets mit der Benennung des speziellen kirchlichen Auftrages einhergeht, vgl. Kirchliches Handeln bei Unglücksfällen und Katastrophen, Hannover 1978, 30.

[47] So ist es hier (noch) selbstverständlich, dass diese Aufgaben durch den Ortspfarrer übernommen werden. Dieser ist in der Tat *vor Ort*, und er steht auch dort am Sonntag der Gemeinde vor, vgl. Kirchliches Handeln bei Unglücksfällen und Katastrophen, Hannover 1978, 30.

[48] Kirchliches Handeln bei Unglücksfällen und Katastrophen, Hannover 1978, 22.

[49] Vgl. Kirchliches Handeln bei Unglücksfällen und Katastrophen, Hannover 1978, 34 f.

Die beschriebene Initiative der EKD war breit angelegt. Das Problem und die Notwendigkeit von Hilfe wurden erkannt und benannt. Jedoch war die zu leistende Arbeit nicht klar erfasst. Die EKD-Überlegungen waren nur unzureichend auf die staatlichen Strukturen der Hilfsorganisationen abgestimmt. Katastrophenschutz und Rettungsdienst waren und sind bis heute Sache der Bundesländer und stehen oftmals unter sehr unterschiedlichen Vorzeichen. Kommunale und kreiskirchliche bzw. kirchenkreisliche Grenzen waren (und sind z.T. bis heute) nicht deckungsgleich, so dass eindeutige Zuständigkeiten nicht hinreichend geklärt werden konnten. Und so sahen sich die kirchlichen Mitarbeiter bei der Umsetzung vor schier unlösbare strukturelle Fragen gestellt, die ihre Arbeit nahezu unmöglich machten. Hinzu kamen Befürchtungen, dass die Kirche sich in die Zuständigkeit anderer einmische und ihren eigentlichen Auftrag dabei überschreite, was schon im Vorwort der EKD-Schrift vorsichtig angesprochen wird. Diese Frage ist bis heute Gegenstand z.T. heftiger Diskussionen, wie im folgenden Abschnitt ersichtlich wird.[50] Aus der beschriebenen Engführung des Themas heraus konnte *Kirchliches Handeln bei Unglückfällen und Katastrophen* nur schwer organisiert bzw. umgesetzt werden.

Dennoch muss im Rückblick würdigend festgestellt werden, dass mit der EKD-Schrift ein erster grundlegender Versuch unternommen wurde, in einem neuen und doch alten Arbeitsfeld kirchliche Arbeit unter den Bedingungen der damaligen Zeit wahrzunehmen und zu beschreiben, damit notfall-seelsorgerlicher Dienst denkbar wurde. Arbeits- und Denkstrukturen der Hilfsdienste wurden in der Schrift behutsam in den kirchlichen Kontext eingeführt. Zudem wurde unmissverständlich ausgesprochen und gefordert, Krisen und Katastrophen umfassend zu erforschen und konkrete praktische Hilfe zu beschreiben.[51]

---

[50] Die genannten Befürchtungen sind bis zum heutigen Tage spürbar und z.B. dadurch manifestiert, dass im Rahmen des Katastrophenschutzes Betreuungszüge bereitgehalten werden, die die Arbeit der Notfall-Seelsorge, der Kriseninterventionsdienste und seelsorgerlicher Berufsgruppen als Konkurrenz ansehen. Andererseits zweifeln kirchliche Dienste die Kompetenzen ehrenamtlicher Betreuung seelisch Notleidender an. Diesem Dilemma kann verantwortungsvoll nur durch verstärkte Zusammenarbeit im Rahmen von Schulungen und Fortbildungen vor dem eigentlichen Notfall begegnet werden. Zudem kann nach einem solchen Ereignis eine Stressbearbeitung bei den Hilfskräften den Kontakt vertiefen: Man weiß voneinander und lernt sich zu schätzen. Schließlich ist eine längerfristige Begleitung durch einen Seelsorger vor Ort bzw. in der Gemeinde ein guter Weg, um den Zusammenhalt aller Helfenden zu festigen.

[51] Zu widersprechen ist dem Urteil Joachim Müller-Langes, der die EKD-Schrift als Ausdruck von Hilflosigkeit bewertet, weil Kirche nicht auf die Herausforderungen einer Kata-

Es sollte schließlich lange dauern, bis notfall-seelsorgerliche Arbeit Fuß fassen konnte. Die EKD-Schrift jedoch legte erste Schritte zu einer Verselbständigung seelsorgerlich-kirchlicher Arbeit im Krisenfall fest, indem sie die kirchlichen Mitarbeiter, besonders die Pfarrerinnen und Pfarrer[52] für ihre alte Aufgabe sensibilisierte und die Unterstützung der Arbeit vor Ort von Seiten der einzelnen Landeskirchen anmahnte.

Die Schrift denkt und argumentiert von der tragenden Grundlage des gemeindlichen Pfarramtes aus. Sie bezieht den spezifischen kirchlichen Auftrag in die Begleitungsarbeit ein. Sie ist ein entschiedenes Plädoyer für geöffnete Augen gegenüber dem Nächsten im gemeindlichen Dienst und aus ihm heraus. Unverkrampft und klar tritt sie für einen Dienst der seelsorgerlichen Verkündigung mit Liebe und Takt zur Zeit und Unzeit, ohne sich zu verzetteln, ein.

## 4.2 Der Unfall-Folgedienst (UFD)

Die von der EKD angestoßene umfassende Vermittlungstätigkeit wird in der Schrift selbst am Beispiel der sog. Unfall-Folgedienste illustriert.[53] In den 1970er Jahren des 20. Jahrhunderts wurden auch von kirchlicher Seite dazu erste Gehversuche einer Hilfe *institutionalisiert*, die die Sorge im Notfall differenzierte. Man hatte vor allem auf dem Hintergrund ansteigender Zahlen von Verkehrstoten und Verletzten primär die Unfallopfer im Blick. Darüber hinaus sollten aber auch diejenigen gesehen und versorgt werden, die an einem Unfall beteiligt, aber im medizinischen Sinne nicht verletzt waren. Damit meinte man v.a. Angehörige der Opfer, die mit einem Mal eine Bleibe (nach dem Geschehen) finden mussten, die ihren Alltag im Moment des Unfalls ganz neu zu organisieren und neu zu finden hatten. Seit dem Jahre 1979 sprach man daher in verschiedenen Regionen Deutschlands von einem Unfall-Folgedienst (UFD).[54]

---

strophe eingerichtet gewesen sei. Zuzustimmen ist allerdings seiner Einschätzung, dass hier ein ehrliches Dokument vorliege, das für eine Reihe von Einzelfragen hilfreiche Anregungen geben konnte, vgl. Müller-Lange, J. (Hg.), Handbuch Notfallseelsorge, Edewecht 2006, 19.

52 Im Sinne einer flüssigen Lesbarkeit wurde im gesamten Text auf die doppelte Nennung männlicher und weiblicher Bezeichnungen von Personengruppen verzichtet und die männliche Form verwendet. Grundsätzlich sind immer beide Geschlechter gemeint.

53 Vgl. Kirchliches Handeln bei Unglücksfällen und Katastrophen, Hannover 1978, 37.

54 Vgl. Stadler, W., Der Unfall-Folgedienst, Edewecht 1995, 243.

Der Unfall-Folgedienst setzte sich durch Ehrenamtliche überall dort ein, wo durch Behörden und Institutionen nicht oder nicht mehr vollständig geholfen werden konnte. Dies betraf v.a. die Hilfe für eine unverletzte Person durch einen Fahrdienst, den Zuspruch zur Überwindung des ersten Schockzustandes, aber auch die vorübergehende Unterbringung, ggf. eine Dolmetschertätigkeit, Krankenbesuche der verletzten Angehörigen und Benachrichtigung der Angehörigen. Es ging um eine lebenspraktische und dem Menschen zugewandte Erste Hilfe, um Zuspruch und menschliche Unterstützung.

Dabei war das Wichtigste »[...] jedoch immer der persönliche Kontakt, der Zuspruch, das Gefühl zu geben, in der Not nicht alleine zu sein.«[55] Diese Not musste nicht unbedingt ein Unfall mit Personenschäden sein: Es waren auch Fahrzeugpannen oder plötzliche Erkrankungen, die den UFD in Gang setzten. Die Hilfsmöglichkeiten des Unfall-Folgedienstes wurden zu Beginn des Dienstes möglichst klar umschrieben, so dass die alarmierenden Stellen (Polizei, Rettungswachen) die Helfer genau einsetzen konnten.

Auch kirchliche Gruppen nahmen sich dieses Dienstes an, um Dienstbereitschaften zu organisieren und das Thema einer breiteren Öffentlichkeit zugänglich zu machen.[56] Erste intensive Kontakte der Kirchen zu Feuerwehren und Hilfsorganisationen waren die Folge und stellen somit sicher einen Vorläufer der Notfall-Seelsorge dar.[57]

Derartiges Engagement geschah aus der Gemeinde heraus. Es war nicht funktional organisiert, sondern parochial aus dem Gedanken einer gemeindegebundenen diakonischen Arbeit entstanden. Ziel dieses Dienstes war die Hilfe für plötzlich in Not geratene Mitmenschen. Die Struktur der Arbeit führte z.T. sogar zur Anerkennung durch staatliche Stellen und verbesserte die Zusammenarbeit mit Polizeidienststellen. Jedoch wurde die Arbeit zu einlinig allein auf den Verkehrsunfall fokussiert, was viele Initiativen nach kurzer Zeit beendete.

---

55 Stadler, W., Der Unfall-Folgedienst, Edewecht 1995, 244.

56 Vgl. Kirchliches Handeln bei Unglücksfällen und Katastrophen, Hannover 1978, 37; zu diesem Thema vgl. auch Bruderhilfe Akademie für Verkehrssicherheit (Hg.), Schutz des Lebens auf Europas Straßen (Texte + Materialien für Gottesdienst und Gemeindearbeit zum Thema Straßenverkehr), Kassel 1993.

57 So Luszeit, K., »Helferhilfe«. Notfallseelsorge in Berlin. Wirkungsvolle Hilfe vor Ort, in: Rettungsdienst 18 (1995), 284.

## 5. Pionierarbeit in den späten Achtziger Jahren

> »Während in den 50er Jahren der schnelle Transport eines Notfallpatienten in die nächstgelegene Klinik vorrangiges Ziel des rettungsdienstlichen Einsatzes war, erfolgte vor allem in den 70er Jahren eine Reorganisation mit dem Ziel, die präklinische Erstversorgung und Stabilisierung gestörter vitaler Funktionen bereits vor dem Transport des Patienten in eine geeignete Klinik zu erreichen.«[58]

Diese *medizinisch-technische* Sichtweise klammerte die seelisch-psychische Not des Menschen nahezu aus. In den späten 1980er Jahren veränderte sich die Situation. Nun wurde das Umfeld wichtig. Der Blick auf das gesamte Geschehen ließ den ganzen Menschen[59] wieder in den Mittelpunkt der Bemühungen treten.[60]

---

[58] Fertig, B., Krisenintervention und Notfallnachsorge im Rettungsdienst, Edewecht, Wien 1997, 129.

[59] Vgl. Rössler, D., Der ganze Mensch, Göttingen 1962. Rössler hat in seiner Habilitationsschrift die gemeinsame Orientierung von Ärzten und Seelsorgern an den Grundlagen einer philosophischen Anthropologie eingehend dargestellt. Diese versucht eine umfassende Sicht auf den Menschen mit kurzen Worten prägnant zu beschreiben. Der Ausdruck ist zum Modewort geworden. Dadurch ist die Bezeichnung inzwischen unklar, weil Ganzheit bzw. der *ganze Mensch* im Zuge gesellschaftlich veränderter Wertvorstellungen und Rahmenbedingungen m. E. immer öfter im Sinne des ganz neuen und anderen als der *ganz neue Mensch* verstanden wird. Mit Blick auf diese Entwicklung wird daher in den kommenden Jahren wieder vermehrt der Blick auf den Menschen in der ganzen Fülle seines Lebens zu lenken sein, um sehr bewusst auch die Grenzerfahrungen als einen wichtigen Teil des Menschseins zu verstehen, ohne ihn ausschließlich bei seiner Hilfsbedürftigkeit zu behaften. Seelsorge repariert nicht einen Defekt. *An der Grenze* allerdings sollte sich die Seelsorge ihrer umfassenden Aufgabe bewusst sein, d. h. dort Tod und Schuld auch zum Thema machen.

[60] In der theologischen Fachliteratur nahmen erste Aufsätze das Thema auf, ohne jedoch explizit auf Notfall-Seelsorge Bezug nehmen zu können, so Luther, H., Tod und Praxis. Die Toten als Herausforderung kirchlichen Handelns. Eine Rede, in: ZThK 88 (1991), 407–426.

Die *Helfer* forderten ein Schließen der Rettungskette[61] und klagten so die *seelische Erste Hilfe* ein.[62] Man spürte die Hilflosigkeit, z. B. Angehörige allein zurücklassen zu müssen und Seelsorgerinnen bzw. Seelsorger nicht zuverlässig und persönlich erreichen zu können. Hinzu kam, dass die eigenen Grenzen der Hilfsdienste infolge immer komplizierterer Krankheitsbilder erkannt wurden.[63]

Gemeindepfarrer, regional meist sehr verstreut, hörten diese Rufe aus ihrem Alltag heraus. Sie suchten eine neue Zusammenarbeit zwischen Hilfsorganisationen und Kirchen. Pfarrer, die selbst Feuerwehrmänner oder Sanitäter waren, bemerkten den Mangel seelsorgerlicher Bemühungen und suchten zunehmend nach gleichgesinnten Kolleginnen und Kollegen, die ähnliche Erfahrungen gemacht hatten. Erste *Notfallseelsorge-Systeme* entwickelten sich. Als ein Pionier der ersten Stunde ist Pfarrer Hanjo von Wietersheim[64] zu nennen, der ab 1989 als evangelischer Seelsorger in der bayerischen Landeskirche prägende Akzente dieser neuen *Seelsorge-Bewegung*[65]

---

[61] Das Thema wurde zunächst jeweils intern auf breiter Ebene diskutiert, weil die Berührungsängste enorm waren. Als ein Beispiel aus dem Bereich der Feuerwehr möge das Themenheft *Brandschutz. Deutsche Feuerwehr-Zeitung* Nr. 3 vom März 1994, 48. Jahrgang, Stuttgart 1994, gelten. Eine EPD-Dokumentation berichtet unter ähnlichem Blickwinkel von der *inneren Not der Retter und Helfer bei Katastrophen*, auf die sie nie vorbereitet wurden, vgl. Gemeinschaftswerk der Evangelischen Publizistik e.V. (Hg.), Da wurden wir nie drauf vorbereitet (EpdD 2/95, 9. Januar 1995), Frankfurt 1995.

[62] Innerhalb der Polizei wurden mit *Mitarbeiterberatungsdiensten* niedrigschwellige Angebote ins Leben gerufen, um Ratsuchenden Menschen aus ihrem beruflichen Umfeld zur Verfügung zu stellen und Mängel innerhalb der Institution schnell erkennbar zu machen, vgl. Schäfer, D., Der Mitarbeiterberatungsdienst, Frankfurt 1995, 69–70. Zur Vielschichtigkeit helfender Ansätze in dieser Zeit vgl. auch Sadowski, S., Notfallseelsorge, in: PTh 88 (1999), 426f.

[63] Vgl. Fertig B., Krisenintervention und Notfallnachsorge im Rettungsdienst, Edewecht, Wien 1997, 129–137.

[64] Ein beeindruckendes Dokument aus dieser Anfangszeit ist ein Interview mit Pfarrer von Wietersheim, vgl. Petsch, H.-J., Polizist wird Notfallseelsorger. Ein Gespräch mit Hanjo von Wietersheim, in: Unser Auftrag 7/8 98 (Link 3). Von H. von Wietersheim und B. Fertig stammt auch das erste grundlegende Werk als Arbeitsbuch zur Notfallseelsorge, vgl. Fertig, B./v. Wietersheim, H. (Hg.), Menschliche Begleitung und Krisenintervention im Rettungsdienst, Edewecht, Wien, 2. überarbeitete und erweiterte Auflage 1997. In der wissenschaftlichen Diskussion wurde das Werk 2001 gewürdigt, vgl. Klessmann, M., Seelsorge zwischen Energetik und Hermeneutik. Ein Literaturbericht, in: PTh 90 (2001), 50.

[65] J. Müller-Lange und F. Schirrmacher beschreiben Notfallseelsorge daher als innovatives Moment einer kirchlichen Seelsorge, die nicht aus den poimenischen Diskussionen, sondern

setzte und für eine enge Zusammenarbeit warb, indem er die Begleitung von Einsatzkräften und ihre Vermittlungstätigkeit vor Ort beschrieb.[66] Aus solchen Erfahrungen heraus entstand 1990 bundesweit, zuweilen auch in Regionalgruppen organisiert, die ökumenische *Arbeitsgemeinschaft Seelsorge in Feuerwehr und Rettungsdienst* (AGS).

Regelmäßig fanden in ihr v. a. Pfarrer, aber auch Interessierte an der Arbeit zusammen, um sich abzustimmen in ihren Bemühungen um die Seelsorge in und mit den Hilfsorganisationen.

Die AGS »[...] ist ein Zusammenschluss von im weitesten Sinne an Seelsorge interessierten Männern und Frauen, die die Notwendigkeit erkannt haben, für Feuerwehren und Rettungsdienste ein Angebot seelsorgerlicher Begleitung zu schaffen.«[67] Es ging um den gemeinsamen Einsatz für mehr Menschlichkeit in Feuerwehr und Rettungsdienst. Einsatzkräfte wie Seelsorger fanden zusammen. Man konnte die ortsspezifischen Gegebenheiten und Verhältnisse berücksichtigen und miteinander vertraut werden, z. B. auch durch die Teilnahme an Ausbildungslehrgängen oder Praktika der Feuerwehr bzw. des Rettungsdienstes. Flankierend dazu fand in Workshops zur Notfall-Seelsorge und Katastrophennachsorge ein breiter Erfahrungsaustausch zur Strukturierung und Systematisierung der Arbeit statt. Notfall-Seelsorge sollte Teamarbeit sein, die kirchlich kompatibel ist und ohne hierarchische Strukturen mit Prüfungsnormen arbeitet.

Die Forderungen an die Kirchen konnten nun konkreter formuliert werden und erhielten v. a. mit der Arbeitsgemeinschaft ein wirksames Sprachrohr. Es entstand in den Landeskirchen und Bistümern eine bunte Landschaft von Zusammenkünften und sog. Notfall-Seelsorge-Systemen, meist unter dem Namen *Kirchliche Arbeit in Polizei*[68]*, Feuerwehr, Rettungsdienst und*

---

aus konkreten Praxiserfahrungen entstanden ist, vgl. Müller-Lange, J./Schirrmacher, F., Notfallseelsorge – Impulse zu einer seelsorgerlichen Kirche, Neukirchen-Vluyn 2005, 158–169.

66 Vgl. v. Wietersheim, H., Rückmeldung: »Notfallseelsorge alarmieren«, in: Rettungsdienst Journal 3, 1994, 98–101.

67 Waterstraat, Frank, Die Arbeitsgemeinschaft Seelsorge in Feuerwehr und Rettungsdienst, in: Gemeinschaftswerk der Evangelischen Publizistik e.V. (Hg.), Da wurden wir nie drauf vorbereitet. Die innere Not der Retter und Helfer bei Katastrophen. Texte einer Tagung der Ev. Akademie Bad Boll vom 5. bis zum 7. September 1994 (EpdD 2/95, 9. Januar 1995), Frankfurt 1995, 65.

68 Der Polizei bzw. dem Kontakt zwischen Kirche und Polizei verdankt die Notfall-Seelsorge wichtige Erkenntnisse beim *Aufbau* der Notfall-Seelsorge, wie Dokumente aus dieser Zeit belegen, Wild, E., Die Aufarbeitung dienstlicher Erlebnisse bei Polizeibeamten, Kassel 1997, 11–12.

*Katastrophenschutz*, um die Seelsorge vor Ort organisatorisch zu bewältigen. Diese Zusammenarbeit stellte einen wichtigen Schritt für eine spätere Verständigung über die Arbeit über die Regionen hinaus dar.[69] Doch sollte es noch einige Zeit dauern, bis sich diese vereinzelten Seelsorgeinitiativen in den einzelnen Landeskirchen innerhalb der EKD profilieren konnten. Einen ähnlichen Verlauf vernahm die Entwicklung in den Bistümern.

Erst der Zusammenschluss der landeskirchlichen Initiativen zu einer Konferenz Evangelischer Notfallseelsorgerinnen und Notfallseelsorger auf nationaler Ebene am 16. März 1998 und die Formulierung der Kasseler Thesen brachte die Gemeinsamkeiten auf einen Nenner.[70] Nun konnte eine gewisse Vereinheitlichung in der verwirrenden Vielfalt von Begriffen der verschiedenen Projekte, Dienste und Arbeitsgruppen erzielt werden. Die gemeinsame Arbeit in der Notfallseelsorge als Hilfe für Opfer und für Helfer wurde erstmalig zum Ziel aller Bemühungen erklärt.

## 5.1 Die Kasseler Thesen

Bereits am 5. Februar 1997 hatten sich Vertreter von notfall-seelsorgerlichen Diensten und Projekten der evangelischen Landeskirchen, der römisch-katholischen Bistümer, der Deutschen Bischofskonferenz und des Kirchenamtes der Evangelischen Kirche in Deutschland bei einer Tagung der Verkehrs-Akademie der Bruderhilfe-Familienfürsorge in Kassel getroffen. Sie verabschiedeten als Resultat ihrer ökumenischen Bemühungen die sog. Kasseler Thesen. Diese Thesen waren zusammen mit einer Satzung wesentlicher Ausgangspunkt für die Gründung der genannten Konferenz Evangelischer Notfallseelsorgerinnen und Notfallseelsorger in der EKD bzw. der Konferenz Evangelische Notfallseelsorge (KEN).[71]

---

[69] Vgl. dazu die Internetseite http://www.notfallseelsorge.de, die ursprünglich durch die Arbeitsgemeinschaft Seelsorge in Feuerwehr und Rettungsdienst (AGS) initiiert wurde und von Kirchenrat Pfr. Hanjo von Wietersheim betrieben wird. Auf dieser Seite sind wissenschaftliche Hausarbeiten veröffentlicht, die die geschichtlichen und aktuellen Entwicklungen in verschiedenen Regionen Deutschlands beleuchten und die Besonderheiten darstellen.

[70] Vgl. v. Wietersheim, H., Pressemitteilung: Notfallseelsorge-Konferenz gegründet (Link 4).

[71] Vgl. Evangelisch-Katholische Aktionsgemeinschaft für Verkehrssicherheit/Bruderhilfe Akademie für Verkehrssicherheit (Hg.), »Notfallseelsorge«. Eine Handreichung: Grund-legendes – Modelle – Fortbildung (Texte und Materialien für Gottesdienst und Gemeindearbeit zum Thema Straßenverkehr, Sonderheft), Kassel 1997, 2., erweiterte Auflage 1999, bes. 21–22. Vom gleichen Herausgeber in derselben Reihe ist 2006 ein weiteres Themenheft zur

Als *Erste Hilfe für die Seele* in Notfällen und Krisensituationen ist Notfall-Seelsorge Grundbestandteil des Seelsorgeauftrages der Kirche[72] und »Aufgabe eines jeden Pfarrers«[73], denn sie sieht den Menschen in Not mit den Augen eines Christen.

Der Mensch ist auch und gerade in Not und Bedürftigkeit, in Schwäche und Schuld ein von Gott getragenes, geliebtes und auf Hoffnung hin versöhntes und erlöstes Geschöpf.

Notfall-Seelsorge richtet sich an die primär Geschädigten, an andere Betroffene wie z.B. Angehörige und an Einsatzkräfte: »Seelsorge in Notfallsituationen nimmt ernst, dass bei Menschen in existenziellen Extremsituationen die faktisch wirksamen und weltanschaulichen Prägungen offenbar werden.«[74]

Es sind gerade die Notfallsituationen, in denen Sinn- und Wertfragen aufbrechen, in denen Lebensentwürfe ins Wanken geraten und Veränderungen von jetzt auf gleich durch das Ereignis bewusst werden. Die Frage der Schuld und das bohrende Warum werfen einen Schatten auf die Gegenwart und rauben alle Kraft. Darum sind Notfallsituationen Schnittstellen des Lebens.

Die Seelsorge für die Helfer bzw. Einsatzkräfte arbeitet in der Form, dass sie sich anbietet. Sie begleitet Einsatzkräfte in ihrer Arbeit und versucht v.a. in einer akuten Belastungssituation zur Seite zu stehen, um Folgeschäden wie z.B. sog. posttraumatische Belastungsreaktionen bzw. -störungen zu vermeiden oder zu kanalisieren: Gefühle von Versagen und Hilflosigkeit, Ohnmacht und Angst treten auf und erfordern möglicherweise im Anschluss an das Einsatzgeschehen eine Verarbeitung, damit ein *Einbrennen in die Seele* möglichst verhindert, zumindest aber abgemildert wird.

---

»Notfallseelsorge« erschienen, welches die praktische (Nach-)Arbeit v.a. unter parochialem Blickwinkel betrachtet: Evangelisch-Katholische Aktionsgemeinschaft für Verkehrssicherheit/Die Akademie Bruderhilfe – Familienfürsorge/Evangelische Arbeitsgemeinschaft für Verkehrsfragen in der EKD (Hg.), Notfallseelsorge (Texte und Materialien für Gottesdienst und Gemeindearbeit zum Thema Straßenverkehr, Heft 33), Kassel 2006. Das 2009 erschienene Nachfolgeheft lenkt den Blick auf die Geschichte und Entwicklung der Arbeit: Die Akademie Bruderhilfe-Pax-Familienfürsorge in Zusammenarbeit mit der Konferenz Evangelische Notfallseelsorge in der EKD und der Zusammenkunft der Diözesanbeauftragten für Notfallseelsorge (Hg.), Notfallseelsorge. Von der Initiative zur Institution, Kassel 2009.

[72] Vgl. Bischof K. Lehmann und Präses M. Kock in einem gemeinsamen Leitwort der EKD und der Deutschen Bischofskonferenz, in: »Notfallseelsorge«. Kassel, 2. erweiterte Auflage 1999, 3.

[73] V. Wietersheim, H., Pressemitteilung: Notfallseelsorge-Konferenz gegründet (Link 4).

[74] Thesenreihe zur Notfallseelsorge, Kassel 1997, 21.

Die Kasseler Thesen verstehen den Notfall als ein Kommunikations- und Vermittlungsgeschehen. Notfall-Seelsorge vollzieht sich darum durch ein Herstellen von Beziehung und Kommunikation. Das seelsorgerliche Gespräch geht einher mit der Präsenz des Seelsorgers vor Ort.

Diese Präsenz vor Ort erfordert ein Dasein für andere und eine Vermittlungstätigkeit,[75] um unverletzte Beteiligte begleiten zu können, um Verletzten während der Rettung beizustehen, um Angehörige am Einsatzort oder zuhause eine Stütze zu sein, um erschöpfte Einsatzkräfte aufzufangen.

Der Seelsorger vor Ort ist schließlich – so stellen die Thesen fest – in seiner Funktion als Amtsträger gefragt, um die Sakramente zu spenden, für Sterbende und Tote zu beten. Nicht zuletzt stellt sich Notfall-Seelsorge der Aufgabe, Todesnachrichten zu überbringen.[76]

Die Unterstützung der Einsatzkräfte bzw. weitere Begleitung nach dem eigentlichen Notfalleinsatz fordern die Thesen v.a. nach erfolglosen Reanimationen, dem Tod von Kindern, bei Suizid oder Suizidabsicht oder bei schweren bzw. unklaren Einsatzbildern. Gerade auf diese Fälle bereiten sich Notfallseelsorger vor und bilden sich ständig fort.

Daher gehören zu der seelsorgerlichen Kernkompetenz für den Notfall-Seelsorger umfassende Kenntnisse und Fähigkeiten über Reaktionsformen von Menschen in Not- und Extremsituationen sowie das Wissen um Gefahren an der Einsatzstelle; hier geht es v.a. um Erkennbarkeit, Eigenschutz und die Fähigkeit, sinnvoll mit den am Einsatz Beteiligten zusammenzuarbeiten. Gerade deshalb ist der Kontakt der Notfall-Seelsorger untereinander und das kollegiale Gespräch unabdingbar. Ein regelmäßiges Angebot an Supervision ist selbstverständlicher Bestandteil der Arbeit.

Die Kasseler Thesen beschreiben am Schluss die Ist-Situation zum Ende der 1990er Jahre, indem sie die Entwicklung regionaler Strukturen für eine notfall-seelsorgerliche Arbeit fordern, die den Erfordernissen von Kirche und Staat dienen. Für den kirchlichen Bereich werden geeignete Beauftragungen gefordert, die das Anliegen der Notfallseelsorge in den Kirchenkreisen, Dekanaten sowie den Landeskirchen bzw. Bistümern vertreten. Ebenso werden

---

75 Der Seelsorger versteht sich als ein Gegenüber, das nicht in die Hierarchie der medizinisch-technischen Helfer eingebunden ist. Dennoch ist er ein Mitarbeiter, der seinen Blick auf die Opfer und Helfer lenkt, vgl. Sadowski, S., Warum arbeiten Theologen in der Notfallseelsorge?, in: Rettungsdienst 23 (2000), 534–538.

76 Es sei angemerkt, dass diese hoheitliche Aufgabe der bundesdeutschen Polizei auf Bitten derselben inzwischen regelmäßig im Team aus Polizei und Notfallseelsorge wahrgenommen wird.

diese Stellen als dauerhafte Einrichtungen gefordert, für die die Finanzierung geregelt ist.

Auf der Ebene jenseits der Landeskirchen und Bistümer strebt man eine dauerhafte und kontinuierliche Vernetzung im Sinne eines Konventes an.

## 5.2 ENTSTEHUNG UND EINORDNUNG

Die Kasseler Thesen stellen den Versuch dar, die Unterschiedlichkeit regionaler Projekte der *Pionierphase* zu beschreiben, anzuerkennen, geschichtlich zu würdigen und zugleich die verbindenden Gemeinsamkeiten zu unterstreichen. Sie haben dazu beigetragen, diese Arbeit zu etablieren.

Große Unglücke in der jüngeren Vergangenheit haben das Thema und die Notwendigkeit notfall-seelsorgerlicher Arbeit bekannt gemacht, insbesondere das ICE-Unglück in Eschede am 3. Juni 1998.

Es folgten zahlreiche wissenschaftliche Untersuchungen zu posttraumatischen Belastungsstörungen, zur Einsatznachsorge und Belastung von Einsatzkräften.[77] Auch staatliche Stellen erkannten nun den Handlungsbedarf.

Das Interesse der Medien an einer Verarbeitung von Katastrophen ist seitdem spürbar gestiegen.[78] Die Nachsorge hat sich durch dieses Ereignis schnell verbreitet, zunehmend auch in den Hilfsorganisationen selbst. Die Hilfe für Helfer wurde aber auch als ein Markt entdeckt.[79]

Es setzte ein verstärktes Nachdenken über die seelsorgerliche Betreuung nach Katastrophen und Unfällen insgesamt ein.[80] Ab diesem Zeitpunkt wurden – auch als eine Folge dieses Unglücks – nahezu flächendeckend in

---

77 Vgl. dazu exemplarisch Hüls, E., Oestern, H.-J. (Hg.), Die ICE-Katastrophe von Eschede. Erfahrungen und Lehren. Eine interdisziplinäre Analyse, Berlin 1999, sowie Koordinierungsstelle Einsatznachsorge (Hg.), Hilfe für Helfer. Einsatznachsorge nach dem ICE-Unglück in Eschede. 4. Juli 1998 bis 31. Dezember 1999. Dokumentation – Modelle – Konsequenzen, Hannover 2002, und Deutsches Rotes Kreuz, Landesverband Niedersachsen (Hg.), Das Zugunglück von Eschede, Porträt eines Einsatzes, Hannover 1998.

78 Vgl. Vögele W., Zivilreligion, Katastrophen und Kirchen, Berlin 2007, 92. Solche Ereignisse können Mythen zerstören und Grundsätze zum Einsturz bringen, vgl. z. B. Greiner, U., Das Ende der Unverwundbarkeit. Ein Zug ist entgleist, ein Volk erschüttert, ein Mythos tot, in: Die Zeit 25 (10. Juni 1998), 15–16.

79 Vgl. Sadowski, S., Notfallseelsorge, »Ohne zu zögern« oder »Zwischen Angebot und Nachfrage«, in: PthI 23 (2003), 190–200.

80 So stellte J. Piper fest, dass ohne die Seelsorger niemand dagewesen wäre, der den Helfern zuhörend, einfach nur zuhörend zur Seite gestanden hätte, vgl. Piper, J., Seelsorge auf der Strecke des Unglücks. Kirchliche Notfallseelsorge und die Katastrophe von Eschede, in: Unser Auftrag 7/8 98 (Link 5).

den Landeskirchen und Bistümern Planungsstellen für Notfall-Seelsorge eingerichtet, Einsatzpläne entwickelt und Fortbildungskurse angeboten. Die Diskussion und die Weiterentwicklung der Notfall-Seelsorge wurde belebt.[81] *Eschede* wirkte wie eine Initialzündung, belebte die Diskussion und die Weiterentwicklung der Notfallseelsorge.

Die in den Kasseler Thesen beschriebene und geforderte Zusammenarbeit wurde nun durch Bundeskonferenzen, regelmäßig stattfindende Bundeskongresse, landeskirchliche Konvente und regionale Fortbildungen gepflegt. So ist es gelungen, die Arbeit kontinuierlich auszubauen und die Arbeitsweise der Notfallseelsorge zu etablieren.

Die Notfallseelsorge hat sich als verlässlicher Partner für Feuerwehr und Rettungsdienst, für Polizei und Katastrophenschutz erwiesen. Das Pionierstadium gehörte in vielen Regionen schnell der Vergangenheit an.

Notfall-Seelsorge wurde zum *normalen kirchlichen Arbeitsfeld* und erlangte in der Öffentlichkeit und vor allem bei den Betroffenen die notwendige Akzeptanz. Es hat Eingang in neuere Wörterbücher und Lexika der Theologie gefunden.[82]

Notfall-Seelsorge als *neues (altes) kirchliches Arbeitsfeld* hat die Wahrnehmung für Menschen in Not geschärft und breite Impulse für eine seelsorgerliche Kirche gesetzt. Eine selbstverständliche Aufgabe konnte als altes Arbeitsgebiet unter neuem Blickwinkel innovativ auf die kirchliche Seelsorgearbeit insgesamt wirken. Sie ist nicht aus den poimenischen Diskussionen, sondern aus konkreten Praxiserfahrungen entstanden und birgt eben durch diese erhebliche Erneuerungs- bzw. Entwicklungsdynamik in sich. Notfall-Seelsorge schärft somit den Blick für eine sensible Seelsorge in der Gemeinde. Gerade in der Volkskirche[83] hat Seelsorge einen hohen Stellenwert. Die Kirche wird v.a. dort gesucht, wo Menschen in Notlagen geraten, wo sie durch Krisen ihr seelisches Gleichgewicht zu verlieren drohen.

---

81 Vgl. Vögele W., Zivilreligion, Katastrophen und Kirchen, Berlin 2007, 45 und 51.

82 Vgl. z.B. Zippert, Th., Art. »Notfallseelsorge«, in: RGG$^4$, Bd. 6, Sp. 397–398. M. Viertel analysiert u.a. in seinem Artikel »Pfarrer/Pastor«, wie von Amtsinhabern dem heutigen Berufsleben entsprechende Qualifikation erwartet wird, die am Standard säkularer Berufsbilder gemessen wird: so soll er »[...] als geschulter Krisenmanager in Bereichen der Notfallseelsorge auftreten [...]«, vgl. Viertel, M., Art. »Pfarrer/Pastor«, in: Ders. (Hg.), Grundbegriffe der Theologie, München 2005, 370.

83 Vgl. dazu Preul, R., Kirchentheorie, Berlin, New York 1997, 190ff., 254ff., und ders., Die soziale Gestalt des Glaubens, Leipzig 2008, 36–51, sowie Müller, Th., Konfirmation-Hochzeit-Taufe-Bestattung, Stuttgart, Berlin, Köln, Mainz 1988, 45ff.

### 5.3 Kritik

Durch die Kasseler Thesen ist Notfall-Seelsorge als *Erste Hilfe für die Seele* bezeichnet worden. Diese Formulierung will ein Helfen *von jetzt auf gleich* ausdrücken. Eine schnelle (d.h. in zeitlicher Nähe zum Notfallereignis stattfindende) Seelsorge hat erhebliche Relevanz für die Menschen. Seelsorge wird unmittelbar dort tätig, wo Menschen konkrete und spürbare Hilfe benötigen. Das macht sie glaub- und vertrauenswürdig und stellt eine gute Basis für ein Miteinander in der weiteren Begegnung dar. Vertrauen ist die entscheidende Basis pastoral-seelsorgerlichen Handelns. Es senkt die Schwelle für einen weiteren intensiven Kontakt.

Seelsorge als Erste Hilfe ist aber nicht Teil eines Helfer- und Kriseninterventionssystems, welches vorgesehene Abläufe und Weisungen zu beachten hat. Seelsorge ist auch in der Akutphase eines Notfalls nicht nur die *zielgerichtete Versorgung* oder handlungsgebundene Tätigkeit, wie es der Begriff *Erste Hilfe* suggerieren könnte, sondern ist ein umfassendes Geschehen.

Nach weiteren für das Verständnis des Themas notwendigen Begriffsklärungen werde ich Organisationsformen der Notfall-Seelsorge im Zuge dieses historisch ausgerichteten Abschnittes darstellen.

Notfall-Seelsorge ist von der Parochie her zu denken und zu beschreiben, weil diese Sichtweise einerseits die Seelsorgearbeit des Gemeindepfarrers und damit die alltägliche Praxis der Notfall-Seelsorge angemessen berücksichtigt. Andererseits nimmt eine solche Sichtweise einen erkennbaren inhaltlichen Standpunkt ein, der im Diskurs mit anderen Anbietern sog. psychosozialer Unterstützung deutlich hervortritt. Dies führt zu einer Stärkung und Förderung des Alleinstellungsmerkmals von kirchlicher Seelsorge und stärkt insgesamt die kirchliche Seelsorgearbeit unter zeitgenössisch-volkskirchlichen Bedingungen.

## 6. Von der Initiative zur Institution

### 6.1 Begriffsklärungen

Die vorangegangenen Bewegungen waren und sind eine große Chance für die gemeindliche Seelsorge. Gerade in den 1990er Jahren erwuchsen aber unter dem *Themendach Notfall-Seelsorge* nach und nach Modelle bzw. Arbeitsstrukturen, die die Arbeit nach den Anforderungen und Möglichkeiten vor Ort differenziert ermöglichen wollten. Wie bereits angedeutet, *segelten* gerade im Windschatten großer Schadenslagen zahlreiche Anbieter unterschiedlichster

Herkunft, um im Falle der Not Hilfe anzubieten. Dies geschah unter Anwendung recht unterschiedlicher Methoden. Die Hilfe wurde dadurch erschwert, das Bild der Arbeit in der öffentlichen Wahrnehmung verzerrt und die Klarheit der Begriffe verwischt.

Diese Befürchtungen wurden Jahre zuvor im EKD-Papier angesprochen, wenn auch unter veränderten Vorzeichen. Der Vorwurf jedoch, dass die Kirche sich in die Zuständigkeit anderer einmische und ihren eigentlichen Auftrag dabei überschreite, spielt bei den im Folgenden beschriebenen Arbeitsfeldern im Hintergrund immer eine Rolle.

Darum erscheint es mir unumgänglich, durch die ausführliche Beschreibung der Arbeitsfelder einerseits eine Klärung der Begrifflichkeit und andererseits eine Klärung der Hintergründe vorzunehmen, um das jeweilige Proprium erfassen zu können. Für die Seelsorge ist gerade in diesem Miteinander das Gegenüber zu klären. Und das geschieht wesentlich durch die Erkennbarkeit ihrer Wurzeln.[84]

Aus meiner Sicht haben sich vier Schwerpunkte auf dem Gebiet der Notfall-Seelsorge entwickelt, die ich im Folgenden darstellen möchte:

#### *6.1.1 Kirchliche Notfall-Seelsorge (NFS)*

Die kirchliche Notfall-Seelsorge ist oben bereits ausführlich aus ihrer Idee und ihren Anfängen beschrieben worden und steht im Fokus dieser Arbeit. Notfall-Seelsorge ist Grundbestandteil seelsorgerlich-pastoralen Handelns und insofern Seelsorgeauftrag der Kirche.

Unter dem Namen Notfall-Seelsorge gehört sie seit Mitte der 1990er Jahre zur Arbeit der Kirche bzw. der Gemeinden selbstverständlich dazu. Als Erste Hilfe für die Seele ist sie Hilfe von *jetzt auf gleich* und ist darum bemüht, Menschen in Not- und Krisensituationen nahe zu sein, unabhängig welcher Religion oder Konfession sie angehören, denn der in Not geratene Mensch offenbart durch das Erleben eines erschütternden Ereignisses und dessen damit einhergehender existentieller Bedrohlichkeit weltanschauliche Prägungen.

---

[84] W. Vögele fordert daher m. E. zu Recht verstärkte Bemühungen um eine Klarheit in der Darstellung kirchlicher Arbeit. So entstammten z. B. die Bemühungen der Kirchen in der Notfallseelsorge, der diakonischen Hilfe und der predigenden Verkündigung denselben theologischen Vorentscheidungen. In der Vielfalt unterschiedlicher Katastrophenreaktionen müsse die konsistente Reaktion der Kirche stärker deutlich werden. Nicht zuletzt sieht er die doppelte Aufgabe der Kirchen darin, auf die gesteigerte Konkurrenz um Aufmerksamkeit und auf die gesteigerte Konkurrenz um Religiösität zu reagieren, vgl. Vögele W., Zivilreligion, Katastrophen und Kirchen, Berlin 2007, 95 f.

Evangelische und katholische Seelsorger hauptamtlicher und ehrenamtlicher Motivation engagieren sich gemeinsam (meist durch wöchentlich[85] wechselnden Rufbereitschaftsdienst und als Vordergrund- und Hintergrunddienst), um kirchlichem Handeln ein Gesicht zu geben und vor Ort Verlässlichkeit zu leben.

Notfall-Seelsorge sieht sich als kollegialer Gemeindedienst in eine jeweils regionale Rettungskette eingebunden und wird alarmiert durch zuvor klar definierte Einsatzindikationen über die regionale Rettungsleitstelle bzw. durch den Einsatzleiter oder wird durch die Polizei für die Überbringung einer Todesnachricht angefordert. In den überwiegenden Fällen sind es die sog. häuslichen Notfälle (erfolglose Reanimationen, plötzliche Einlieferungen ins Krankenhaus, Todesfälle), die Notfall-Seelsorge erforderlich machen und in die Seelsorge des Gemeindepfarrers münden. Sie führen diesen früh an seine seelsorgerliche Aufgabe heran. Dies wird im Verlauf der Arbeit noch zu zeigen sein. Besondere Einsatzindikationen sind, wie bereits angedeutet, der Tod von Kindern, Suizidankündigungen bzw. vollzogene Suizide, aber auch (schwere) Verkehrsunfälle, Brände sowie über das Individuum hinaus sog. Großschadenslagen und Massenanfälle von Verletzten.[86] Die seel-

---

[85] Es gibt allerdings auch Modelle, die den Dienst sehr variabel organisieren, je nach den Bedürfnissen und nach den Möglichkeiten der Gemeinschaft der Dienstleistenden: wochenweise, werktags-Wochenende, 24-Stunden-Dienst oder als Tandemdienste (zwei Mitarbeitende teilen sich einen entsprechenden Zeitraum und sprechen sich für Vertretungen untereinander ab).

[86] In diesen Fällen geht Notfall-Seelsorge aufgrund eines umfangreicheren Einsatzgeschehens über das normale Maß gemeindlich bekannter Seelsorge hinaus. V. a. die Hilfsorganisationen sprechen in diesem Falle seit einiger Zeit von sog. Psychosozialen Unterstützungskräften bzw. Psychosozialer Unterstützung (PSU) oder Psychosozialer Notfallversorgung (PSNV). In der Notfall-Seelsorge wie in den Hilfsorganisationen selbst werden für diese speziellen Fälle Menschen geschult, um diesem besonderen Geschehen verantwortungsvoll und vorbereitet, v. a. mit Blick auf die Einsatzkräfte selbst, begegnen zu können. Aber auch diese Arbeit mit umfangreichen Kenntnissen eines Einsatzgeschehens ist und bleibt wesentlich eine seelsorgerliche Aufgabe. Einen aktuellen Bericht zu einem derartigen Ereignis liefert der Erfahrungsbericht von Rieske, U., Das »Loveparade«-Unglück: Folgen einer Katastrophe aus Sicht der Notfallseelsorge, in: Rettungsdienst 34 (2011), 859–863. Rieske schildert eindrücklich die Arbeit im bislang größten Einsatz der Psychosozialen Notfallversorgung (PSNV): Begleitung in der Akutphase des Unglücks (durch seelsorgerliche Gespräche, Gottesdienste und religiöse Rituale), Gestaltung der Gedenkfeier, Organisation von Angehörigen- sowie Verletztentreffen im direkten Anschluss, Begleitung am Jahrestag und danach sowie die Betreuung von Einsatzkräften. Zur psychosozialen Arbeit im Großschadensfall vgl. Helmerichs, J., Psychosoziale Notfallversorgung (PSNV) in komplexen Gefahren und Schadenslagen, in: Rettungsdienst 34 (2011), 814–821.

sorgerliche Begleitung unverletzter Beteiligter, Verletzter und Angehöriger steht dabei zunächst im Vordergrund, liturgische Begleitung durch Gebete, Segenshandlungen oder die Spende von Sakramenten können sich anschließen. In diesen Fällen wird es wahrscheinlich zur Begleitung der Einsatzkräfte kommen.

Notfall-Seelsorge begleitet und berät Menschen im Lichte des Evangeliums. Sie lebt in der Grundspannung von Krisenberatung und christlicher Vergewisserung. Durch ihre Anwesenheit und ihren Dienst aus dem christlichen Glauben heraus sind Seelsorger Überbringer einer Botschaft an Menschen, die als Gottes Geschöpfe gerade in Not, Bedürftigkeit, Schwäche und Schuld begleitet und geliebt sind. Mit dieser Grundvoraussetzung hilft die Notfall-Seelsorge, den Sinn für das Leben, die Hoffnung und ein Weiterleben trotz der entstandenen Not nicht aufzugeben, weil auch dieses Geschehen unter Gottes Fürsorge und Liebe steht. Somit wird personalisiert, dass die »Verborgenheit Gottes [...] keine Abwesenheit Gottes [ist], sondern eine bestimmte Form der Anwesenheit.«[87] Christliche Seelsorge möchte dem Gegenüber das geben und zusprechen, was es aus sich selbst heraus nicht bekommen kann. Damit ist sie anzusiedeln zwischen der *Kommunikation* und der *Intervention*. Sie tritt ein für die Würde von Verletzten, Beteiligten und Toten. Sie versucht redlich zu sein, Vertrauen zu wecken und hofft ermutigenden Trost zu geben, ohne das Gegenüber aus der eigenen Verantwortung zu entlassen.[88] Somit verbindet sich gerade in der Praxis der Notfall-Seelsorge die geforderte methodische mit theologischer Kompetenz.[89]

### *6.1.2 Krisenintervention der Rettungsdienste (Kriseninterventionsteams [KIT] oder -dienste [KID])*

Die Kriseninterventionskräfte als -teams (KIT) oder -dienste (KID) sind meist in Großstädten als nichtkirchliches Pendant zur Notfallseelsorge aus den Reihen der Rettungsdienste/Hilfsdienste oder Kommunen entstanden.[90] Es gab

---

87 Roth, M., Die Rede vom verborgenen Gott, Würzburg 2011, 51. Roth hält im gleichen Aufsatz, 54 [Hervorhebung im Original] treffend fest: »Die Rede von der Verborgenheit Gottes versucht den Widerspruch zwischen den Erfahrungen des Übels und dem Vertrauen auf Gottes Zusage nicht denkerisch aufzulösen, sondern ihn *auszuhalten*.«

88 Vgl. Schmidt-Rost, R., Die Bedeutung der »Kunstregeln« für die Praktische Theologie, in: PthI 12 (1992), 209.

89 Dies fordert F. Wintzer in seiner grundsätzlichen Reflexion über die Bedingungen neuzeitlicher Seelsorge, vgl. Wintzer, F., Seelsorge, München 1978, L.

90 Vgl. dazu z.B. das Kriseninterventionsteam München in Trägerschaft des Arbeiter-

aber auch von Anfang an Wege der Zusammenarbeit.[91] »Zielgruppen, Einsatzindikationen, psychotraumatologische Grundkenntnisse und Methoden sind bei NFS und KIT nahezu identisch.«[92] Der klare Unterschied besteht jedoch im Selbstverständnis sowie der Trägerschaft, was dann im praktischen Vollzug der Arbeit doch wieder zu wesentlichen Unterschieden in der Arbeit führt.[93] Krisenintervention vollzieht sich ohne religiösen Bezug. »Das Rettungspersonal steht religiösen Ritualen in der Praxis oft befremdet oder gar ablehnend gegenüber.«[94] »Fragen nach Schuld, Gott und Leid beantworten Seelsorger anders als KIT'ler.«[95] Die Arbeit vollzieht sich wesentlich aus dem medizinischen Sektor heraus und geht von daher mit immer stärker um sich greifendem Qualitäts- und Machbarkeitsdenken einher.

> C. H. Daschner hält dazu weiter fest: »KIT als rettungsdienstliche Aufgabe und NFS als kirchliches Engagement ergänzen sich zwar, können sich aber keinesfalls gegenseitig ersetzen. Insbesondere die Verhinderung schwerer gesundheit-

---

Samariter-Bundes München/Oberbayern e.V. (Link 6). Unter http://www.notfallseelsorge.de findet sich eine *Liste der Systeme*, die die Vielfalt und Vielschichtigkeit der Arbeitsstrukturen aufzeigt.

91 Vgl. dazu z. B. den Kriseninterventionsdienst Marburg-Biedenkopf, der durch Rettungsdienst und Feuerwehr einerseits und die Kirchen andererseits gegründet wurde (Link 7).

92 Daschner, C. H., Krisenintervention im Rettungsdienst, Edewecht, Wien 2001, 17.

93 Diese Arbeit stand gerade beim Aufbau der Hilfe nicht selten als nichtkirchliches Pendant der Notfall-Seelsorge gegenüber. In der Zwischenzeit haben sich die Arbeitsstrukturen von Kirche und Hilfsorganisationen eingespielt. Man weiß voneinander und kann daher auch vertrauensvoll(er) zusammenarbeiten. Dennoch existiert mit Kriseninterventionsteams oder -diensten für die Seelsorge in der Krise eine säkulare *Konkurrenz*, die sich anderer Quellen bedient als die Notfall-Seelsorge und auch andere Ziele verfolgt.

94 Vgl. Falk, B./Dankert D./Döhler G./Geier W., Ethische, psychologische und theologische Aspekte, Berlin, Heidelberg, New York 1997, 366. R. Radix beschreibt in diesem Zusammenhang *unterschiedliche Rufbereitschaften*, die regional und/oder je nach Träger verschieden organisiert seien: Notfallseelsorge in kirchlicher Trägerschaft, sog. Notfallbegleitung in Trägerschaft von Vereinen oder Zusammenschlüssen und Kriseninterventionsteams/-dienste in Trägerschaft der Hilfsdienste und Kommunen, zumeist so in den östlichen Bundesländern eingerichtet, vgl. Radix, R., Wenn die Seele streikt. Vermeidung psychischer Gesundheitsschäden nach schweren Arbeitsunfällen, Bochum 2007, 49–53. Diese Darstellung ist m. E. zu deskriptiv, denn sie verschweigt die unterschiedlichen Grundlagen und Zielsetzungen der Hilfsangebote.

95 Daschner, C. H., Krisenintervention im Rettungsdienst, Edewecht, Wien 2001, 17.

licher Folgeschäden ist die zentrale Aufgabe des Rettungsdienstes und der präklinischen Notfallmedizin.«[96]

Im KIT arbeiten zumeist eigens dafür qualifizierte Mitarbeiter des Rettungsdienstes für Menschen in Krisensituationen, die entweder diese Aufgabe als Sonderdienst innerhalb ihres normalen Dienstes oder ehrenamtlich wahrnehmen. Krisenintervention geschieht als kurzfristige Intervention an trauernden oder akut traumatisierten Menschen unmittelbar nach einem belastenden Ereignis.

> »Die Krisenintervention im Rettungsdienst (KIT) ist eine Struktur, die es sich zur Aufgabe gemacht hat, als integraler Bestandteil des bestehenden Rettungsdienstes psychisch traumatisierte Patienten im Sinne eines Akutdienstes ambulant zu betreuen.«[97]

KIT-Mitarbeiter stehen Menschen in Not nach bestem Wissen und Gewissen bei. Sie genießen im Gegensatz zu kirchlichen Notfallseelsorgern aber kein juristisch zugestandenes Zeugnisverweigerungsrecht. Jedoch können sie bei einem Einsatz von einem Arzt mit der Betreuung eines oder mehrerer Klienten beauftragt werden, was ein sog. Zeugnisverweigerungsrecht als Berufshelfer nach sich ziehen kann, aber nicht muss.

### *6.1.3 Stressbearbeitung nach belastenden Ereignissen (SbE®)*

Was schützt Einsatzkräfte davor, eine *Hornhaut auf die Seele* zu bekommen bzw. nachhaltig psychisch geschädigt zu werden? Wer bewältigt den Stress der Feuerwehrleute, Rettungsdienstmitarbeiter, der Polizisten und auch der Soldaten, der durch ihre Arbeit nach der Arbeit entsteht? Seit Mitte der 1990er Jahre setzt sich in Deutschland die Erkenntnis durch, dass gerade die psychischen Belastungen neben dem körperlichen Druck die Helfer erheblich beeinträchtigen und diese Einsatzkräfte an ihre psychische Grenze bringen können. Führungskräfte haben diesen Sorgen und Fragen ihres Personals in den vergangenen Jahren zunehmende Aufmerksamkeit geschenkt und ihre Fürsorgepflicht innerhalb dieser Problematik, der Einsatznachsorge, erkannt.

---

96 Daschner, C. H., Krisenintervention im Rettungsdienst, Edewecht, Wien 2001, 17.

97 Daschner, C. H., Krisenintervention im Rettungsdienst, Edewecht, Wien 2001, 39.

In den Vereinigten Staaten hatte bereits in den frühen 1980er Jahren der Psychologe Jeffrey T. Mitchell (später in Zusammenarbeit mit George S. Everly) mit dem sog. Debriefing eine hilfreiche Methode in Form eines direkten und handlungsorientierten Gruppenprozesses entwickelt, um Feuerwehr, Rettungsdienste, Polizei, Küstenwache und Nationalparkverwaltungen in enger zeitlicher Nähe zu einem massiven und belastenden Einsatz in Gruppengesprächen mit den eingesetzten Kräften zu helfen.[98] Später gründete er zur Verbreitung der Methode die International Critical Incident Stress Foundation (ICISF). Zuvor gab es in den Vereinigten Staaten Police-Stress-Programme. Vereinzelt wurden Helfer in den Hilfsorganisationen in den USA und Israel auf das Thema vorbereitet.

Es geht darum, Prävention von möglichen posttraumatischen Belastungsreaktionen (PTB) oder gar -störungen (PTBS bzw. englisch: Posttraumatic Stress Disorder [PTSD]) zu betreiben.[99] Diese Prävention stellt einen strukturierten und moderierten Gruppenbearbeitungsprozess in sieben Phasen dar, um bei Einsatzkräften nach einem potentiell traumatisierenden Ereignis Stressfolgen zu mildern und möglichst schnell zu einer Erholung beizutragen,[100] sie wird im Team aus psychosozialen Fachleuten und ge-

---

[98] Vgl. Mitchell, J. T./Everly, G. S. (Müller-Lange, J. [Hg. der deutschen Ausgabe]), Critical Incident Stress Management. Handbuch Einsatznachsorge. Psychosoziale Unterstützung nach der Mitchell-Methode, Edewecht, Wien, 2., völlig neu bearbeitete und erweiterte Auflage 2005.

[99] Traumatische Ereignisse bedrohen die Betroffenen existentiell oder/und konfrontieren mit dem Tod. Die betroffene Person reagiert mit Furcht, Hilflosigkeit oder Entsetzen. Nicht jeder, der diese Erfahrungen macht, ist automatisch krank oder traumatisiert. Zumindest vorübergehend reagieren fast alle Menschen auf das Erleben traumatischer Ereignisse in ähnlicher Weise, sie entwickeln unmittelbar nach dem Ereignis spezifische Symptome (z. B. wiederkehrende Erinnerungen, Vermeidung des Ortes des Geschehens, Schreckhaftigkeit, Schlafprobleme, Konzentrationsschwierigkeiten). In vergleichsweise wenigen Fällen jedoch erkranken die betroffenen Personen an den Folgen einer traumatischen Erfahrung, also posttraumatisch.

[100] Ab 1998 hat sich dazu parallel ein sog. zielgruppenorientiertes Vorgehen von G. Fischer und P. Riedesser entwickelt, bei dem drei Zielgruppen (sog. Selbsterholer, Wechsler und Risikopersonen) nach den jeweiligen individuellen eigenen Belastungen, Ressourcen und Möglichkeiten unterschieden werden, vgl. dazu Strang, A., Günthner, Chr., Krisenintervention, Stuttgart 2005, 12. Die früheren Verfahren bzw. Forschungen haben v. a. das Ereignis fokussiert, heute wird eher die Person in den Mittelpunkt gestellt, was auch der derzeit gültigen diagnostischen Definition der Posttraumatischen Belastungsstörung (DSM IV) entspricht, vgl. dazu Krüsmann, M./Karl, R./Schmelzer, M./Butollo, W., Prävention im Einsatzwesen, Primäre und sekundäre Prävention im Einsatzwesen. Zusammen-

schulten Einsatzkräften (also jeweils Feuerwehrleuten, Polizisten oder Rettungsdienstpersonal) als Angehörigen der gleichen sozialen Gruppe (sog. Peers) durchgeführt und vollzieht sich im geschützten Raum. Es geht darum, Sicherheit zu vermitteln, das Erlebte zu ordnen (dem Unsagbaren Worte zu verleihen), das eigene Wertegerüst zu stärken, die bedrängenden Gefühle zu verorten und die (nahe) Zukunft in den Blick zu nehmen.

Diese Methode des sog. Critical Incident Stress Management (CISM), Critical Incident Stress Debriefing (CISD) oder auch Stressbearbeitung nach belastenden Ereignissen (SbE®) stellt folglich eine organisierte Betreuung von Einsatzkräften dar, jedoch keinesfalls eine psychotherapeutische Beratung oder gar eine Therapie.[101]

Der gesamte Ablauf eines solchen Debriefings folgt zwar einer vorgegebenen Struktur, die Inhalte der genannten Phasen werden jedoch von den Teilnehmern selbst bestimmt, da sie von der Art und dem Verlauf des Einsatzes abhängig sind. Die Methode ist die momentan am weitesten verbreitete Methode zur Prävention einsatzbedingter Stressreaktionen.

Noch zu Beginn der 1990er Jahre wurde die Methode zurückhaltend betrachtet. In der Folgezeit jedoch verbreitete sich CISM/SbE® schnell: Die Bundeswehr, der Malteser-Hilfsdienst, später die Bundespolizei und das Technische Hilfswerk u. a. machten sie sich zu eigen und schulten darüber hinaus ihr Personal schon vor dem Ereignis mit den Fragen, die CISM bzw. SbE® notwendig machen. In Deutschland nahm sich u. a. die Bundesvereinigung Stressbearbeitung nach belastenden Ereignissen e.V. (SbE®) der Verbreitung der Methode, der Schulung der Mitarbeiter und Koordination der Einsatznachsorge an. Sie gewährleistet, dass bundesweit und zu jeder Zeit ein Einsatz-Nachsorge-Team zur Verfügung steht und im Bedarfsfall von Einsatzkräften angefordert werden kann.

---

fassung der Ergebnisse (Link 8), und dies., Prävention im Einsatzwesen, Sekundäre Prävention. Abschlussbericht für das Forschungsprojekt (Link 9). DSM IV steht für *Diagnostic and Statistical Manual of Mental Disorders*, einem Verzeichnis der American Psychiatric Association (APA), welches psychische Störungen diagnostisch und statistisch klassifiziert. Im Jahre 1994 ist das Verzeichnis in der 4. Fassung erschienen und trägt seitdem den Zusatz IV.

[101] D. Berceli weist darauf hin, dass eine PTBS nicht mit Programmen für Stressmanagement oder Seminaren zur Konfliktlösung behandelt werden kann, weil es sich um instinktive Reaktionen und nichtrationale Denkmuster handele. In der Folge komme es daher nicht selten zu komplizierten und verwickelt verwirrenden Prozessen, vgl. Berceli, D., Körperübungen, Elsfleth 2007, 61.

Inzwischen haben sich weltweit mehr als 700 regionale Teams gebildet, die vor Ort und über ihre heimatlichen Regionen hinaus Einsatznachsorge betreiben. Diese Teams stellen zunehmend auch die Hilfsorganisationen selbst. Derzeit ist diese Art der Nachbearbeitung die wohl am weitesten verbreitete Methode der Hilfe für Einsatzkräfte nach einem belastenden Ereignis.

Sie kam im großen Stile zuerst beim ICE-Unglück in Eschede 1998 zum Tragen, zuvor in Ansätzen bei der Flugkatastrophe in Ramstein 1988[102] und dem Grubenunglück in Borken/Hessen im selben Jahr.[103] *Ramstein und Borken* stellen somit wohl die beiden ersten Katastrophen dar, bei denen umfangreich auch die Anfänge organisierter Nachsorge betrieben und dokumentiert wurden. Nachfolgende Ereignisse dieser Art wären ohne sie kaum verantwortungsvoll zu bewältigen gewesen. Gerade in diesen größeren Zusammenhängen wirkten vor allem Gemeindepfarrer vor Ort, seinerzeit noch ohne organisierte Notfall-Seelsorge und/oder Stressbearbeitung nach belastenden Ereignissen aktiv mit, indem sie mit Angehörigen ausharrten, Hausbesuche machten, sie zum Sarg begleiteten, beerdigten, sich in der Nachsorge vernetzten, Gedenkfeiern und Gedächtnisgottesdienste organisierten und die Arbeit gegenüber der Öffentlichkeit darstellten. Durch ihr Zuhören, ihr Dabeibleiben und Mitgehen haben sie aus der Gemeinde heraus für *ihre Menschen in Not* gehandelt und gesorgt. Sie haben dem unfassbaren Geschehen durch bekannte Gebete tröstend und helfend begegnen können.

> »In den ersten Stunden und Tagen versuchten fast alle Pfarrerinnen und Pfarrer der Region um Borken, evangelische wie katholische, die Familien zu begleiten und ihnen Beistand zu geben: durch das Mitwarten auf dem Grubengelände und in der Turnhalle, durch Hausbesuche und die Begleitung zum Sarg, wenn der tote Mann, Vater, Bruder geborgen war. Dabei standen weniger Antworten auf religiöse Fragen als vielmehr das einfache Zuhören, Dabeibleiben und Mitgehen im Vordergrund. Trost und Hilfe wurde vielfach stärker aus alten Gebeten, wie dem 23. Psalm, bezogen, als aus der eigenen theologischen Rede.«[104]

---

[102] Vgl. Jatzko, H./Jatzko, S./Seidlitz, H., Das durchstoßene Herz, Ramstein 1988. Beispiel einer Katastrophen-Nachsorge, Edewecht 1995, bzw. Dies., Katastrophen-Nachsorge. Am Beispiel der Aufarbeitung der Flugkatastrophe von Ramstein 1988, Edewecht, 2. überarbeitete und erweiterte Auflage 2001.

[103] Vgl. Arbeitsgruppe Stolzenbachhilfe (Hg.), Nach der Katastrophe. Das Grubenunglück von Borken. Ein Erfahrungsbericht über drei Jahre psychosoziale Hilfe, Göttingen 1992.

[104] Vgl. Arbeitsgruppe Stolzenbachhilfe (Hg.), Nach der Katastrophe, Göttingen 1992, 105f.

In der Folge dieser von einer breiten Öffentlichkeit wahrgenommenen Ereignisse haben gerade gegenüber den Hilfsdiensten unterschiedlichste Anbieter bis hin zu pseudoreligiösen Sekten[105] ihre Hilfe angeboten, was zu großer Verunsicherung führte und als Folge u.a. die Forderung einer klaren und vertrauten Begriffsdefinition auslöste.

Zwischen der *amerikanischen Mutter* International Critical Stress Foundation (ICISF) und der *deutschen Tochter*, der Bundesvereinigung Stressbearbeitung nach belastenden Ereignissen (SbE®) ist es 2009 im Zuge der beschriebenen Institutionalisierung zu Schwierigkeiten bzw. Konkurrenz gekommen, die sich m.E. wesentlich daraus begründen, den Markt der Anbieter zu bereinigen, um Absatzmärkte zu sichern. Unter dem Stichwort *Zertifizierung der Fortbildungsmodule* wurde versucht, SbE® als Ausbildungsorganisation vom Markt seriöser Einsatznachsorgeanbieter zu verdrängen. Nur durch einen richterlich erwirkten Beschluss wurden die aufgestellten Anschuldigungen im Rahmen einer Unterlassungserklärung fallen gelassen.[106]

### *6.1.4 Psychosoziale Unterstützung (PSU) bzw. Psychosoziale Notfallversorgung (PSNV)*

Durch die bereits erwähnte, in Deutschland bis dato schwerste Zugkatastrophe in Eschede, einem Großschadensereignis[107], ist es zur Fortentwicklung der Einsatznachsorge gekommen.

---

105 So wirbt z.B. die sog. *Jugend für Menschenrechte*, hinter der die Scientology-Sekte steht, mit ihren Hilfsangeboten (Link 10).

106 Vgl. Oberlandesgericht Köln. 6. Zivilsenat, Beschluss vom 25.06.2009 (Link 36).

107 Unter einem Großschadensereignis ist ein eingegrenztes Ereignis mit noch intakter Infrastruktur zu verstehen, dessen Einsatzlage sich allerdings ausweiten kann, länger andauern kann und durch öffentliches Interesse belastet ist. Unter Katastrophe ist ein expandierendes Ereignis zu verstehen, welches unüberschaubar zu werden droht und wo selbst die Infrastruktur betroffen ist. In beiden Fällen sind längere Einsatzzeiten aufgrund eines ungewöhnlichen Ausmaßes zu erwarten, und es sind mehrere Personen betroffen. Jedoch sind die *normalen Helfer* damit konfrontiert, die nun massiv ihre Arbeit zu tun haben. Die Bezeichnungen sind oftmals unklar und werden abwechselnd verwendet. So kann man noch sehr wohl von Katastrophe reden, wenn man den Zustand subjektiv empfindet und kommunikativ verbreitet. Er kann dann von einem persönlichen Notfall, örtlichen Schadensfällen (Desaster oder engl. *disaster*) bis zu einer großflächigen Zerstörung von Leben, Infrastruktur und Hilfsmöglichkeiten eines ganzes Lebensraumes, sogar bis zum Untergang ganzer Gesellschaften reichen, vgl. Art »Katastrophe« (Link 11). Noch allgemeiner kann man aber auch sagen, dass Katastrophen unvorhersehbar in das alltägliche Leben einbrechen und die gewohnte Ordnung der Dinge zerstören. Urplötzlich ist dann

Leider ist, wie auch aus meinen Zeilen ersichtlich wird, die genaue begriffliche Eingrenzung gerade für diesen Arbeitsbereich unklar. Daher ist allgemein festzuhalten, dass es sich bei der folgenden Darstellung um außergewöhnliche Ereignisse handelt, in denen immer zahlreiche Menschen und Sachwerte betroffen sind – Größe, Umfang und Schwere des Ereignisses sowie vor allem die Anzahl der beteiligten und möglicherweise psychisch belasteten Menschen, die Begleitung und Betreuung benötigen, sind beträchtlich. Es geht darum, in solchen Fällen die betroffenen Menschen, auch psychosozial, zu betreuen und zu versorgen.

Nach Eschede wuchs die Einsicht bei Institutionen, Behörden und Regierungen, den betroffenen Personengruppen psychologische Hilfe zukommen lassen zu müssen. In Eschede wurden wegen der unterschiedlichen Bewältigungsmöglichkeiten der am Ereignis beteiligten Personen für Opfer und Angehörige einerseits, Helfer und deren Familien andererseits, Hilfsangebote gestartet.

Im Bereich der Helfer wurde diese Hilfe zunächst als *Einsatznachsorge* bezeichnet. Zu diesem Zweck wurde damals die *Koordinierungsstelle Einsatznachsorge*[108] eingerichtet, die auch nach der Akutphase durch zunehmende Anfragen nach Unterstützung anderthalb Jahre nachsorgend tätig war. Dabei wurde modellhaft ein Einsatznachsorgeprogramm entwickelt, welches eine längerfristige Nachbetreuung von Einsatzkräften und anderen Betroffenen gewährleisten sollte. Gleichzeitig konnte man anhand dessen ein Modell entwerfen für die Konzeption von Katastrophenschutzplänen und Plänen für Großschadensereignisse.

---

nichts mehr so, wie es zuvor gesichert schien: das körperliche Befinden, die psychische Stabilität, das Leben in der Familie und das soziale Gefüge. In der Umgangssprache und zunehmend auch der Literatur wird das Großschadensereignis der Katastrophe gleichgesetzt. So definiert im Bereich des Rettungsdienstes die Ständige Konferenz für Katastrophenvorsorge und Katastrophenschutz/Geschäftsstelle, c/o Arbeiter-Samariter-Bund Deutschland e.V. (Hg.), Wörterbuch des Zivil- und Katastrophenschutzes, Köln 2003, 26, das Großschadensereignis als »ein Ereignis mit einer so großen Anzahl von Verletzten oder Erkrankten sowie anderen Geschädigten oder Betroffenen, dass es mit der vorhandenen und einsetzbaren Vorhaltung des Rettungsdienstes aus dem Rettungsdienstbereich nicht bewältigt werden kann (DIN 13050:2002-09).« Sie setzt es mit einer Katastrophe gleich.

[108] Die Arbeit dieser Koordinierungsstelle ist eindrücklich dokumentiert durch die Koordinierungsstelle Einsatznachsorge (Hg.), Hilfe für Helfer. Einsatznachsorge nach dem ICE-Unglück in Eschede. 4. Juli 1998 bis 31. Dezember 1999. Dokumentation – Modelle – Konsequenzen, Hannover 2002.

Die sog. Psychosoziale Unterstützung (PSU) oder auch Psychosoziale Notfallversorgung (PSNV) ist wesentlich aus diesem Projekt erwachsen. Aus *Eschede* hat man gelernt und ein umfassendes psychosoziales Versorgungssystem für Katastrophen und Großschadensereignisse entwickelt. Unter *Psychosozialer Unterstützung - PSU* versteht man ein gestuftes System zur Unterstützung der Einsatzkräfte vor, während und nach belastenden Einsätzen in den bestehenden Strukturen der Hilfsdienste, unabhängig davon, ob es sich um ehrenamtliche oder hauptamtliche Kräfte handelt.[109]

PSU ist zu einem wesentlichen Baustein des Katastrophenschutzes entwickelt worden. Sie ist überall integrierbar in die vorhandenen regionalen Strukturen der Führungs- und Leitungsabläufe im Einsatzfall. Sie baut auf der normalen Infrastruktur in den Regionen auf. Sie stellt als interdisziplinäres und in die Gefahrenabwehr eingebundenes System eine Koordinierungs- und Kommunikationsstruktur dar, welche die Angebote von kirchlicher Notfall-Seelsorge, von Kriseninterventionsdiensten oder -teams sowie der Stressbearbeitung nach belastenden Ereignissen[110] aufzunehmen vermag.[111]

Aktuelle Forschungsansätze sprechen mit Blick auf die Bedeutung und Verwendung des Begriffes PSU von zu großen inhaltlichen Unschärfen und schlagen stattdessen für alle operativen Maßnahmen vor, dafür den Begriff der Psychosozialen Notfallversorgung (PSNV) zu verwenden.[112] Der Begriff beinhaltet »[...] die Gesamtstruktur und die Maßnahmen der Prävention sowie der kurz-, mittel- und langfristigen Versorgung im Kontext von belastenden Notfällen bzw. Einsatzsituationen«[113], wobei darunter immer auch übergreifende Ziele wie die benannte Prävention gegenüber Belastungsfolgen, deren Früherkennung sowie die Bereitstellung geeigneter Unterstützung zur Verarbeitung erlittener Erfahrungen, v. a. zur Traumaverarbeitung für Betroffene und Einsatzkräfte verstanden werden.

In diesem Sinne haben sich unter Federführung des Bundesamtes für Bevölkerungsschutz und Katastrophenhilfe in den Jahren 2007–2010 die

---

109 Vgl. Strang, A./Günthner, Chr., Krisenintervention, Stuttgart 2005, 15.

110 Dies können auch sog. OPEN (Organisierte Personenunterstützung für Extremeinsätze und Nachsorge) oder ENB (Einsatznachbereitungs-)Teams sein.

111 Vgl. Häcker, J., Die Stressbearbeitung nach belastenden Ereignissen, Edewecht, Wien 2005, 242–250.

112 Vgl. Bundesamt für Bevölkerungsschutz und Katastrophenhilfe (Hg.), Psychosoziale Notfallversorgung – Teil I, Bonn 2009, 81.

113 Bundesamt für Bevölkerungsschutz und Katastrophenhilfe (Hg.), Psychosoziale Notfallversorgung. Qualitätsstandards und Leitlinien – Teil I und II, Bonn 2011, 20.

an der Psychosozialen Notfallversorgung beteiligten Organisationen über Qualitätsstandards und Leitlinien in einem Konsensus-Prozess zusammengeschlossen und diesen im November 2010 mit der Vorlage eines Abschlusspapieres beendet. Es wurde von allen 45 mitwirkenden Organisationen und Einrichtungen, vertreten durch 120 Delegierte, erarbeitet.[114]

Notfall-Seelsorge ist in dieses koordinierte und strukturierte Vorgehen aller Hilfeleistungssysteme dauerhaft zu integrieren, um verbindlich in den vorgegebenen Einsatzstrukturen und -abläufen mitzuwirken und auf sie einzuwirken. Sie stellt einen unverzichtbaren Teil in der Rettungskette dar. Sie ist der Beitrag der Kirchen für den Notfall. Für den Katastrophenfall stehen durch die Notfall-Seelsorge einsatzbereite leitende Seelsorger bereit. In diesem *Fall des Falles* kommt es in besonderer Weise auf eine enge Zusammenarbeit mit dem Personal der Hilfsorganisationen an, damit die eigenen Schwerpunkte, Fähigkeiten oder Gaben zum Einsatz kommen. So kann z. B. das DRK-Team sehr gut betreuende Aufgaben wahrnehmen, während die Notfall-Seelsorge die Begleitung von Sterbenden in einem *Raum der Stille* wahrnimmt.

### *6.1.5 Seelsorge in Rettungsdienst und Feuerwehr*

Im Bereich kirchlicher Hilfe bzw. Unterstützung für Helfer war von Beginn der notfallseelsorgerlichen Aktivitäten an diese Hilfe durch die *Seelsorge in Rettungsdienst und Feuerwehr* im Blick.[115] Nicht selten waren Seelsorger in diesem Bereich auch im Rettungsdienst bzw. der Feuerwehr aktiv. In vielen Orten entwickelte sie sich fortan unter ähnlichen Bedingungen wie z. B. Krankenhaus- oder Polizeiseelsorge[116]. Es geht dabei um die seelsorgerliche Begleitung der Einsatzkräfte in Rettungsdienst und Feuerwehr. Diese besondere Form von Seelsorge bemüht sich um die Vorbereitung der Helfer unter berufsethischem und seelsorgerlichem Blickwinkel. So werden Situationen vorgestellt und *durchgespielt*, bei denen belastende Erfahrungen aus dem dienstlichen und privaten Umfeld zu verarbeiten sind. Angebote der Notfall-Seelsorge werden vorgestellt, ein Vertrauensverhältnis entsteht. Gottesdiens-

---

[114] Vgl. Bundesamt für Bevölkerungsschutz und Katastrophenhilfe (Hg.), Psychosoziale Notfallversorgung. Qualitätsstandards und Leitlinien – Teil I und II, Bonn 2011.

[115] Vgl. v. Wietersheim, H., Seelsorge in Feuerwehr und Rettungsdienst, Edewecht, Wien 1997, 156–160.

[116] Vgl. dazu Grützner, K./Gröger, W./Kiehn, C./Schiewek, W. (Hg.), Handbuch Polizeiseelsorge, Göttingen 2006, und Klessmann, M. (Hg.), Handbuch der Krankenhausseelsorge, Göttingen 2008.

te mit den Helfern für die Helfer verarbeiten das Erlebte auf andere Weise. Sie werden von den Einsatzkräften, ihren Familien und weiteren Interessierten aus der Bevölkerung gerne angenommen, als hilfreich und heilsam empfunden.[117]

Im Einsatz sind Seelsorger dabei und betreuen belastete Einsatzkräfte. An dieser Schnittstelle überschneiden sich ihre Aufgaben mit denen der kirchlichen Notfall-Seelsorge.

In der Nachbereitung gehen Seelsorger in Gruppen- und Einzelgesprächen auf belastende Erfahrungen der Einsatzkräfte ein, meist entsprechend der Stressbearbeitung nach belastenden Ereignissen. Die Aufgabe ist in größeren Städten meist funktional verankert. Im Grundsatz jedoch und in der Fläche des Landes ist es eine gemeindliche Aufgabe des Seelsorgers vor Ort. Der Pfarrer ist für seine Gemeinde da, die vor den Türen einer Feuer- oder Rettungswache nicht endet.

### 6.2 Aus-, Fort- und Weiterbildung

Notfall-Seelsorge in den Kirchenkreisen und Dekanaten verlangt auch als gemeindlich gebundene Seelsorge nach Aus- und Fortbildung. Die *Situationen der Notfall-Seelsorge* erfordern eine besondere Vorbereitung. Die Begegnung mit dem Rettungswesen ist zu erkunden, Aus- und Fortbildung ist aufgrund einer hohen Fluktuation der Seelsorger (Wechsel der Pfarrstellen und Zuständigkeiten) notwendig. Ein Aus- und Fortbildungscurriculum der Konferenz Evangelischer Notfallseelsorgerinnen und Notfallseelsorger versucht dafür strukturierte Hilfe zu geben und so etwas wie einen *Standard der Ausbildung* zu erreichen.[118] Dieses Curriculum kann sich nur als Empfehlung verstehen, denn die Modelle der notfall-seelsorgerlichen Arbeit sind zu unterschiedlich. Die Anforderungen sind in den Kirchen zu disparat geregelt.

---

[117] Zu verweisen ist beispielhaft auf den Gottesdienst für Einsatzkräfte anlässlich des Deutschen Evangelischen Kirchentages 2007 in Köln, vgl. Landespfarramt für Notfallseelsorge der Ev. Kirche im Rheinland (Hg.), »Mit Schere und Spreizer ...«. Gottesdienst für Einsatzkräfte und alle Interessierten mit anschließendem Empfang auf dem 31. DEKT in Köln 2007 (diese Dokumentation ist zu beziehen über das Landespfarramt für Notfallseelsorge der Ev. Kirche im Rheinland).

[118] Vgl. z. B. eine Empfehlung zur Aus-, Fort- und Weiterbildung für Mitarbeitende in der Notfallseelsorge (NFS) und der Seelsorge für Einsatzkräfte in der EKD durch die Konferenz der evangelischen Notfallseelsorgerinnen und Notfallseelsorger (Link 12), vgl. auch v. Wietersheim, H., Fortbildung in der Notfallseelsorge, Edewecht, Wien 2001, 285–302, v. a. in der 2. überarbeiteten Auflage 2006, 350–366.

Die Autoren wollen aber einen Rahmen setzen, der für weitere Entwicklungen gemeinsame Standards der Arbeit zu sichern versucht. Diese Diskussion ist unbedingt zu führen, wenn die Kirche auf dem *Markt der Anbieter* ihr spezifisches Angebot behaupten will. »Die Kirchen müssen sich sozusagen auf einem Markt der Katastrophendeutung behaupten.«[119] Berufspolitische Auseinandersetzungen, Konkurrenz und sehr unterschiedliche Ansätze der Hilfe bestimmen die *Szene*, so dass die Frage nach Standards und sog. Qualitätssicherung gestellt werden muss. Die erfolgte Darstellung des Streites um den rechten Zugang zur Nachsorge an Einsatzkräften möge dafür ein hinreichender Einblick sein.

Wie bereits aufgezeigt, haben sich im Bereich der Hilfe im Notfall Parallelstrukturen durch nichtkirchliche Dienste entwickelt (Kriseninterventionsteams [KIT] oder -dienste [KID] u.a.). Diese Dienstleister erarbeiten Standards, die die Kirchen trotz mancherlei begründeter Bedenken dazu bringen werden, einerseits eine verstärkte Zusammenarbeit im Sinne einer *Vernetzung* zu suchen, andererseits aber auch das kirchliche Proprium deutlich zu benennen. So gehört es neben der praktischen Arbeit vor Ort zum Kern notfall-seelsorgerlicher Arbeit, Material und Möglichkeiten für die liturgische Gestaltung eines Abschieds (Aussegnung u.a.) zu bearbeiten und zu verbreiten. Es entstehen *kleine Agenden für Extremsituationen*[120], die die Vielfalt der Möglichkeiten und Frömmigkeitsstile aufzunehmen versuchen.

Die Fort- und Weiterbildungsempfehlungen sprechen von Notfall-Seelsorge als Seelsorge durch die Kirche an den Menschen unserer Zeit. Notfall-Seelsorge ist ein Teil der Geschichte der Kirche, die durch praktischen Vollzug fortgeschrieben wird. Notfall-Seelsorge nimmt das auf, was Kirche schon immer an Menschen geleistet hat: die Begleitung von Menschen in Krisen, im Sterben und Tod, wenn durch Leid sich nicht nur die Warum-Frage stellt, sondern auch die der Schuld, und wenn diese das Leben bestimmen will. Diese psychischen und seelischen Notlagen wollen die Helfenden besonders im Blick haben. Notfall-Seelsorge ist selbstverständlicher Teil der pastoralen Aufgaben und profitiert von der langjährigen Berufserfahrung von Seelsorgern. Jedoch

---

[119] Vögele W., Zivilreligion, Katastrophen und Kirchen, Berlin 2007, 92.

[120] Vgl. dazu u.a. Müller-Lange, J., Handbuch Notfallseelsorge, Edewecht 2006, 394ff., sowie Landespfarramt für Notfallseelsorge der Ev. Kirche im Rheinland (Hg.), Wenn die Not Worte verschlingt, Pfalzfeld 2003, bzw. 4., erweiterte Auflage 2008, und Stollewerk, B./Botterbusch, F.-W. (Hg.), Texte für die Notfallseelsorge, Birnbach 2002. Das Neue Evangelische Pastorale, Gütersloh, nimmt ab dem Jahre 2005 u.a. Texte, Gebete und kleine liturgische Formen für die Notfall-Seelsorge auf.

sollen hier besondere Qualifizierungen erworben und fortgebildet werden, die auch wieder dem gemeindlichen Pfarramt zugute kommen. Notfall-Seelsorge arbeitet ereignisnah dem gemeindlichen Pfarramt zu.

Neben den Einsatzindikationen werden besonders die bereits angesprochenen Großschadenslagen in den Blick genommen, die besonderes Wissen und v. a. eine enge Zusammenarbeit von Hilfsorganisationen und Notfallseelsorge erfordern.

Es bleibt jedoch auch hier wiederholend anzumerken, dass die Großschadenslagen nicht den Alltag notfall-seelsorgerlicher Arbeit ausmachen.

In etlichen Notfall-Seelsorge-Einheiten arbeiten neben geistlichen bzw. kirchlichen Kräften auch Ehrenamtliche aus den Hilfsorganisationen oder Personen mit besonderem Interesse an der Arbeit mit. Bei diesen Personen entstehen Fragen durch die Mitarbeit, die einerseits sachlicher Natur (Fragen des Schutzes und der Kostenübernahme im Einsatz) und andererseits rechtlicher Natur sind (Problematik des nicht vorhandenen Zeugnisverweigerungsrechtes).

Diese Verschiedenheit zeigt sich in recht unterschiedlichen Ansätzen zur Strukturierung der Arbeit in den Landeskirchen und Bistümern. Es gibt Regionen, in denen Rahmen- und Ausbildungsordnungen die Arbeit klar regeln,[121] andere definieren Notfall-Seelsorge als verpflichtende Gemeindearbeit, also als Bestandteil des »pastoralen Grundauftrages der Pfarrerinnen und Pfarrer«[122], als »[...] integrale[n] Bestandteil pfarramtlichen Dienstes«[123]

---

[121] Vgl. z. B. Zepezauer, J., Kirchliche Seelsorge im Rettungsdienst. Pastoraltheologische Untersuchungen zur Zusammenarbeit zwischen Kirche & Rettungsdienst (Link 13). Der Autor betrachtet v. a. die Situation im Bistum Mainz. Für die ev. Kirchen sehe ich exemplarisch das Bemühen um klare Zuständigkeiten durch Aus- und Fortbildungspläne z. B. in der bayerischen Kirche verortet, vgl. als ein frühes Dokument v. Wietersheim, H., Entwurf für ein Fortbildungskonzept der Arbeitsgemeinschaft Seelsorge in Feuerwehr und Rettungsdienst (AGS) (Link 14).

[122] Dies hält die Entschließung des Rates der Evangelischen Kirche von Kurhessen-Waldeck zur *Notfallseelsorge in der Evangelischen Kirche von Kurhessen-Waldeck* vom 17.02.2003 fest (Link 15). Im Bereich der Evangelischen Kirche von Kurhessen-Waldeck sind seit Oktober 2000 alle Kirchenkreise über die Gemeindepfarrämter in der Notfallseelsorge tätig, wenn auch mit unterschiedlichen regionalen Ausprägungen. Hier wird ein differenziertes Prinzip inner- und außerhäuslicher Seelsorgedienste über die Pfarrämter angewandt. Dies schließt nicht aus, dass auch Prädikanten und Diakone aufgrund ihrer Ausbildungsvoraussetzungen mit einem besonderen Seelsorgeauftrag in der Notfall-Seelsorge mitarbeiten werden.

[123] Landeskirchenamt Kassel, Verhandlungen, Kassel 2002, 298; vgl. dazu auch Link, N., Notfallseelsorge. Lange da sein und vor allem zuhören, in: Hessische/Niedersächsische

bzw. als »[...] zum Amt aller ordinierten Theologinnen und Theologen [...]«[124] gehörig, als Bereitschaftsdienst der Gemeindeseelsorge in der Dienstgemeinschaft (zu verstehen als regionale Arbeitsgruppe). In diesem Rahmen kann der Dienst durch eine schriftliche Beauftragung durch die jeweilige Kirchenleitung geregelt sein.[125] Einzelne Regelungen im Pfarrerdienstrecht deuten die Aufgabe an.[126]

Andere Landeskirchen wiederum organisieren Notfallseelsorge über die Kirchenkreise in regionalen, ökumenisch ausgerichteten Notfall-Seelsorgegruppen, wobei die Landeskirche die Rahmenbedingungen ausgestaltet.[127] Den Gemeinden bzw. den funktionalen Trägern ist hier die Motivation der mitarbeitenden Pfarrer aufgegeben. Einzelne Kirchenkreise haben dieses dadurch umgesetzt, dass per Synodalbeschluss oder Dienstanweisung alle Pfarrer in den Bereitschaftsdienst der Notfallseelsorge einbezogen wurden. In anderen Kirchenkreisen sind Hilfsorganisationen und damit Ehrenamtliche mit besonderem Ausbildungsbedarf beteiligt. Dadurch ergeben sich für die Notfallseelsorge verschiedene Ausbaustufen des Dienstes: Volle (Sonderdienst-) Pfarrstellen, Halbe und Viertelpfarrstellen und sog. Synodalbeauftragungen der Koordinatoren. Man hat sich (vorerst) gegen bindende Ordnungen ausgesprochen, um die freiwillige Mitarbeit und die Motivation der Seelsorger ohne *offizielle Verpflichtung* für die Arbeit zu erhalten.[128] Vielmehr wird im Sinne eines wünschenswerten Qualitätsstandards eine bessere flächen-

---

Allgemeine 236 (11. Oktober 2000), oder ders., Notfallseelsorge. Lange da sein und vor allem zuhören (Link 16).

124 Evangelischer Oberkirchenrat, Ordnung für die kirchliche Notfallseelsorge im Bereich der Evangelischen Landeskirche in Baden vom 4. Februar 2003 (Link 17, Seite 1).

125 Diözese Rottenburg-Stuttgart, Erzdiözese Freiburg, Evangelische Landeskirche in Baden und Evangelische Landeskirche in Württemberg (Hg.), Notfallseelsorge. Gemeinsame Konzeption der Diözese Rottenburg-Stuttgart, der Erzdiözese Freiburg, der Evangelischen Landeskirche in Baden und der Evangelischen Landeskirche in Württemberg (Link 18, Seite 9).

126 So z. B. das Pfarrerdienstgesetz der Evangelische Kirche von Kurhessen-Waldeck in § 13,1: »Der Pfarrer hat als Diener am Wort das Evangelium von Jesus Christus öffentlich zu verkündigen, die Sakramente zu verwalten sowie Unterricht und Seelsorge auszuüben.« (Link 19).

127 Z. B. die Evangelische Kirche im Rheinland, Vorlage der Kirchenleitung an die Landessynode, Seelsorgefelder (Link 32, Seite 17 ff.) und Beschlussvorlage des Innerkirchlichen Ausschusses (Link 34).

128 Vgl. Evangelische Kirche im Rheinland, Notfallseelsorge. Notfallseelsorge hilft in Extremsituationen (Link 20).

deckende Ausstattung durch (teil)funktionale Dienste mit Entlastungsoptionen angestrebt.[129] Mit Blick auf die ebenso denkbare parochiale Variante wird einschränkend festgestellt: »Die verstärkte Einbettung des notfallseelsorgerlichen Dienstes in die pfarramtliche Tätigkeit im Gemeindedienst ist nur durch erhebliche organisatorische und poimenische Anstrengungen möglich.«[130]

### 6.3 Prinzipien und Organisationsformen (Modelle) notfall-seelsorgerlicher Arbeit

Allen diesen *Helfern* ist gemeinsam, dass sie von den Einsatzkräften vor Ort angefordert und anschließend von der Leitstelle alarmiert werden. Die Unterschiedlichkeit ist wesentlich bestimmt durch Siedlungs-, Verkehrs- und Gemeindestrukturen bzw. die Frage, ob eine Großstadt oder ein Flächenlandkreis zu versorgen ist. Daran schließt sich auch die Frage an, wie die Fachdienste arbeiten.

Wie bereits angedeutet, finden sich in etlichen Notfall-Seelsorge- bzw. Begleitungseinheiten neben geistlichen bzw. kirchlichen Kräften auch Ehrenamtliche aus den Hilfsorganisationen oder Personen mit besonderem Interesse an der Arbeit. An anderer Stelle sind hauptamtliche Hilfsdienste im Bereich der Feuerwehr, z. T. des Rettungsdienstes, tätig.

Aus dieser differenzierten Personalzusammensetzung sind unterschiedliche Organisationsformen entstanden. Für alle Projekte haben sich jedoch Gemeinsamkeiten ergeben, die in der täglichen Zusammenarbeit gelebt werden, denn die Mitarbeiter sind auf vertrauensvolle Kooperation angewiesen.[131] Der meist wöchentlich wechselnde Dienst will verantwortlich gestaltet und übergeben werden, um verlässlich und erkennbar zu bleiben. Durch die Notfall-Seelsorge ist *die Kirche* in der Not für Menschen da, in welcher Form auch immer. Notfall-Seelsorger sind darauf eingestellt, auch zu ungünstigen Zeiten gerufen zu werden und in extreme Einsatzlagen hineinzukommen. Ihr Dienst erfordert Kooperationsfähigkeit und die Bereitschaft, sich in vorgegebene Einsatzstrukturen und -abläufe einzuordnen.

---

129 Vgl. Evangelische Kirche im Rheinland, Vorlage der Kirchenleitung an die Landessynode, Seelsorgefelder (Link 32, Seite 23).

130 Evangelische Kirche im Rheinland, Vorlage der Kirchenleitung an die Landessynode, Seelsorgefelder (Link 32, Seite 21).

131 Vgl. Zippert, Th., Organisationsmodelle von Notfallseelsorge, Kassel, 2., erweiterte Auflage 1999, 13–16.

Als Vertretungsdienst bzw. Rufbereitschaftsdienst der Ortsgeistlichen garantiert die Notfall-Seelsorge Erreichbarkeit und Verfügbarkeit. Sie entlastet die Seelsorger, die gerade keinen Dienst haben, ist aber auf die solidarische Unterstützung der Seelsorger in den Kirchengemeinden und kirchlichen Einrichtungen angewiesen.[132] Notfall-Seelsorge ist demnach ein kollegialer Dienst von Menschen an Menschen in Not. Zudem ist sie Dienst in der Gemeinde. Das flächendeckende Netz der örtlichen Pfarrämter ist auf die Gemeinde und die regionalen Hilfsdienste bezogen. Im Notfall versucht man, den Ortsgeistlichen zu erreichen, um dessen Orts- und Menschenkenntnis zu nutzen. Nur im Falle der Verhinderung macht sich der Notfall-Seelsorger bzw. Seelsorger vom Dienst auf den Weg. Ein Hintergrunddienst des Seelsorgers in Rufbereitschaft steht unterstützend zur Seite, wenn der Notfall größer bzw. sein Weg zum Notfallort kürzer ist. Notfall-Seelsorge ist regional verankert. Schließlich geschieht der Dienst aus der Gemeinde einer Region heraus in vertrauensvoller Zusammenarbeit zwischen evangelischen und römisch-katholischen Geistlichen. Er ist für nicht in der Seelsorge hauptamtlich Tätige geöffnet, wenn diese sich darauf vorbereitet haben und ihre Arbeit kirchlich verorten. Ökumene wird in der Arbeit und durch diese gelebt. Schließlich geschieht sie begleitet: Es bedarf der Möglichkeit, sich fortzubilden und das Erlebte auch als Seelsorger zu verarbeiten. Wie bereits erörtert, wird unterschiedlich bewertet, ob der Dienst hauptamtlicher Seelsorger zusätzlich und damit freiwillig zum bestehenden Gemeindedienst geleistet wird oder ob er zum genuin seelsorgerlichen Handeln eines jeden Geistlichen, zum pastoralen Grundauftrag der Kirche, dazugehört. Letzteres Modell wird aufgrund seiner parochialen Ausrichtung als kirchlicher Dienst in der Breite der Gesellschaft erkannt und anerkannt. Kirche für andere wird durch diese Art der Seelsorge gut erkennbar. Die weiteren Ausführungen aus der Praxis werden zeigen, welches Modell vorzuziehen ist.

Aus der Fülle der vorhandenen Möglichkeiten[133], den Dienst in der Notfallseelsorge zu organisieren, lassen sich vier Arbeitsmodelle erkennen,

---

132 Zuweilen wird der Einsatz auch nach häuslichem bzw. außerhäuslichem Einsatz unterschieden: im Bereich der außerhäuslichen Einsätze wird ein Seelsorger mit spezieller Ausrüstung und Ausbildung (Beauftragter für Notfallseelsorge) alarmiert, der ggf. bei größeren Einsätzen einen sog. Leitenden Notfallseelsorger nachalarmiert. Bei häuslichen Notfällen nimmt der diensthabende Seelsorger mit dem Gemeindepfarrer des Notfallortes Kontakt auf, vgl. v. Wietersheim, H., Rückmeldung: »Notfallseelsorge alarmieren«, in: Rettungsdienst Journal 11 (3/1994) 98–101.

133 Vgl. dazu auch die sog. Liste der Systeme auf der Internetseite www.notfallseelsorge.de.

deren Unterschiedlichkeit sich dadurch zeigt, dass unterschiedliche Träger dafür einstehen. Es finden sich kirchliche Trägerschaften, kirchliche Beteiligungen und nicht-kirchliche Organisationsformen. Zudem wird unterschieden zwischen hauptamtlichen Seelsorgern, ehrenamtlichen Seelsorgern und anderen Mitarbeitern.

### *6.3.1 Das Konfessionsmodell*

Meistens ist die Arbeit unter dem *Dach der Kirche(n)* wie oben beschrieben organisiert. Es geht bei dieser Bezeichnung nicht um die Darstellung einer konfessionellen Profilierung oder Ausprägung, sondern um eine Bindung an das christliche Bekenntnis. Kirchen, Kommunen, Regionen und Hilfsdienste arbeiten in enger Absprache zusammen und bilden z. B. als Beratungsgremien Kuratorien bzw. Beiräte. Die genannten Prinzipien kommen zum Tragen und münden in ein vertrauensvolles und gutes Miteinander, sowohl der Seelsorger der Kirche und erst recht der Hilfsdienste.[134] Diese Dienste sehen sich demnach bewusst in einen kirchlichen Dienst eingebunden. Seelsorgerliches Handeln durch die Kirchen an den Menschen der Zeit ist Ausdruck der Fürsorge Gottes, die den Menschen schon im Alten Testament zugesagt ist und in Jesus Christus offenbar geworden ist.

Menschen machen durch den Verlust an körperlicher und sozialer Integrität, Leib und Leben die schmerzhafte Erfahrung, dass ihnen der Boden unter den Füßen wankt. Lebensentwürfe und sicher Geglaubtes geraten aus den Fugen. An dieser *Schnittstelle des Lebens* will Notfall-Seelsorge als Bindeglied in der Rettungskette erste Schocksituationen der betroffenen Menschen stabilisieren und Verarbeitungshilfen anbieten.

### *6.3.2 Das Kooperationsmodell*

In den Großstädten, aber eben auch auf dem Lande (aus den Anfängen und Erlebnissen notfall-seelsorgerlicher Arbeit heraus), haben sich neben dem konfessionellen Dienst Strukturen der Zusammenarbeit ergeben, die aus mindestens zwei Wurzeln bestehen: einem *weltlichen* (Hilfsdienste und/oder assoziierte Psychologen und Pädagogen) und einem *geistlichen* Konzept (Kirchen). Beides wird nicht als Konkurrenz verstanden, sondern als Herausforderung und Chance, die notwendige Arbeit gemeinsam zu tun, damit alle Beteiligten einen Gewinn davon haben.

---

[134] Vgl. als Beispiel die Notfallseelsorge Siegerland, in: Sadowski, S., Notfallseelsorge, in: PTh 88 (1999), 429 f.

Diese Arbeitsgemeinschaft nimmt somit sowohl den *weltlichen* Ansatz der Krisenintervention in Rettungsdienst und Feuerwehr als auch den kirchlichen der Notfall-Seelsorge auf.[135]

### *6.3.3 Das Vereinsmodell*

Wenige Initiativen sind Anfang der 1990er Jahre den Weg einer gesonderten eingetragenen Vereinsgründung gegangen. Darin arbeiten meistens Pfarrer, Mitarbeiter verschiedener Hilfsorganisationen und sonstige Engagierte ehrenamtlich, überkonfessionell, gemeinnützig und unabhängig von Rettungsorganisationen und den Kirchen eng zusammen. Kerngedanke eines solchen Vereins ist ebenso wie bei den anderen Modellen ein Rund-um-die-Uhr-Angebot zur seelischen Ersten Hilfe im größeren Schadensfall oder in der *stillen familiären Tragödie* – bei einer akuten Krisensituation, bei der neben der Begleitung, Betreuung und Vermittlung für die Betroffenen meistens Lebens- und Sinnfragen angerührt werden. Man sucht mittels dieser Arbeit die Lücke zwischen dem Eintreten des akuten Notfalls und der meist erst späteren Verfügbarkeit gemeindlicher Seelsorge zu schließen.[136]

### *6.3.4 Das Institutionsmodell*

Dieses Modell hat von Anfang an eine größere Bezugsgröße im Blick gehabt. Die organisatorische Leitung der Notfall-Seelsorge liegt auf Landesebene. Ein Bundesland stimmt für die Regionen zentral in enger Zusammenarbeit mit einer Landeskirche flächendeckend Notfallseelsorge oder je nach Region die Krisenintervention ab und sieht die Arbeit sog. Einsatznachsorge-Teams – ENT (psychosoziale Betreuung der Einsatzkräfte als Stressbearbeitung

---

[135] Vgl. als Beispiel den Kriseninterventionsdienst (KID) Marburg-Biedenkopf, der für sich beansprucht, gerade durch geschulte *weltliche* Kräfte innerhalb des KID Einsatzkräfte-Nachsorge betreiben zu können (Link 7), und Kriseninterventionsdienst (KID) Marburg-Biedenkopf, Zwischen Feuer und Weihwasser – Notfallseelsorge (Link 21); zur Geschichte dieses Dienstes vgl. Beetz, D., Der Kriseninterventionsdienst Marburg-Biedenkopf, Frankfurt 1999, 81–83.

[136] Vgl. als Beispiel den Verein »Seelsorge in Notfällen e.V. Wiesbaden« (Link 22). Die Idee und Geschichte des Vereins dokumentieren auch Jütting, M./Mann, A., Notfallseelsorge und Krisenintervention in Wiesbaden, in: Rettungsdienst 18 (1995), 56–57, sowie Schaumburg, P., Erste Hilfe für die Seele. Notfallseelsorger sind anerkannte Partner des Rettungsdienstes, in: Bruderhilfe-Journal 3/1996, 14–16.

nach belastenden Einsätzen)[137] als Einheit in diese Zusammenarbeit eingebunden.[138]

Notfall-Seelsorge hat sich etabliert und behauptet auf dem *Markt der Angebote und Möglichkeiten.* Die entstandenen Differenzierungen mit Blick auf die Einsatzarten, Fortbildungsdesiderate und Spezialisierungsmöglichkeiten können jedoch nicht darüber hinwegtäuschen, dass es wesentlich die seelsorgerliche Arbeit ist und bleibt, die in den Gemeinden durch die örtlichen Pfarrämter geleistet wird. Notfall-Seelsorge schärft den Blick für eine sensible gemeindliche Seelsorge.

Der parochiale Weg ist auch von den *Pionieren* der Notfall-Seelsorge anerkannt und mit den Hamburger Thesen beschrieben worden, die im Folgenden dargestellt werden sollen.

## 7. Der Status quo der Arbeit

### 7.1 Die Hamburger Thesen

Um ein hohes Maß an Sensibilität für die *Seele in Not* auf breiter Ebene zu erhalten, sind die Kasseler Thesen zehn Jahre nach ihrer ersten Veröffentlichung überarbeitet worden. Sie sind als Hamburger Thesen am 12. September 2007 von der Konferenz Evangelische Notfallseelsorge dem Stand der Arbeit, der fortgeschrittenen Bildung von Arbeitsstrukturen sowie der aktuellen Forschungslage angepasst worden. Seelsorge bedarf der ständigen Neubestimmung ihrer Aufgabe in ihrer Zeit und im Blick auf ihren Gegenstand.

Die Thesen suchen eine differenziertere Betrachtungsweise der Arbeit vorzunehmen, indem sie das Selbstverständnis, den Auftrag, die besonderen

---

[137] In diesem Zusammenhang ist exemplarisch auf die Hilfsstrukturen im Bundesland Brandenburg hinzuweisen, wo Notfallseelsorge, Krisenintervention und Einsatznachsorge als Einheit angesehen werden. Zur Geschichte in Brandenburg, vgl. Luszeit, K., »Helferhilfe« Notfallseelsorge in Berlin. Wirkungsvolle Hilfe vor Ort, in: Rettungsdienst 18 (1995), 284–285, und Sachse, P., Projekt »Notfallseelsorge und Krisenintervention im Land Brandenburg« (Link 23).

[138] Für weitere Informationen vgl. Jatzko, S./Hitzfelder, F. (Hg.), Hinterbliebenen – Nachsorge, Edewecht 2007, 46, und Ministerium des Innern des Landes Brandenburg. Referat Brand- und Katastrophenschutz, Jahresbericht Brand- und Katastrophenschutz 2002, Potsdam 2002 (Link 24, Seite 55–56), sowie Buschmann, U., Wenn die Seele Schaden nimmt, in: Feuerwehr. Retten, Löschen, Bergen 57 (9/2007), 6–8.

Arbeitsfelder, die Rahmenbedingungen und schließlich die nötigen (Zusatz-) Qualifikationen für notfall-seelsorgerliche Arbeit neu beschreiben.

Unter der Rubrik *Selbstverständnis* halten sie den Beistand für Menschen in Not an Leib und Seele als unverzichtbaren Bestandteil christlichen Glaubens fest: Notfall-Seelsorge ist Grundbestandteil des Seelsorgeauftrags der Kirchen, d. h. ökumenisch ausgerichtet. Notfall-Seelsorge richtet sich an alle Menschen in der Achtung ihres Rechtes auf religiöse und weltanschauliche Orientierung. Sie aktualisiert christliche Tradition und steht unter besonderen Bedingungen. Somit ergänzt sie kirchliche Seelsorge.

Der Auftrag ist durch die Präsenz des Seelsorgers und sein Angebot einer Begleitung beschrieben. Darin ist ein Handlungs- und Schutzraum für psychologische und spirituelle Zuwendung gegeben. Notfall-Seelsorge geschieht in der Zuwendung zu dem von Unheil betroffenen Menschen und hält solidarisch Leid aus. Sie ist »Zuspruch der Zuwendung Gottes an den Menschen in Not«[139]: Hier darf und kann die Sinn- und Schuldfrage gestellt werden, hier ist der Ort, kollektive Betroffenheit durch Trauer- und Gedächtnisgottesdienste zu verarbeiten.

> »Notfallseelsorge leistet ihren Dienst stellvertretend für die Seelsorger und Seelsorgerinnen der Ortsgemeinden.«[140] Sie bleibt durch die Präsenz eines *Seelsorgers vor Ort* »[...] in ihrer Arbeit auf die Seelsorge in den Gemeinden bezogen und wird von dieser solidarisch getragen.«[141]

Bei besonderen Schadenslagen, auch über die Regionen hinaus, kann Notfall-Seelsorge Betroffene begleiten und sich in dann geltende Konzepte zur Bewältigung der Schadenslage einbinden lassen.

Besonders gegenüber den Einsatzkräften im Rahmen der Seelsorge in Feuerwehr, Rettungsdienst und Katastrophenschutz verpflichten sich die Kirchen für ein »[...] eigenes seelsorgerliches einsatz-, berufs- und lebensbegleitendes Angebot [...].«[142] Durch die Präsenz auf den Dienststellen, die Beratung, Begleitung und das Angebot von Gottesdiensten und Amtshandlungen kommt ihnen ein besonderes Gewicht zu. »Notfallseelsorge ist somit eine unerlässliche, ergänzende Form kirchlicher Seelsorge.«[143]

---

139 Hamburger Thesen 2007, Kassel 2009, 24.

140 Hamburger Thesen 2007, Kassel 2009, 25.

141 Hamburger Thesen 2007, Kassel 2009, 25.

142 Hamburger Thesen 2007, Kassel 2009, 26.

143 Hamburger Thesen 2007, Kassel 2009, 24.

Notfall-Seelsorge ist örtlich in Rufbereitschaften organisiert und in die Strukturen der Hilfskräfte eingebunden. Sie vernetzt ihre Angebote, stellt im eigenen Bereich Beauftragte und sucht innerkirchlich den Kontakt über die eigenen Landeskirchen hinaus.

Notfall-Seelsorge erfolgt aufgrund einer kirchlich verantworteten Seelsorgeausbildung. Ihre Mitarbeiterinnen und Mitarbeiter haben sich auch nach erworbener Qualifikation kontinuierlich weiterzubilden.[144] Somit eröffnet sich auch ehrenamtlichen Mitarbeitern durch den Erwerb entsprechender Qualifikationen die Möglichkeit zur sinnvollen Mitarbeit.

Trotz ihrer Praxisausrichtung ist Notfall-Seelsorge nur durch engen interdisziplinären Austausch mit anderen wissenschaftlichen Disziplinen denkbar und durchführbar.

## 7.2 Entstehung, Einordnung und Vergleich der Kasseler und Hamburger Thesen

Die Thesen spiegeln die Veränderung im notfall-seelsorgerlichen Diskurs wider. Notfall-Seelsorge ist verankert, sucht aber den wissenschaftlichen Diskurs, den sie aufgrund öffentlicher Diskussionen und Kritik auch zu führen hat.[145]

Diese Forderung speist sich aus der Erfahrung der vergangenen Jahre, denn die Diskussion um die Notfall-Seelsorge ist dort zum Teil sehr heftig geführt worden. Es sind auf der einen Seite die Fragen nach den Inhalten der Begleitung. Dort begegnen sich zunächst die bereits dargestellten unterschiedlichen inhaltlichen Ansätze der Notfall-Seelsorge und der Kriseninterventionsdienste bzw. -teams sowie Konzepte und Lehren der Notfallpsychologie bzw. Notfallpsychotherapie, die sich v. a. um den Begriff und die mögliche Therapie eines Traumas dreh(t)en.[146]

Auf der anderen Seite werden die ebenso benannten methodischen Fragen der Nachbereitung (das sog. Debriefing) diskutiert. Die Bundesvereinigung Stressbearbeitung nach belastenden Ereignissen e.V. (SbE®) setzt dabei auf verarbeitende Einsatznachbesprechung.[147] Kritiker dieses Vorge-

---

144 Vgl. Hamburger Thesen 2007, Kassel 2009, 26.

145 Vgl. Hamburger Thesen 2007, Kassel 2009, 26.

146 Vgl. z.B. Pitzke, M., Repression statt Depression, in: Frankfurter Allgemeine Sonntagszeitung 20 (18. Mai 2003), 59, sowie Paulus, J., Kleiner Hippocampus – großes Leid, in: Frankfurter Allgemeine Sonntagszeitung 20 (18. Mai 2003), 59, vgl. dazu generell auch Zippert, Th., Traumatische Wahrheiten. Marburg 2000, 395–426.

147 Vgl. Gengenbach, O., Kurzinformation zur SbE-Bundesvereinigung, Frankfurt 2003, 221–226.

hens meinen, in diesem Vorgehen eine Manifestation des Traumas zu entdecken.[148] Unterschiedliche Berufsgruppen scheinen das Arbeitsfeld *Psychosoziale Nachbearbeitung* für sich vereinnahmen zu wollen,[149] die Diskussion um die *Standards* der Ausbildung und der Hilfe sind in diesem Zusammenhang zu verstehen.

Ein durch die Ludwig-Maximilians-Universität (LMU) München durchgeführtes Projekt (2002 beauftragt durch das Bundesinnenministerium und das Bundesamt für Bevölkerungsschutz und Katastrophenhilfe) zur »Prävention im Einsatzwesen«[150] ist u. a. wegen des beschriebenen Streites um das sog. Debriefing (strukturierte Einsatznachsorge) initiiert worden, um die Hilfe für Einsatzkräfte als (Hoch)-Risikogruppe bezüglich einer Entwicklung zur posttraumatischen Belastungsreaktion gezielt zu verbessern. Als besonders belastend werden darin die Einsätze mit persönlicher Betroffenheit erkannt sowie Einsätze, aus denen die Betroffenen Selbstvorwürfe ableiten konnten. Die Studie plädiert nach gezielten Befragungen bzw. Untersuchungen v. a. im Bereich der Feuerwehren für die Durchführung primärpräventiver Schulungen und eine verlässliche Ausweitung von Nachsorgemaßnahmen über einmalige Nachsorge hinaus.

Dabei wird die Unterstützung durch Vorgesetzte als sehr hilfreich angezeigt, wiewohl einheitliche Konzepte nicht empfohlen werden. Gerade die besonderen Dienstgrade scheinen durch traumatische Erfahrungen höher belastet zu sein.[151]

---

148 Vgl. Paulus, J., Wenn die Helfer Hilfe brauchen, in: Die Zeit 33 (9. August 2001), 24. Darauf hat wiederum Gengenbach, O. von der SbE-Bundesvereinigung am 31.08.2001 mit einem Leserbrief reagiert (Link 25).

149 Vgl. Westerhoff, N., Wenn der Schrecken großgeredet wird, in: Süddeutsche Zeitung (19.09.2007), und Müller-Cyran, A., Stellungnahme zum Artikel »Wenn der Schrecken großgeredet wird« (Link 26). Zusammenfassend bringt H. Karutz Sachlichkeit in die Diskussion, vgl. Karutz, H., Einsatznachsorge durch strukturierte Gruppengespräche: Debriefing – Pro und Contra, in: Rettungsdienst 31 (2008), 352–360. Allgemein angedeutet findet sich die Thematik bei Lasogga, F./Gasch, B., Notfallpsychologie, Edewecht 2002, 64 f.

150 Vgl. Krüsmann, M./Karl, R./Schmelzer, M./Butollo, W., Prävention im Einsatzwesen, Primäre und sekundäre Prävention im Einsatzwesen. Zusammenfassung der Ergebnisse (Link 8), besonders Dies., Prävention im Einsatzwesen, Sekundäre Prävention. Abschlussbericht für das Forschungsprojekt (Link 9).

151 Vgl. Krüsmann, M./Karl, R./Schmelzer, M./Butollo, W., Prävention im Einsatzwesen, Sekundäre Prävention. Abschlussbericht für das Forschungsprojekt (Link 9, Seite 196). Möglichkeiten der Vernetzung erforscht auch das zweite, im Jahre 2002 durch das Bundesinnenministerium und das Bundesamt für Bevölkerungsschutz und Katastrophenhilfe

Gespräche über das Thema Stress im Einsatz haben sich in den letzten Jahren bei den Hilfsdiensten etabliert, der Kreis der Kameraden stellt die Ansprechpartner und wird neben dem (Ehe-)Partner zur wichtigsten Ressource. Die Thematik soll in den Organisationsstrukturen der Hilfskräfte stärker verankert und in den Themenkreis der Gefahrenabwehr integriert werden, um es nicht zu dramatisieren und zugleich nicht zu tabuisieren, denn zwischen der Schwere des Traumas und dem Ausmaß der Folgen besteht ein direkter Zusammenhang.

Als *Erste Hilfe für die Seele* war Notfall-Seelsorge in den Kasseler Thesen einprägsam beschrieben, anscheinend aber unzureichend empirisch wie wissenschaftlich abgesichert worden. Die bestehende Definition der Notfall-Seelsorge als Grundbestandteil des Seelsorgeauftrags der Kirche wird nun aufgelöst, indem zuerst schlicht der Beistand von Mensch zu Mensch als Bestandteil christlichen Glaubens benannt wird. Sodann ist Notfall-Seelsorge eine Form dieses Beistands und als solche Grundbestandteil des Seelsorgeauftrags. Notfallsituationen werden nicht mehr, wie allgemein 1997, als *Schnittstellen des Lebens* bezeichnet. Stattdessen bemühen sich die neuen Thesen um die beiderseitige Benennung und Anerkennung humanwissenschaftlicher und theologischer Zugänge und Methoden.

Im Hintergrund dieser Forderung steht die Vernetzung der Arbeit, d.h. ein interdisziplinärer Dialog zwischen kirchlichen und nichtkirchlichen Hilfsangeboten, um einerseits die medizinischen und psychosozialen Bedürfnisse des Menschen zu erarbeiten und andererseits den Dienst der Notfall-Seelsorge als kirchliches Angebot für die Menschen vorzustellen.[152]

Künftig wird dieser Dialog sicher die Arbeit bestimmen, um im Wirken für eine erweiterte seelsorgerliche Sicht zu einer *Poimenik des Notfalls* zu kommen, was in dieser Arbeit begonnen wird. Eigene Überzeugungen, Wahrnehmungen und Arbeitsgrundlagen bzw. eigene Themen mit ihrer je eigenen Sprache müssen hier einfließen. So bildet z.B. im Falle der Not eine psychotraumatologische Sichtweise die Wirklichkeit von Menschen so ab, dass es zu

---

initiierte Projekt der FH Magdeburg-Stendal, vgl. Beerlage, I./Hering, Th./Nörenberg, L., unter Mitarbeit von Schmidt, J. M./Schulze, D./Sonnenberg, D., Entwicklung von Standards und Empfehlungen für ein Netzwerk zur bundesweiten Strukturierung und Organisation psychosozialer Notfallversorgung, Bonn 2006.

152 Vgl. z.B. Müller-Lange, J., Notfallseelsorge – für den Notarzt ein hilfreiches Glied in der Rettungskette, in: Zeitschrift für medizinische Ethik 47 (2001), 165–172. Aus meiner Sicht ist hier gerade die Frage des Traumas bzw. die Frage der Traumatisierung von Menschen aus verschiedenen Blickwinkeln zu bedenken und im Dialog zu verknüpfen.

einer Stabilisierung und Normalisierung einer betroffenen Person kommen kann. In der Seelsorge jedoch wird weit umfassender das erschütterte Selbst- und Weltverständnis erfasst. Der zerstörte Lebenssinn, die verlorene Gottesbeziehung, die erfahrene Ohnmacht, die begegnende Schuld, die Instabilität des Lebens als Ganzes in ihrer Wirkung auf Leib und Seele geraten in den Fokus.

Notfall-Seelsorge hält an einer ganzheitlichen Sicht des Menschen als Organismus mit Körper, Geist und Seele, mit einer sozialen Umwelt fest. »Das Ziel der Seelsorge ist dann dazu beizutragen, dass ein Mensch nach einer traumatischen Erfahrung wieder eine neue Lebensgewissheit entwickeln kann, wohlwissend, dass sich dieser Prozess einer puren ›Machbarkeit‹ entzieht.«[153]

Joachim Müller-Lange knüpft damit in seinem interdisziplinären Dialog an Dietrich Rössler an. Dieser versteht Seelsorge als Hilfe zur Lebensgewissheit und positioniert Seelsorge damit neben die medizinisch-therapeutische Aufgabe des Herstellens von Lebensfähigkeit.[154] Im Sinne des für die Notfall-Seelsorge notwendigen interdisziplinären Dialogs sieht Rössler die Seelsorge gerade dann auch noch am Werk, wenn für einen Menschen im Sinne seiner Lebensfähigkeit nichts mehr getan werden kann. Damit ist die Aufgabe und Grenze notfall-seelsorgerlicher Bemühung beschrieben. Seelsorge bleibt sensibel auf das bezogen, was sie leisten kann. »Es gibt Krankheitsphasen, in denen Seelsorge den Kranken nicht erreichen kann und nur Medikamente helfen. Dann wird sich Seelsorge verstärkt den Angehörigen zuwenden müssen.«[155]

Die Erfahrungen aus der gemeinsamen Nachsorge-Arbeit der Tsunami-Katastrophe durch die Notfall-Seelsorge und das Deutsche Rote Kreuz geben diese Versuche der Zusammenarbeit wieder und zeigen zugleich an einem herausragenden Beispiel auf, wie sich Kirche in Gestalt von Notfall-Seelsorge(rn) *für andere* engagieren kann und dabei Weggefährten findet, die als solche auf den ersten Blick nicht vermutet werden.[156]

---

153 Müller-Lange, J., »Erste Hilfe für die Seele« – die Notfallseelsorge im Kontext von Psychotraumatologie und Notfallpsychologie, in: Deutsche Arbeitsgemeinschaft für Jugend- und Eheberatung e.V. (DAJEB) (Hg.), Beratung an den Lebensgrenzen. Informationsrundschreiben Nr. 214, München 2007, 88.

154 Vgl. Rössler, D., Grundriß der Praktischen Theologie, Berlin, New York 1994, 210.

155 Schmidt-Lauber, H.-Chr., Diakonie und Seelsorge. Gemeinsames, Proprium und Grenzen, in: KuD 30 (1984), 226.

156 Vgl. Krabs-Höhler, H./Müller-Lange, J. (Hg.), »hoffen bis zuletzt«. Seelsorgerliche Begleitung und psychosoziale Unterstützung nach dem Tsunami vom 26.12.2004, Frankfurt

Die Hamburger Thesen stellen die Arbeitsfelder aufgefächert dar, indem sie Notfall-Seelsorge allgemein, in besonderen Lagen und als Seelsorge an Einsatzkräften benennen und beschreiben. Die noch 1997 geforderte organisationsübergreifende Zusammenarbeit ist einer Darstellung der weitestgehend vorhandenen Rahmenbedingungen gewichen, indem die Zusammenarbeit vor Ort und überregional, in den Kirchenkreisen und zwischen den Landeskirchen dargestellt wird. Qualifikation, Fort- und Ausbildung sind Bestandteile, nicht mehr Voraussetzungen der Arbeit.

### 7.3 Botschafter des Lebens an der Grenze des Todes

In den Jahren 2006 und 2007 haben auf römisch-katholischer Seite die Diözesanbeauftragten für Notfallseelsorge in den deutschen Bistümern aus ihrer Sicht die Arbeit der Notfall-Seelsorge reflektiert unter dem Titel *Botschafter des Lebens an der Grenze des Todes. Zur theologischen Orientierung der katholischen Notfallseelsorge.* In diesem Bemühen um konfessionelle Profilierung ist auf der einen Seite ein ökumenischer Rückschritt festzustellen, denn im Jahre 1997 konnten in der Aufbruchsphase der Notfall-Seelsorge die Kasseler Thesen noch gemeinsam getragen werden. Auf der anderen Seite liegt nun mit diesem Text eine erste römisch-katholische Stellungnahme zum theologischen Selbstverständnis der katholischen Notfall-Seelsorge vor. Diese sieht Notfall-Seelsorge als integralen Bestandteil von Trauerpastoral. Notfall-Seelsorge ist durch die Gemeindeseelsorge getragen, wo sie nicht kategorial organisiert ist. Die Notfall-Seelsorger sind getragen und motiviert vom österlichen Mysterium.[157]

---

2006. Rezensiert wurde das Buch von Sadowski, S., in: DtPfrBl 108 (2008), 4. Das Kooperationsprojekt wird zusammengefasst von Rieske, U., Von der Annahme des Unfassbaren, Würzburg 2011, 157–172. Rieske nimmt in besonderer Weise die Angehörigentreffen in den Blick und beschreibt die Erfahrungen, die aus dieser *Schicksalsgemeinschaft* insbesondere zu den *Jahrestagen* entstanden sind.

[157] Vgl. Gottschlich, M./Keller, P.U. OPraem/Müller-Cyran, A./Pietruschka, L./Slatosch, U. (Zusammenkunft der Diözesanbeauftragten für Notfallseelsorge bei der deutschen Bischofskonferenz), Botschafter des Lebens an der Grenze des Todes. Zur theologischen Orientierung der katholischen Notfallseelsorge (Link 27), und vgl. Botschafter des Lebens an der Grenze des Todes, Kassel 2009, 21–23. Auffällig ist dagegen eine Textvariante der Katholischen Notfallseelsorge München und Freising, Botschafter des Lebens an der Grenze des Todes. Zum theologischen Selbstverständnis der katholischen Notfallseelsorge (Link 28), in der die kategoriale Ebene nicht erwähnt wird und wesentlich von Notfallseelsorge als gemeindlicher Seelsorge gesprochen wird, deren Organisation auch übergemeindlich erfolgen könne.

### 7.4 Problematik der Thesen

Die Hamburger Thesen stellen den Status quo notfall-seelsorgerlicher Arbeit dar. Sie versuchen, die über die Praxis hinausgehende und dringend notwendige wissenschaftliche Begleitung durch umfassende Beschreibung und Differenzierung zu bewerben. Die Tradierung des eigenen Tuns, das Angebot der Präsenz, eine konfessionelle Profilierung, aber auch die Vernetzung der gesamten Arbeit und ebenso die Offenheit im Austausch über diese kennzeichnen die Thesen.

Trotz des expliziten Versuches, Notfall-Seelsorge primär parochial zu verorten, scheint dennoch – und das wird auch in dieser historisch angelegten Darstellung deutlich – eine Tendenz zur Funktionalisierung des Dienstes vorzuliegen, wenn es heißt: »Notfallseelsorge leistet ihren Dienst stellvertretend für die Seelsorgerinnen und Seelsorger der Ortsgemeinde.«[158] Sie kann anschließend an diese verweisen oder andere Hilfsangebote vermitteln.

## 8. Ausblick und Auftrag: Sensible Seelsorge in der Gemeinde

Im Rückblick auf die (jüngere) Geschichte der Seelsorge bleibt festzuhalten, dass es einer Sorge für die Not der Menschen jenseits des öffentlichen Interesses bedarf. Eine Begleitung vor, während und nach dem Ereignis stellt ein gutes Fundament für eine dauerhafte Stabilisierung der Betroffenen dar. Diese umfassende Sensibilität ist in der gemeindlich verorteten Notfall-Seelsorge vorhanden.

Mein Blick in dieser Arbeit bezieht sich darum im Folgenden v. a. auf die seelsorgerliche Arbeit jenseits der sehr umfassend von den Medien wahrgenommenen Großschadenslagen. Gerade in Krisen und Konflikten des alltäglichen Lebens müssen die vorhandenen Ressourcen vor Ort greifen.

Selbst in Eschede waren es die Pastorinnen und Pastoren aus den ansässigen Gemeinden, die zuerst anwesend waren und Hilfe leisteten. In den meisten Fällen werden es die Geistlichen aus den Gemeinden sein, die nach dem Ereignis mit den betroffenen Menschen zu tun haben, um Seelsorge sensibel und verantwortlich zu gestalten. Sie ist nach Christoph Schneider-

---

[158] Hamburger Thesen 2007, Kassel 2009, 25.

Harpprecht[159] bereits als systemische Praxis (durch die Gemeindestruktur) organisiert und artikuliert den Glauben, indem sie in ökumenischer Zusammenarbeit und Koordination mit den Hilfsdiensten Beteiligte begleitet, für die Einsatzkräfte sorgt, die Mitarbeiter qualifiziert aus- und fortbildet und dabei Erkenntnisse der Humanwissenschaften integriert.

Erwartungen an die Seelsorge im Notfall werden in besonderer Weise in der Gemeinde vor Ort deutlich. Dieser regionale Bezug vollzieht sich in volkskirchlichen Zusammenhängen.

---

159 Vgl. Schneider-Harpprecht, Chr., Seelsorge als systemische Praxis. Der soziale und politische Auftrag der Seelsorge, in: WzM 55 (2003), 427–443.

# III. Notfall-Seelsorge als pfarramtlicher Auftrag

## 1. Notfall-Seelsorge im *innerhäuslichen* Bereich

In den volkskirchlichen Zusammenhängen genießt die Seelsorge einen hohen Stellenwert. Die Kirche (und das heißt hier immer: die konkrete Gemeinde vor Ort) wird v. a. dort gesucht, wo Menschen in Notlagen geraten, wo sie durch Krisen ihr seelisches Gleichgewicht zu verlieren drohen. Dies hat die vierte EKD-Erhebung über die Kirchenmitgliedschaft[160] in Anlehnung an ihre Vorgängeruntersuchung[161] erneut bestätigt. In ähnlicher Weise argumentiert eine aktuelle Studie zum Kircheneintritt.[162] »Die Repräsentativumfragen der EKD bestätigen seit 20 Jahren, wie gerade die Erwartungen der Kirchenmitglieder kirchliche Leistungen im diakonischen und seelsorgerlichen Bereich stützen.«[163]

Eine *Identifikation* mit ihrer Kirche vollzieht sich demnach bei Menschen stark über Betroffenheit.[164] Menschen suchen ihre Kirche als Trost und Hilfe in schweren Stunden, die oftmals als biographisch bedeutsame Wendepunkte des Lebens empfunden werden. Diese Zuwendung wird v. a. in seelischen

---

160 Vgl. Kirchenamt der Evangelischen Kirche in Deutschland (Hg.), Weltsichten. Kirchenbindung. Lebensstile, Hannover 2003.

161 Vgl. Engelhardt, K./v. Loewenich, H./Steinacker, P. (Hg.), Fremde Heimat Kirche, Gütersloh 1997.

162 Vgl. Jungbluth, R. H. Chr., Kirchen(Wieder)eintritt: Motive, Biographische Kontexte und Sensibilisierungen für die kirchliche Praxis., Kassel 2011, 26.

163 Kress, H./Daiber, K.-F., Theologische Ethik – Pastoralsoziologie, Stuttgart, Berlin, Köln 1996, 216.

164 Vgl. Engelhardt, K./v. Loewenich, H./Steinacker, P. (Hg.), Fremde Heimat Kirche, Gütersloh 1997, 176f. 353f.

Notsituationen erwartet, geht dann aber auch mit der Erwartung gottesdienstlichen Feierns einher.[165] Zu diesen Wendepunkten zählt die Seelsorge im Notfall, die Begleitung in Krisensituationen.[166]

Für die Seelsorge im Allgemeinen und die Notfall-Seelsorge im Speziellen stellt sich die Frage, wie sie diesen Herausforderungen gerecht werden will, vor die sie in Krisen gestellt wird. Die zuvor v. a. unter geschichtlichem Blickwinkel vorgenommenen Beschreibungen der Notfall-Seelsorge haben eine große Variationsbreite von Antworten offenbart. Sie haben gezeigt, wie sich etliche Hilfsangebote in geschmeidiger Weise der heutigen funktional ausdifferenzierten Gesellschaft angepasst haben, in der das Leben auf weite Strecken hin verlässlich, planbar und kontrollierbar geworden ist.[167] Und dies soll auch im Notfall so sein und bleiben. Gerade darum sind für Notfälle und Katastrophen Spezialisten ausgebildet worden, die die Krise *in den Griff bekommen* sollen.

Notfall-Seelsorge aber muss noch sensibler auf diese Entwicklung reagieren. Sie kann es, weil sie aus einem gewachsenen System gemeindlicher Begleitung heraus agiert. Um dies darzustellen, wird Notfall-Seelsorge als Seelsorge im sog. innerhäuslichen Bereich am Beispiel einer Trauersituation untersucht. Der Blick der notfall-seelsorgerlichen Arbeit wird hier bewusst fokussiert, um ihre bedeutendsten gemeindepfarramtlichen Anteile aufzuzeigen und die besonderen Anforderungen und Chancen pfarramtlich-seelsorgerlichen Handelns zu beleuchten.

Nach der Darstellung eines *typischen* Geschehens sowie der Beschreibung des pfarramtlichen Arbeitshintergrundes sollen Fragen reflektiert werden, die die seelsorgerliche Arbeit als solche betreffen. Um diese aber genau zu erfassen, ist der Notfall weiter zu fassen als der *Fall.* Es geht um ein viel

---

165 Vgl. Huber, W./Friedrich, J./Steinacker, P. (Hg.), Kirche in der Vielfalt der Lebensbezüge, Gütersloh 2006, 58 ff. 421 f.

166 D. Schäfer weist mit Blick auf die Vierte EKD-Mitgliedsstudie und I. Karles Reaktion, Volkskirche ist Kasualien- und Pastorenkirche!, in: DtPfrBl 104 (2004), 625–630, eindringlich darauf hin, dass der seelsorgerliche Blick auf die Wendepunkte im Leben eines Menschen nicht auf die Kasualien verengt sein darf. Der Notfall in der Seelsorge ist der Ernstfall, der mindestens ebenso eine sorgfältige Zuwendung erfordert, vgl. Schäfer, D., in: DtPfrBl 105 (2005), 89.

167 Vgl. Karle, I., Seelsorge in der modernen Gesellschaft. Spezifische Chancen, Ressourcen und Sinnformen der seelsorgerlichen Kommunikation, in: EvTh 59 (1999), 203–219, im Speziellen 203–209.

umfassenderes Krisengeschehen,[168] welches nicht allein mit dem Notfall *abgearbeitet* ist. In diesem Zusammenhang ist von einem krisenhaften Geschehen zu sprechen, um den generalisierten Zugang pfarramtlicher Arbeit im Notfall genauer umschreiben zu können.

## 2. Ein Beispiel

### 2.1 *Mitten aus seinem Leben heraus*

Den Überlegungen wird ein *Fall* vorangestellt, auf den im Laufe der Darstellung immer wieder Bezug genommen wird, um das Thema erfahrungsbezogen zu bearbeiten.

> Nachdem Frau M mit ihrem Mann vom Einkauf aus der Stadt in ihr Haus zurückkehrt, fasst sich dieser plötzlich an die Brust. Er hat starke Schmerzen, ringt nach Luft und sinkt besinnungslos im Keller zusammen. Frau M ruft seinen Namen, schüttelt ihn. Er antwortet aber nicht mehr. Tausend Gedanken springen ihr nun im Kopf herum. Hat er einen Herzinfarkt erlitten? Sie läuft zur Nachbarin. Diese behält einen kühlen Kopf. Sie tut das einzig Richtige. Geistesgegenwärtig alarmiert sie unter Notruf 112 den Rettungsdienst. Während der Wartezeit, die Frau M wie eine Ewigkeit vorkommt, lagert die freundliche Nachbarin Herrn M flach und beginnt mit der Atemspende. Wenig später trifft der Rettungsdienst ein. Ein Szenario nimmt seinen Lauf. Frau M muss mit ansehen, wie ihr inzwischen zyanotischer Mann mit Schläuchen verkabelt und nahezu voll automatisch reanimiert wird. Sie befindet sich in einem Zustand zwischen Hoffen und Verzweifeln, rennt hin und her. Gerade noch hatten sie gemütlich ihren Einkauf erledigt. Und nun liegt ihr Mann regungslos am Boden. Alle kümmern sich um ihn. Das beruhigt sie. Aber sie selbst? Noch ist sie wie gebannt. Ein Rettungsassistent führt sie mit der Nachbarin in ein anderes Zimmer. Er bleibt eine Weile bei ihr. Sie ist sehr unruhig.
> Nach einer halben Stunde kommt der Notarzt und setzt sich zu ihr: *Frau M, es tut mir leid. Wir konnten nichts mehr für Ihren Mann tun. Er hat einen plötzlichen Herzinfarkt erlitten. Wir haben alles versucht.*

---

[168] Es sei an dieser Stelle betont, dass in anderen Fällen die Polizei- und die Krankenhausseelsorge wichtige Begleiter im Falle der Not sein können, die *vor* der Notfall-Seelsorge arbeiten, dieser nachfolgen oder gar einen Teil des gesamten notfall-seelsorgerlichen Gesamtgeschehens bilden können.

Herr M ist tot. Er wurde 59 Jahre alt. Frau M starrt den Notarzt an. Sie kann es nicht fassen. Sie schreit, ist verzweifelt, weint heftig los und rennt durch das Zimmer: 40 Jahre wären sie im nächsten Frühjahr verheiratet gewesen. Und nun das.
Inzwischen trifft Pfr. E ein. Er ist der Gemeindepfarrer des Ortes, den der Rettungsdienst über die Leitstelle alarmiert hat. Pfr. E ist Frau M bekannt. Er hat ihre Tochter getraut und ihren Enkel vor Kurzem getauft. Pfr. E ist jetzt da. Er bekommt eine kurze Einweisung durch den Notarzt, der zum nächsten Einsatz weiter muss. Pfr. E hilft dem Rettungsdienst, Herrn M von Schläuchen und Maschinen zu befreien. Frau M kann nun in Begleitung von Pfr. E zu ihm. Sie kann nur schreien und ist wie aufgelöst. Was soll sie jetzt machen? Welche Schritte sind zunächst einzuleiten? Pfr. E ist bei ihr. Er hilft ihr: Er telefoniert mit den Angehörigen, nimmt sie tröstend in den Arm und leitet die nächsten Schritte ein.

## 2.2 *Es kommt dann, wenn man nicht damit rechnet*

Pfr. E ist seit drei Jahren Gemeindepfarrer des Ortes. Es ist für ihn die erste Pfarrstelle überhaupt. Schritt für Schritt hat er sich seine Aufgaben in der Gemeinde, in den Gottesdiensten, den Unterrichtsstunden und vielen Sitzungen erarbeitet und nimmt zahlreiche Amtshandlungen wahr. Hier erlebt er sich am stärksten in das Leben seiner Gemeinde eingebunden, wiewohl ihn bis heute die Trauerfälle in besonderer Weise angehen, denn diese *kommen von jetzt auf gleich*. Dann aber hat er keine Zeit zu verlieren. Er darf dann nicht zögern. Er muss schnellstens Kontakt aufnehmen und, wenn möglich, vor Ort sein, den Menschen beistehen. Seine Arbeit ist am Leben seiner Gemeinde orientiert – und die füllt den Kalender. Am besagten Nachmittag war er gerade dabei, die letzten organisatorischen Vorbereitungen für die anstehende Konfirmation zu treffen, als ihn ein Anruf seines Kollegen über das Mobiltelefon aus seinen Gedanken reißt. Sein Kollege bekam einen *Alarm* durch den Funkmeldeempfänger über die Leitstelle des Kreises und hat in dieser Woche Notfall-Seelsorge-Bereitschaftsdienst. Damit ist er der Erste, der raus muss, *wenn es brennt*. Und doch ruft er zunächst bei Pfr. E an, dem Gemeindepfarrer von Herrn M. Schnell weiß Pfr. E Bescheid und sagt die Übernahme des Einsatzes in seiner Gemeinde zu. Der Gemeindepfarrer ist nun der Notfall-Seelsorger in der eigenen Parochie.

# 3. Phänomenologie einer Krise

Mit Tod des Angehörigen von Frau M vollzog sich ein Notfall im Sinne einer krisenhaften Unterbrechung ihres Alltags, der ihre Selbständigkeit im Sinne eigener Handlungsfähigkeit bedrohte. In dieser Unterbrechung war sie *am Ende*. Sie stand mit ihrer Person auf dem Spiel.

Der Begriff der Krise ist eng mit dem Begriff des Unfalls verwoben. *Krisis* aus dem Griechischen ist dort als Wendung oder Umschlag zu verstehen. Das mittelhochdeutsche *unfal* kann als Krankheit, Unglück oder Missgeschick verstanden werden. Somit können beide aufgrund ihres ungewissen Ausgangs glimpflich oder folgenreich ausgehen. Sie kommen plötzlich oder ungewollt daher und ziehen möglicherweise Schäden und Verletzungen nach sich.[169]

Mit Gernot Sonneck wird eine Krise beschrieben als

> »Verlust des seelischen Gleichgewichtes, den ein Mensch verspürt, wenn er mit Ereignissen und Lebensumständen konfrontiert wird, die er im Augenblick nicht bewältigen kann, weil sie von der Art und vom Ausmaß her seine durch frühere Erfahrungen erworbenen Fähigkeiten und erprobten Hilfsmittel zur Erreichung wichtiger Lebensziele oder zur Bewältigung seiner Lebenssituation überfordern.«[170]

Eine Krise kündigt sich nicht an, sondern kommt meist plötzlich und damit unvorhersehbar daher.[171] Wenn Menschen in derartige Situationen geraten, dann sind sie überfordert, fühlen sich bedroht und sind folglich extrem belastet,[172] verlieren nicht selten die Kontrolle über sich bzw. erleben eine bis dahin noch nicht gekannte Hilflosigkeit. Diese Belastungen wirken sich auf ihr körperliches und seelisches Wohlbefinden aus.[173] Ihr bisheriges Lebens- und Sinngefüge wird erschüttert und in Frage gestellt,[174] denn der Verlust eines anderen lässt ein Stück ihrer persönlichen wie sozialen Welt zusam-

---

[169] Vgl. Kremer, R./Lutzi, J./Nagel, B., Unfall als Krise, Göttingen 2011, 13.

[170] Sonneck, G. (Hg.), Krisenintervention, Wien 1997, 31.

[171] Vgl. Tarnow, B. S./Gladisch, K. M., Seele in Not, Gütersloh, 2007, 77 f.

[172] Vgl. Fischer, G./Riedesser, P., Lehrbuch der Psychotraumatologie, München, Basel 1998, 325–330.

[173] Derartige Einschnitte betreffen den ganzen Menschen. Es ist darum aus der Sicht der Hilfe nicht unerheblich, welche Auffassung vom ganzen Menschen im Hintergrund steht; vgl. dazu Herms, E., Ganzheit als Geschick, Berlin, New York 1997, 396–405.

[174] Vgl. Ziemer, J., Seelsorgelehre, Göttingen 2000, 316.

menbrechen.[175] Mit Günther Schnurr kann insofern von einer Einbruchs- und Zerbruchskrise gesprochen werden.[176] Ebenso lässt sich von einer (persönlichen) Katastrophe sprechen.

### 3.1 LEBENSBEDINGUNGEN: DIFFERENZIERUNG UND VEREINFACHUNG

Wie sieht ein erschüttertes Lebens- und Sinngefüge aus, wie es oben angedeutet wurde? Um dieser Frage näherzukommen und v. a. Klärungen für die Frage nach seelsorgerlicher Begleitung vorzunehmen, will ich zunächst, auch exemplarisch, Grundzüge der gegenwärtigen Lebenswelt beleuchten, um eine Krise differenzierter beschreiben zu können. Dies geschieht, weil Seelsorge mit(er)lebt, was *unter uns* vorgeht und was als selbstverständlich, als *normal* hingenommen wird.

Seelsorge begegnet dieser Wirklichkeit als christliche Seelsorge, d. h. sie tritt immer schon mit einem gedeuteten, einem interpretierten Verständnis der Wirklichkeit auf.[177]

Neuzeitliche Lebenswelt zeichnet sich u. a. dadurch aus, dass sie sich in nahezu allen Bereichen des Lebens institutionalisiert und professionalisiert hat. Die moderne Gesellschaft differenziert sich heute zunehmend aus. Vorausschauendes Planen und Berechnen von Auswirkungen seitens der Natur oder von anderen Menschen ist heute in weiten Teilen des Lebens möglich geworden. Die Folge ist, möglichst umfassend materielle und immaterielle Werte (wie z. B. das eigene Leben) abzusichern. Diesem komplexen System, das aufgrund seiner Unübersichtlichkeit den Einzelnen leicht überfordert, steht der Wunsch nach Vereinfachung, nach eindeutiger Orientierung ambivalent gegenüber. Dieser Wunsch artikuliert sich auch im religiösen Bereich.[178] Ein Gottesdienst für Einsatzkräfte im Rahmen notfall-seelsorgerlicher Arbeit trägt dem Bedürfnis nach Ruhe, Ausrichtung und innerer Stabilisierung Rechnung.[179]

---

175 Vgl. Sekretariat der Deutschen Bischofskonferenz (Hg.), Unsere Sorge um die Toten und die Hinterbliebenen, Bonn, 4. Auflage 2000, 48.

176 Schnurr, G., Art. »Krise«, in: TRE 20, 63.

177 Vgl. dazu auch Karle, I., Der Pfarrberuf als Profession, Gütersloh 2001, 259. Karle bezieht derartige gesellschaftliche Fragen ausdrücklich in die Seelsorge ein, die sich mitten im Leben der Ortsgemeinde ereignen, vgl. dazu auf bereits in Kapitel II erfolgte Überlegungen zur Geschichtlichkeit der Seelsorge.

178 Vgl. Härle, W., Dogmatik, Berlin, New York 2000, 187, und Theologische Kammer der Evangelischen Kirche von Kurhessen-Waldeck, Zeichen der Hoffnung angesichts des Todes, Kassel, 2. Auflage 2000, 94.

179 Vgl. die Überlegungen angesichts eines Gottesdienstes für Einsatzkräfte, der in dieser Arbeit in Kapitel V dargestellt wird.

### 3.2 Folge: Verdrängung

Bezogen auf Krisen verstärkt sich dieser Wunsch, denn Ausnahmen von der Regel des Alltags sind nicht mehr vorgesehen. Wir rechnen heute nicht mehr mit Bedrohungen und Leid in unserem Leben. Die neuzeitliche Sicherungsmentalität hat sich folglich auch für die Krisen gerüstet. Das hat einerseits zu einer perfektionierten Organisation von Hilfsinstitutionen und Dienstleistern geführt,[180] andererseits die Tendenz verstärkt, Leid aus dem Alltag zu verdrängen,[181] es nicht mehr einzuplanen. »Das nicht Meisterbare, bleibendes Leid, Konzepte wie Schicksal, Lösungsstrategien über passive Grundhaltungen kommen z. B. nicht mehr vor.«[182]

Je mehr dies aber verhindert wird, umso größer wird das Gewicht eines jeden einzelnen *Schicksals*, wenn es dann doch *hereinbricht*.

Es sei an dieser Stelle jedoch angemerkt, dass diese Entwicklung durch die globalen Umwälzungsprozesse mit all ihren Folgen inzwischen zu einem Umdenken zu führen scheint. Wir rechnen nicht mehr mit Bedrohungen und Leid in unserem Leben, gewinnen jedoch zunehmend wieder ein Bewusstsein für die Gefährdung des Lebens insgesamt.

Dies befördert auf der einen Seite die Perfektionierung der Hilfeleistungen in noch stärkerem Maße und bewirkt wiederum auf der anderen Seite, Leid erneut zu verdrängen. Das Problem verlagert sich.

## 4. Der Pfarrer als Seelsorger

Wie geht Seelsorge mit diesen Phänomenen und Entwicklungen um? Was tut der Seelsorger als Pfarrer in dieser akuten Situation und darüber hinaus? Was macht seine Präsenz als Seelsorger notwendig?

Seelsorger kommen als Beauftragte zu den Menschen, die ihnen anvertraut sind. Ihr Auftrag ist, das Evangelium von der Liebe Gottes in Jesus Christus zum Ausdruck zu bringen und Gestalt werden zu lassen.[183] Dies gilt

---

180 Vgl. Zippert, Th., Notfälle und Katastrophen begleiten, Rheinbach 2000, 232–234.

181 Vgl. Fechtner, K., Trauerkultur und kirchliche Bestattung, in: Ders., Späte Zeit der Volkskirche, Stuttgart 2010, 138 f., der im Zuge einer sich verändernden Trauerkultur einerseits eine Biografisierung des Lebens und andererseits eine Verdrängung der Toten beobachtet. Der Umgang mit den Toten werde mehr und mehr professionalisiert, auf Kontakt mit dem Verstorbenen werde zunehmend verzichtet.

182 Bobert, S., »Erste Hilfe für die Seele« – Notfallseelsorge (Link 35, Seite 1).

183 Das fordert auch die dritte Kirchenmitgliedererhebung als Zukunftsbedingung von

insbesondere für Situationen, in denen Leid, Tod, Schrecken und Gewalt die Menschen ereilen. Seelsorger sind »Botschafter des Lebens an der Grenze des [plötzlich, SBS] hereinbrechenden Todes.«[184] Dieser Botschafter trägt eine Gewissheit und Hoffnung, einen Glauben in sich, der sich an die Grenzen des Lebens wagt. Das ist sein Ausgangspunkt und seine Motivation, seine Überzeugung und sein Zugang. Denn christliche Seelsorge gründet im Glauben darauf, dass »[d]as Menschsein des Menschen [...] nicht im Vorhandenen auf[geht].«[185] Seelsorge ist so verstanden Gottes Werk. Luther formulierte es einmal so: »Wir sollen nichts ohne ihn, aber er will alles ohne uns und doch in uns tun.«[186] Gott ist *bei jedem Einsatz* dabei. Er begründet die Freiheit des Seelsorgers, der letztendlich nicht alleine verantwortlich ist. Seelsorge ist nicht nur eine pastorale Aufgabe, sondern stellt den Kern der Theologie dar.[187]

Wie kann aber die Botschaft des Seelsorgers Gestalt finden, wie kann er betroffenen Menschen begegnen, die wie gebannt ihre Not zu begreifen versuchen? Es ist ein längerer Weg, den der Seelsorger mit Menschen zu gehen wagt, auf dem sie gemeinsam an verschiedenen Stationen anhalten werden und, so hofft der Seelsorger, auf dem sie den Frieden und die Liebe Gottes erfahren dürfen. Es ist eine Bewegung, bei der nicht von vornherein festgelegt ist, wo sie hinführen muss, es ist *ein Sich-Entwickeln*, bei dem das gute Wort, der freundliche Blick und vielleicht eine Hand den Segen Gottes weitergeben.[188]

---

Kirche, vgl. Vgl. Engelhardt, K./v. Loewenich, H./Steinacker, P. (Hg.), Fremde Heimat Kirche, Gütersloh 1997, 351 f.; die vierte Befragung spricht von einem offenkundigen Bedarf, über religiöse Themen zu reden und Rituale für Situationen zu finden, in denen die (alltägliche) Sprache nicht greift, vgl. Huber, W./Friedrich, J./Steinacker, P. (Hg.), Kirche in der Vielfalt der Lebensbezüge, Gütersloh 2006, 403 f.

184 Titel der bereits genannten römisch-katholischen Konzeption zur Notfallseelsorge, vgl. Botschafter des Lebens an der Grenze des Todes, Kassel 2009, 21–23.

185 Wintzer, F. (Hg.), Seelsorge. Texte zum gewandelten Verständnis und zur Praxis der Seelsorge in der Neuzeit (TB 61), München, 3. Auflage 1988, XLVIII.

186 WA.B 8, 622/3420–3422.

187 Vgl. Möller, Chr. (Hg.), Geschichte der Seelsorge in Einzelporträts, Göttingen 1995, 25.

188 Eine solche Suchbewegung erfordert nach U. Pohl-Patalong, Seelsorge zwischen Individuum und Gesellschaft, Stuttgart, Berlin, Köln 1996, 254, mit Bezug auf Th. Henke, Seelsorge und Alltagswelt, Würzburg 1994, 471, »[...] ein gegenseitiges Lernen, mit dem eine ›vollständige Reziprozität der Perspektiven der Beteiligten‹ angestrebt wird.« Sie räumt an gleicher Stelle jedoch ein: »Hinsichtlich der Struktur im seelsorgerlichen Gespräch erscheint mir eine vollständige Reziprozität der Gesprächspartnerinnen weder realistisch noch sinnvoll [...] Jedoch muss transparent werden, dass die Begründung für

# 5. Stationen kirchlicher Seelsorge

## 5.1 Das hereinbrechende Ereignis

### *5.1.1 Grundsätzliche Überlegungen zum Umfang der Hilfe*

Kirche wird v. a. in Notzeiten als Spezialistin im Umgang mit Ohnmacht und Hilflosigkeit, mit Leiden und Tod wahrgenommen und gesucht.[189] Begleitung, Hilfe und Trost sind die zentralen Erwartungshaltungen der Menschen. Kirchliche Seelsorge wendet sich denen zu, die Begleitung suchen, die Vertrauen ersehnen und ein Gegenüber brauchen, um aus ihrer inneren und oftmals sozialen Isolation herauszufinden.[190]

#### *5.1.1.1 Aus dem Alltag der Gemeinde heraus*

Es sind die Seelsorger der Kirche, die *von jetzt auf gleich* erreichbar sind. Sie suchen Menschen vor Ort in ihrem Lebenskontext und sozialen Umfeld auf und gewinnen so ein Gespür für die aktuelle Notlage, aber darüber hinaus ebenso für die Notlagen der jeweiligen Zeit.[191]

Überlegungen zur Einrichtung der Notfall-Seelsorge fußten – wie bereits beschrieben – maßgeblich auf der Einsicht, dass es ein »Grundbestandteil des Seelsorgeauftrags der Kirche(n)«[192] sei, Menschen beizustehen, die der »böse, schnelle Tod«[193] eines Nahestehenden ereilt.

Diese seelsorgerliche Kultur des Helfens (Lk 10,25–37) kennzeichnet wesentliche Arbeitsfelder pfarramtlichen Dienstes in der Gemeinde.[194] Sie ist zu-

---

die nicht austauschbaren Positionen einzig in der Rollenverteilung und in der Gesprächsführungskompetenz der Seelsorgerin oder des Seelsorgers liegt.«

189 Vgl. Zippert, Th., Spiritualität und Theologie in der Notfallseelsorge, Niederkassel 2002, 14.

190 Vgl. Härle, W., Dogmatik, Berlin, NewYork, 2., überarbeitete Auflage 2000, 191: »Was die Mehrzahl der Kirchenmitglieder sucht, ist [...] Begegnung und Begleitung in Krisensituationen [...].«

191 Vgl. Schibilsky, M., Lebensbegleitung und Lebenskunst. Gute Theologie muss im Alltag und bei der Biographie der Menschen ansetzen, in: Zeitzeichen 02/2003, 38–40.

192 Sowohl die Kasseler Thesen aus dem Jahre 1997 als auch die Hamburger Thesen aus dem Jahre 2007 halten dies so übereinstimmend fest, wobei 1997 die Institution im Singular, 2007 im Plural benannt wird, vgl. Thesenreihe zur Notfallseelsorge, Kassel 1997, 21 f., und Hamburger Thesen 2007, Kassel 2009, 24–26.

193 EG 443,3.

194 Die Notfall-Seelsorge ist wesentlich verlässliche Gemeindeseelsorge, so dass Kremer, R./Lutzi, J./Nagel, B., Unfall als Krise, Göttingen 2011, 7, zu widersprechen ist, die

gleich ein Markenzeichen des Gemeindeaufbaus.[195] Der Dienst ist meistens im sog. innerhäuslichen Bereich bei den Menschen vor Ort, in ihrem sozialen Kontext, zu leisten: wenn durch eine (erfolglose) Reanimation Angehörige zu begleiten sind, wenn unerwartet Todesfälle eintreten, in denen die Gegenwart eines Seelsorgers gewünscht wird, aber auch, wenn in einer Familie plötzlich der Säugling verstirbt (plötzlicher Kindstod). Es geht um Trauerbewältigung. »Trauern ereignet sich im Gemeindepfarramt regelmäßig, aber fast immer unvorhersehbar.«[196]

#### *5.1.1.2 In zeitlicher Nähe zum Geschehen*

Die seelsorgerliche Arbeit in zeitlicher Nähe zum Krisenereignis ist in die Funktionsweise des Rettungswesens eingebunden: Pfarrer/Notfall-Seelsorger werden über Funkmeldeempfänger und Mobiltelefon gerufen. Sie müssen sich folglich bereithalten. Dazu übernehmen sie in regelmäßigen Abständen den z.B. wöchentlich wechselnden Bereitschaftsdienst. Allerdings versucht der diensthabende Seelsorger nach einer Alarmierung durch die Leitstelle zunächst den zuständigen Kollegen[197] in der Gemeinde des Betroffenen zu erreichen, der dann ggf. den Einsatz dort übernimmt. Nur bei erfolgloser Kontaktaufnahme übernimmt der diensthabende Notfallseelsorger und Kollege den Dienst selbst.

Notfall-Seelsorge garantiert dadurch die schnelle und verlässliche Erreichbarkeit.

Der Pfarrer kommt *von jetzt auf gleich* zu den Menschen. Er kommt aus seinem Gemeindealltag in eine Situation, in der Menschen aus seiner Gemeinde durch plötzlich auftretende Ereignisse in Not geraten sind. Diese Situation ist ihm u.a. aus der Seelsorge an Trauernden bekannt. Allerdings trifft er früher auf die Menschen als sonst. Seine Präsenz bei den Betroffenen

---

Notfallseelsorge, Gemeindeseelsorge und psychologische Beratung als unterschiedliche Hilfsangebote im kirchlichen Kontext verstehen. Die Autoren unterscheiden die Art der Hilfe aufgrund ihres unterschiedlichen Zeitpunktes und unterschiedlichen Schwerpunktes im Rahmen eines Unfallgeschehens und seiner Folgen und sprechen von präventiver oder kurativer Hilfe. Allerdings ist die Notfall-Seelsorge nicht flächendeckend parochial verankert, sondern auch an Sonderbeauftragungen eines Gemeindepfarrers gebunden, im funktionalen Dienst geregelt oder gar in einem personellen Mix aus Geistlichen und ehrenamtlichen Helfern aufgestellt, wie in Kapitel II bereits beschrieben wurde.

[195] Vgl. Möller, Chr., Kirche, die bei Trost ist, Göttingen 2007, 174.

[196] Schibilsky, M., Trauerwege, Düsseldorf, 5. Auflage 1996, 157.

[197] Vgl. Zippert, Th., Organisationsmodelle von Notfallseelsorge, Kassel, 2., erweiterte Auflage 1999, 15.

setzt früher ein durch die Alarmierung in der Akutphase des Notfalls und mündet schließlich in die gemeindliche Seelsorge. Dadurch kann er sie umfassender wahrnehmen und begleiten, *ist von Anfang an dabei,* wodurch sich der Fokus auf die Situation zuspitzt, was im Folgenden zu zeigen sein wird. Seine Hilfsangebote verändern sich. Seelsorge bemüht sich, Menschen nicht nur in Krisen zu begleiten, aber gerade in diesen tritt vermehrt die Frage nach Sinnzusammenhängen zutage.

#### *5.1.1.3 Konkrete Hilfe*

Menschen benötigen im Notfall schnelle und konkrete Hilfe. Sie brauchen Unterstützung. Dies setzt eine Aktivität des helfenden Seelsorgers voraus. Er muss die Situation in kurzer Zeit wahrnehmen, muss rasch einen vertrauensvollen Kontakt, eine Beziehung[198] herstellen und dabei Raum für eine meist sehr schwankende Gefühlslage bieten. Zudem ist es seine Aufgabe, die nächsten Schritte zu koordinieren und sie dem Betroffenen zu vermitteln. Seine Hilfsmaßnahmen sind zunächst kleinschrittig. Und doch hat er schon hier die weitergehende Perspektive im Kopf. Der Gemeindepfarrer wird dabei an den Trauerbesuch, die Trauerbegleitung, die Beerdigung und die nachgehende Seelsorge denken. Trauer ist für ihn kein Symptom, sondern ein Prozess, der von ihm begleitet wird. Er wird ggf. auch mögliche Hilfen von außerhalb (psychosoziale Hilfsdienste der Diakonie) mit in seine Überlegungen einbeziehen. Diese emotionale Bewegung erfordert eine umfassende innere Bereitschaft zur Seelsorge. Zugleich befördert seine Bereitschaft seine eigene Arbeit, denn er kann dadurch die unterschiedlichen Phasen innerhalb eines Seelsorgeprozesses umfassender wahrnehmen, kann diese miteinander verknüpfen und später wieder aufnehmen. Das Bild verdichtet sich für ihn. Er kann sein Gegenüber angemessener begleiten.

## 5.2 Der Trauerbesuch

Die folgende und weitergehende Begleitung stellt die Fortsetzung der seelsorgerlichen Tätigkeit zu anderer Zeit dar, in einer anderen Gefühlslage und mit veränderten Fragestellungen. Hat vorher eine Begleitung in der Akutphase stattgefunden, so ist es sinnvoll, wenn nun der *übliche Trauerbegleitungsweg*

---

[198] Seelsorge in Krisen nimmt damit schon vorweg, was E. Naurath mit einer Erweiterung der seelsorgerlichen Kompetenz im Bereich einer nonverbalen Kommunikation fordert. Seelsorge in Krisen *sorgt,* d.h. hier spielen Leiberfahrungen eine große Rolle, weniger zunächst die dann später folgende Kommunikation, vgl. Naurath, E., »Die Seele spüren«. Herausforderungen an die gegenwärtige Seelsorge, in: PTh 92 (2003), 111.

beginnt. Unter den besonderen Umständen kann er besser koordiniert werden als unter üblichen Bedingungen – dem plötzlichen Anruf des Bestatters, der *den Prozess* in Gang setzt. Auch hier steht der Seelsorger den Betroffenen diakonisch zur Seite, er informiert und berät sie, wenn sie Fragen haben. Er ist mitfühlend gegenwärtig. Der Seelsorger bietet inmitten der gerade in der Erinnerung aufkommenden Leere Gemeinschaft an, damit die Angehörigen Freude und Leid erzählen und noch einmal erleben können.

Er hält aus und hört zu. Durch die gemeinsame Planung der anstehenden Trauerfeier nimmt er die aufkommende Traurigkeit und Betroffenheit auf, mit der die Angehörigen konfrontiert sind.[199] Trauer ist immer auch ein Ausdruck der gebliebenen Verbundenheit, der Liebe zu einem verlorenen Anderen: sie ist Ausdruck des endgültigen Abschiednehmens und Verzichts auf die bisherige Verbindung, die aber in der Erinnerung[200] weiter bestehen bleibt, auch wenn sie gerade am Anfang schmerzt. Aber durch die erzählende Erinnerung wird Stück für Stück die Wirklichkeit zu unserer Wirklichkeit. Die *verlorene* Zeit lässt sich als eigene Zeit wiederfinden und damit verarbeiten.[201] Die Familie von Frau M schrieb über ihre Traueranzeige, was sie im Gespräch zum Ausdruck brachte: *Was wir tief in unserem Herzen besitzen, können wir nicht durch den Tod verlieren.* In diesem einen Satz finden alles Hohe, alle Trauer, alle Dankbarkeit und aller Schmerz ihren Raum.[202] Auch beim Trauergespräch kann nicht alles gesagt werden, was der Trauer und dem Leben eines lieben Verstorbenen gerecht würde, aber es können dafür stellvertretende Worte in Form eines Gebetes das Geschehen rahmen und zum vorläufigen Abschluss bringen: als Schlussritual im Trauergespräch oder am offenen Sarg, in dem Dank und vielleicht auch Vergebung möglich werden. Der Seelsorger hilft, die Realitäten zu benennen und Sprachlosigkeit zu überwinden.

---

199 Grözinger, A., Seelsorge als Rekonstruktion von Lebensgeschichte, in: WzM 38 (1986), 187, weist darauf hin, dass in diesem Prozess der Seelsorge die Lebensgeschichte des *Seelsorgers* ebenso wie die des Gegenübers zur Rekonstruktion ansteht. Seelsorge verändert beide Seiten.

200 Vgl. Zitt, R., Erinnern als Aufgabe. Zur Diskussion um den Pfarrberuf, in: DtPfrBl 103 (2003), 132–135.

201 Vgl. Grözinger, A., Seelsorge als Rekonstruktion von Lebensgeschichte, in: WzM 38 (1986), 182.187.

202 Die Trauer als etwas sehr Individuelles findet an dieser Stelle Halt in der Trauerkultur, die nie nur individuell ist, sondern als Kultur sprachliche und nicht sprachliche Äußerungen in einer Art Bedeutungsnetz integriert, vgl. Fechtner, K., Trauerkultur und kirchliche Bestattung, in: Ders, Späte Zeit der Volkskirche, Stuttgart 2010, 130 ff.

## 5.3 Die Trauerfeier

»Von alters her gehört die Bestattung der Toten zu den Werken der Barmherzigkeit, sie ist ein Liebesdienst, also im elementaren Sinne diakonia.«[203] In der kirchlichen Bestattungsfeier setzt der Seelsorger in der Gemeinschaft der Glaubenden Zeichen der Hoffnung angesichts des Todes an die Lebenden. »Als Glieder am Leibe Christi bleiben die Trauernden und die sie Begleitenden verbunden mit Gott und untereinander auch nach dem Abschied von einem, der mit ihnen gelebt hat.«[204] Die kirchliche Feier selbst ist ein seelsorgerliches Geschehen, ein Teil der seelsorgerlichen Bemühung um die Trauernden, in dem das Ritual eine wesentliche Rolle spielt und *durchträgt*. Es muss daher mit entsprechendem Ernst vollzogen werden. Der Seelsorger sucht Worte für ein unsägliches Geschehen. Oft sind es die Psalmen, die die Gefühlslage treffen, so bei Familie M z.B. der 77. Psalm.

Die Bestattung wird als *rite de passage*[205] bezeichnet. Sie stellt einen Teil des Weges des Seelsorgers mit den Verstorbenen dar und initiiert die innere Ablösung von der verstorbenen Person, die öffentlich[206] und individuell mit ihrem Leben insgesamt ein letztes Mal gewürdigt wird.[207] Hier wird das Ganze eines Lebens noch einmal zum Thema. In der Hoffnungspredigt von der Auferstehung der Toten ist der Trost der Schrift enthalten. Die Bestattung beinhaltet eine Verkündigungsdimension und verlangt nach

---

[203] Fechtner, K., Kirche von Fall zu Fall, Gütersloh 2011, 59.

[204] Zeichen der Hoffnung angesichts des Todes, Kassel, 2. Auflage 2000, 58.

[205] Der Begriff stammt von dem französischen Ethnologen Arnold van Gennep (1873–1957), der in seinem Hauptwerk Übergangsriten (Les rites de passage, Paris 1909) weltweit Riten untersucht hat, die Übergänge begleiten. Vgl. dazu auch Fechtner, K., Trauerkultur und kirchliche Bestattung, in: Ders., Späte Zeit der Volkskirche, Stuttgart 2010, 136ff., der von den drei Momenten einer kirchlich verantworteten Bestattung spricht, dem Übergang, dem Weggeleit und dem Übergaberitual. Sie stellen für ihn symbolische Dimensionen konkreter Verhaltensweisen dar, die eine Bestattungskultur ausmachen.

[206] Vgl. Fechtner, K., Trauerkultur und kirchliche Bestattung, in: Ders., Späte Zeit der Volkskirche, Stuttgart 2010, 140, der fordert, dass sich insbesondere die Kirchen dafür einsetzen sollten, den öffentlichen Charakter des Todes als Bestattungskultur zu pflegen.

[207] Gerade die Beerdigungen sind feierliche Zusammenkünfte, in denen diese Öffentlichkeit durch meist guten Besuch gewährleistet ist und den Trauernden in ihrem Leid und der Verarbeitung hilft, auch wenn sich der Besuch der Beerdigungen ländlich und städtisch unterschiedlich darstellt. Fechtner, K., Kirche von Fall zu Fall, Gütersloh 2011, 54, hält dazu fest: »Die Bestattung ist aufs Ganze gesehen [...] diejenige Kasualie, die den stärksten öffentlichen Charakter besitzt. Die Trauerfeier ist mit deutlichem Abstand die Gestalt des Gottesdienstes, an der am meisten Menschen partizipieren.«

dem christlichen Zeugnis in der besonderen Situation der Trauer,[208] jedoch nicht abgetrennt von der Lebensgeschichte des Verstorbenen,[209] mit dem die Angehörigen bleibende Erinnerungen verbinden, die sie in Liebe behalten werden.

Die Verbindung von Verkündigung und Lebensgeschichte verstärkt den Trost und ermöglicht ein Trauern in Gewissheit.[210] Diese Worte behalten Angehörige und erzählen sie noch Jahre danach weiter.[211] Aber hier kommt es auch auf das *Wie* an, denn »[w]esentlich für die Wirkung der [Beerdigung und v. a. der, SBS] Traueransprache sind ihre Wahrhaftigkeit und Authentizität [...].«[212]

Es kommt auf die Haltung an, mit der der Seelsorger das Geschehen versteht und begeht. Durch das Gebet, insbesondere das persönliche Fürbittengebet, stellt sich der Seelsorger mit der anwesenden Gemeinde in die Gemeinschaft mit den Trauernden. In ihm kommt die Hoffnung angesichts des Todes und insbesondere die Zuspitzung auf die gegenseitige Vergebung vor dem endgültigen Abschiednehmen von diesem Menschen zu Wort. Hier kann noch einmal das ausgesprochen werden, was zuvor nicht mehr gesagt werden konnte. Hier ist auch der Ort zum Bekennen des eigenen Versagens gegeben. Dieser Abschluss führt die Trauernden *ins Leben zurück* und gibt ihnen die Gewissheit eines *guten Abschlusses* am Ende.

Am Grabe prägen dann bekannte Formeln, Gebete, Worte und Gesten (bewusster Erdwurf, Weggehen vom Grab) das seelsorgerliche Geschehen,[213] das den endgültigen Statusübergang besiegelt.

---

208 Vgl. Zeichen der Hoffnung angesichts des Todes, Kassel, 2. Auflage 2000, 70.

209 Vgl. dazu Friedrichs, L., Kasualpraxis in der Spätmoderne, Leipzig 2008, 157–174. Friedrichs arbeitet unter dem Blickwinkel der Spätmoderne die Frage der theologischen Legitimität von biographischer Verkündigung auf und stützt diese auf Erkenntnisse der spätmodernen Autobiographik: Kindheit, Fragmentalität, Fiktionalität und ein beunruhigendes Potential für die Hörerinnen und Hörer sprechen im Spannungsbogen zum letzten Urteil Gottes über ein Leben für diese Form der Begleitung. Sie eröffnet zudem dem Seelsorger durch das Wahrnehmen des (gelebten) Lebens eine Möglichkeit, gegenüber den Unwägbarkeiten des Lebens offen zu bleiben.

210 Vgl. dazu auch Koch, T., Der Notfall, provoziert durch den Tod, als Ernstfall. Theologische Überlegungen zur Notfallseelsorge, in: PTh 92 (2003), 125 f.

211 Nicht selten kommt in ihnen der Wunsch auf, diese *letzten* Worte noch einmal persönlich zu bedenken und zu verarbeiten. Sie bitten um die Trauerrede.

212 Zeichen der Hoffnung angesichts des Todes, Kassel, 2. Auflage 2000, 73.

213 Dabei ist es für die seelsorgerliche Umsicht unerheblich, an einem Erd- oder Urnengrab zu stehen. Die Umsicht ist zu beiden Zeiten gefordert, wobei es besonderer Einfüh-

## 5.4 Die Aufnahme in die Fürbitte

Dieser Phasenwechsel wird noch einmal am folgenden Sonntag der Gemeinde und anwesenden Trauerfamilie mit der Fürbitte für den Verstorbenen und seine Angehörigen bestätigt. Auch dieser Dienst ist Seelsorge an den betroffenen Menschen, die der Gemeindepfarrer an der Eingangstür begrüßt, deren Trauer und Hoffnung er in die Fürbitte aufnimmt und die er am Ausgang mit persönlichen Worten verabschiedet.[214]

Das öffentliche Fürbittengebet nimmt die persönliche Fürbitte aus der Trauerfeier auf, setzt aber auch das Gebet in der konkreten seelsorgerlichen Situation fort. Durch die *Platzierung* innerhalb der allgemeinen Fürbitten innerhalb des Gemeindegottesdienstes wird das persönliche Leid zur Bitte der ganzen Gemeinde, die sie mitträgt und an Gott richtet.

## 5.5 Einige Wochen danach

Kirchliches Handeln an Menschen in Krisen erstreckt sich im Trauerfall nicht auf die Bestattung im engeren Sinn. Einige Wochen nach dem einschneidenden Ereignis besucht der Seelsorger die trauernden Angehörigen, die er oftmals mit einem Gefühl der Verlassenheit und Einsamkeit antrifft. Er nimmt sich dieser Gefühle an, die sich aufgrund seines Besuches verstärken. Er ist da, fragt nach und hört zu. Oft ist es eine große Hilfe für die Angehörigen, einen Zuhörer zu haben, der Zeit für sie hat, der wirkliches Interesse für ihre

---

lung bedarf, Trauernde einige Zeit nach der Trauerfeier mit ihrer Urne zur Beisetzung zu begleiten. Durch diese Trauerfeier, die nicht mit der Beisetzung endet, kann nur ein vorläufiger Abschluss erreicht werden, denn ein zweiter Friedhofsgang steht zur Beisetzung bevor. Da die Urnenbeisetzung verstärkt nachgefragt wird, haben sich private Kremationsangebote verbreitet, die zu einer Verkürzung der Zeit beigetragen haben. Um diese Verzögerung zu verhindern, werden vermehrt Trauerfeiern mit Urnen erbeten, die jedoch ebenso viel Takt und Einfühlungsvermögen erfordern, weil hier kein Sarg mehr im Raume steht, der zur Trauer(feier) und zur gemeinsamen Verarbeitung der Trauer *eigentlich* dazugehört. Die gestiegene Nachfrage resultiert oftmals aus den stark veränderten Lebensbedingungen der Menschen, die nicht mehr *bei der Familie* wohnen und die Pflege nicht übernehmen können/wollen. Dadurch ist wiederum die Vielfalt der Bestattungsformen gewachsen. Neben den Urnen sind z. B. sog. pflegearme Gräber *(Rasengräber)* auf den Friedhöfen entstanden, auch über die traditionellen Orte hinaus.

214 Möller, Chr., Kirche, die bei Trost ist, Göttingen 2007, 172, fordert: »Die Fürbitte für die Toten sollte in evangelischen Gottesdiensten wieder selbstverständlicher Bestandteil der allgemeinen Fürbitten sein [...].«

Lage zeigt und der sie einfach reden lässt. Auch mehrere Monate nach dem Ereignis wollen Betroffene einfach reden. Frau M wollte das inzwischen Erlebte in ihren Trauer- und Erinnerungsprozess einbeziehen. Ihr Zuhörer versuchte, ihr dafür *Brücken zu bauen*. So konnte sie nach einigen Wochen die Möbel verrücken und nahm im Gespräch mit dem Seelsorger dort Platz, wo früher immer nur ihr Mann saß. Und das betonte sie und konnte es selbstbewusst tun.

Im Gespräch kommen Fragen der Veränderung zur Sprache, Aspekte der weiteren Lebensgestaltung und v. a. der nachgehenden Trauerreaktionen (Träume, Phantasien). Es geht um Hilfe für eine zunehmend selbständige Verarbeitung und Integration des Erlebten, das zur Gewissheit neuen Lebens führt.

## 5.6 Ewigkeitssonntag

Schließlich feiert die Gemeinde am Ende des Kirchenjahres einen besonderen Gottesdienst,[215] zu dem alle Angehörigen von Verstorbenen des vergangenen Kirchenjahres meist gesondert eingeladen werden. Die Namen der Verstorbenen werden noch einmal genannt, die trauernden Angehörigen werden besonders bedacht und im Gebet Gott anvertraut. Es wird noch einmal deutlich und vor aller Augen geführt, dass das eigene Leben in einen großen Zusammenhang gestellt ist, dass die Rekonstruktion der eigenen Lebensgeschichte zu einem Grundvollzug menschlicher Existenz gehört, ja, dass meine Geschichte in unserer Geschichte mit Gott aufgehoben ist.[216]

---

215 Zunehmend erhält auch der eine Woche vor dem Ewigkeitssonntag zum Ende des Kirchenjahres hin begangene Volkstrauertag die Bedeutung einer Kasualie kollektiver Trauer. Auch im Raum des Gottesdienstes ist der Blick auf Schuld möglich, weil er unter der Perspektive der Vergebung steht. Es geht also an diesem Tag um eine spezifische Form von Trauerbegleitung, vgl. Springhart, H., Trauer um ungelebtes Leben. Der Volkstrauertag als Kasualie kollektiver Trauer, in: DtPfrBl 109 (2009), 589–600, zum Totensonntag vgl. Zimmermann, P., Den Totensonntag erleben. Zur liturgischen Gestaltung und seelsorgerlichen Bedeutung eines Gottesdienstes, in PrTh 37 (2002), 209–214.

216 Vgl. Grözinger, A., Seelsorge als Rekonstruktion von Lebensgeschichte, in: WzM 38 (1986), 181.

# 6. Dimensionen kirchlicher Seelsorge als Wegbegleitung

Im Folgenden werden vier Dimensionen der Seelsorge beschrieben.[217] Dabei geht es um das Abgehen eines Weges, das sich im Gegenüber und Miteinander vollzieht.

Für diese Beschreibung wurden exemplarisch die unmittelbare *Schockphase* als Beispiel und eine Station gewählt.[218] Die Bedingungen dieser Station wurden benannt und die sich daran anschließenden seelsorgerlichen Aufgaben beschrieben. In ihnen allen vollzieht sich das, was ich hier für einen Fall ausführlich beschreibe.

## 6.1 Seelsorge als Diakonia

Der Gemeindepfarrer ist gerufen worden und befindet sich nun bei den Betroffenen. Er hilft ggf. dem Rettungsdienst, um Herrn M so wieder *herzurichten*, dass seine verzweifelte Frau Abschied nehmen kann. Dann aber beachtet der Pfarrer behutsam Frau M selbst. Er fragt sie, ob ihr die Begleitung zu ihrem Mann recht ist. Er versucht, ihr Sicherheit und Stabilität inmitten dieses *familiären Erdbebens* zu geben. Dazu setzt er die Informationen ein, die ihm Notarzt und Rettungsdienst gegeben haben.[219] Der Pfarrer denkt schon hier darüber nach, wie er weitergehende Hilfe für die Zeit nach der Beerdigung heranziehen kann. Aber zunächst wird er als Seelsorger im Sinne einer diakonischen Beratung tätig: Er ruft Angehörige an, schätzt ab, ob es für diese lohnt, schnell zu kommen oder erst einmal bei weiterer Entfernung abzuwarten. Er telefoniert mit dem Bestatter und hält für den ersten Moment die Situation von Frau M fern. Sie braucht Entlastung und Stabilisierung. Die Kontinuität der Begleitung eröffnet Frau M eine wichtige Perspektive: Sie ist jetzt nicht allein, und es wird auch für die unmittelbar folgende Zeit für sie gesorgt.

---

[217] Vgl. im Folgenden Gengenbach, O., Beraten, begleiten, bezeugen, beten. Der Auftrag der Seelsorge in der Notfallsituation (Link 2) und Engelhardt, K./v. Loewenich, H./Steinacker, P. (Hg.), Fremde Heimat Kirche, Gütersloh 1997, 353.

[218] Der *normale* Trauerfall ist in der wissenschaftlichen und beratenden Literatur sehr gut ausgearbeitet und steht nicht im Mittelpunkt dieser Arbeit, vgl. dazu z. B. Spiegel, Y., Der Prozeß des Trauerns, Gütersloh 1995; Schibilsky, M., Trauerwege, Düsseldorf 1996; Kast, V., Trauern. Phasen und Chancen des psychischen Prozesses, Stuttgart 2002.

[219] Vgl. Müller-Lange, J. (Hg.), Handbuch Notfallseelsorge, Edewecht 2006, 165–167.

## 6.2 SEELSORGE ALS KOINONIA

In der Regel verändert sich der Dienst des Seelsorgers mit fortschreitender Zeit. Der Berater wird nun zum Begleiter. Er steht jetzt neben der Witwe, übt einfühlsame Solidarität, damit sie nicht in ihre *Einsamkeits-Fallgrube*[220] stürzt. Er hält ihre Schreie aus und lässt ihre Fragen zu. Er nimmt das Geschehen intensiv wahr. Er sieht, hört aktiv zu, lässt die Witwe reden, vielleicht sogar schon erzählen. V.a. aber hält er mit ihr durch Schweigen und Ratlosigkeit die Situation aus. Zweifel, unbeantwortete Fragen, Schmerz und Ohnmacht füllen den Raum. Sie werden ausgesprochen und stehen gelassen. Der Seelsorger gibt seine Distanz auf.[221] Erst viel später wird manchmal durch Gespräche klar, dass gerade diese gemeinsam ausgehaltene Hilflosigkeit hilfreich war.

Das ist genau der Punkt, an dem sich Seelsorger von Helfern unterscheiden, die helfen und retten. Ihre professionelle Distanz wollen und können diese nicht aufgeben: Anteil am Leid der Betroffenen fällt ihnen aufgrund ihres Dienstes schwer. Diese Aussage wird auch getroffen aus eigenem Erleben der Arbeit des Rettungsdienstes. Die Helfer berührt nicht so sehr der unbekannte, entstellte Verkehrstote im Straßengraben. Sie sind ergriffen vom Angehörigen in der Wohnung, dessen Bild noch an der Wand hängt und dessen Witwe verzweifelt nach dem Sinn fragt – und müssen dennoch medizinisch weiter helfen. Die Begleitung als Überwindung der Distanz stellt den entscheidenden Wechsel von der Hilfe zur Seelsorge dar. Dies ist ein enger Pfad, den der Seelsorger hier betritt. Nun ist er Teil des Geschehens.

Die Teilnahme an der Leere und dem Schmerz konfrontiert den Seelsorger selbst mit den Gefühlen der Sinnlosigkeit.[222] Indem er sich einzufühlen versucht, kann er ansatzweise auch die Gefühle des Anderen teilen: Angst, Trauer, Verzweiflung, Selbstvorwürfe. Er versucht die Last des Anderen mitzutragen (Gal 6,2). Der Seelsorger erlebt die Situation nun mit. Er

---

[220] Vgl. auch Funke, J. G., Seelische Erste Hilfe, in: Nachrichten des Ev. Pfarrvereins in Westfalen 03/95, 3.

[221] Vgl. dazu auch Stollberg, D., Helfen heißt herrschen, in: PTh 77 (1988), 475, und Grözinger, A., Seelsorge als Rekonstruktion von Lebensgeschichte, in: WzM 38 (1986), 187.

[222] Entschieden ist der Überzeugung zu widersprechen, persönliche Betroffenheit und z.T. auch Identifikation mit den Trauernden könne nicht hilfreich und tröstend sein aufgrund der möglichen Projektionsgefahr (so z.B. bei Lämmermann, G., Vom Trösten Trauernder, in: PTh 86 [1997], 120). Die Phase der Begleitung beinhaltet natürlich Gefahren und das sollte der Seelsorger auch wissen. Aber wer, wenn nicht er, sollte mit einem Angehörigen solidarisch sein, sollte nicht mit den Weinenden weinen (Röm 12,15)?

durchlebt sie und erhält auf diesem Wege Hinweise und Informationen, die ihm für die Trauerbegleitung helfen werden. Im Trauergespräch ist dann schon *der Faden aufgenommen*. Erklärungen und Hintergrundinformationen müssen nicht gegeben werden, denn sie wurden gemeinsam durchlebt. Das Gespräch kann anders geführt werden. Der Seelsorger wird für seine Ansprache eine Ebene finden können, die jenseits des rein kognitiven Berichts liegt. Er kann Frau M auch weiter begleiten und mit ihr gemeinsam Veränderungen durchleben. Der Seelsorger kann sie als *Mit-Betroffener* ins Leben zurückholen. Diesen entscheidenden Gang in die Teilnahme an Schrecken und Schmerz geht Seelsorge mit. Sie schweigt, wo z. B. der Notarzt der verwirrten Frau kopflastige Antworten als Erklärungen zu geben versucht. Seelsorge kann nicht in der Distanz zu den Betroffenen bleiben. Als Seelsorge vor Ort überwindet sie die Distanz vieler Menschen zur Kirche. Eine Verknüpfung der Notfall-Seelsorge mit dem Gemeindepfarramt bietet Chancen des Neuanfangs im Sinne einer neuen Offenheit von beiden Seiten.

Der Seelsorger begibt sich im Falle der Not an den Ort des Schreckens, auch wenn *noch alles so frisch* ist. Er geht hin. Dabei funktionalisiert er sein Gegenüber nicht oder arbeitet seinen *Seelsorgeeinsatz* einfach ab. Diese Aufgabe ist schwer, sie ist nicht einfach *abzuhaken*, um anschließend zur Tagesordnung überzugehen. Denn es bedarf auch von Seiten des Seelsorgers eines Bewusstseins für eigene Wunden, für eigene Verletzbarkeit. Es ist von daher unabdingbar, die eigenen beruflichen Erfahrungen in einer Gruppen- oder Einzelsupervision mit anderen auszutauschen und zu bearbeiten.

Dennoch ist die Begleitung Teil seines Dienstauftrages. Wenn er das für sich internalisiert, überwiegt seine Dankbarkeit, Menschen in existentiellen Situationen nahe sein zu können.

## 6.3 Seelsorge als Martyria

Die seelsorgerliche Begleitung geschieht auf der zwischenmenschlichen Ebene. Aber sie bleibt hier nicht stehen. Sie rechnet damit, dass dieses Beziehungsgeschehen von der Beziehung Gottes zu den Menschen umschlossen ist. Und das unterscheidet sie von der vielerorts vorhandenen Krisenintervention. »Nicht der Weg ist das Ziel, sondern das Ziel ist mit auf dem Weg.«[223] Dieses Umschlossensein ist nicht mit den Ausdrucksformen der zwischen-

[223] Gengenbach, O., Beraten, begleiten, bezeugen, beten. Der Auftrag der Seelsorge in der Notfallsituation (Link 2, Seite 4).

menschlichen Beziehung zu beschreiben. Aber der Seelsorger rechnet damit. Er ist sich bewusst, dass sich auch diese Begegnung zu einer Gottesbegegnung öffnen kann.[224] »Der Mensch in der Krise ist Gottes Anliegen.«[225] In der letzten Einsamkeit ist er nicht verlassen. Seelsorge rechnet mit der Begegnung Gottes mit den Menschen. Aber es ist ein Unterschied, damit zu rechnen oder sie eigenmächtig *einzuleiten*.

Seelsorge, die achtsam abwartet, nimmt Signale der nun plötzlich alleinstehenden Frau auf, hört auf Fragen, erspürt die Atmosphäre und achtet sorgfältig darauf, ob zur Diakonia und Koinonia noch eine andere Dimension hinzutreten soll, die Beziehung zu Gott. Diese wachsame Vorsicht ist wichtig, gerade bei Menschen in Krisen. Denn nichts ist sinnloser und vielleicht sogar *gottloser*, als Menschen religiösen Formeln auszusetzen, die in ihrer Verzweiflung und Trauer noch nicht dafür aufnahmefähig sind. Zunächst geht es um die Verarbeitung des Schocks. Aber hier können *Pfade* gelegt werden, die der Gemeindepfarrer als Seelsorger später aufnehmen kann.

Wie die Ebene der Bezeugung, der Martyria, hinzutreten kann, ist nicht schematisch zu beschreiben. Jedenfalls muss es nicht beim beklemmenden Schweigen bleiben, auch wenn im kognitiven Sinne nichts zu sagen ist. *Zeugnis geben* ist von daher zu übersetzen mit *Trost vermitteln*. Dieser Trost besteht nicht in einer Erklärung des Unerklärlichen, sondern im *Trotzdem* eines bekannten Gebetes, im *Dennoch* einer bekannten Liedstrophe.[226] Trost spart mit Worten und beschränkt sich auf das *Not-Wendige*. Der Seelsorger bietet Frau M ein Gebet und einen Segen an, aber in einer Art und Weise, die eine offene und ehrliche Antwort oder auch Ablehnung des Gegenübers ermöglicht. Es muss für sie die Ablehnung ohne Schuldgefühle und Scham möglich sein und bleiben.

Im Zusammenhang des *Zeugnis-Gebens* kommt es auf das *Wie* an. Die Aufnahmebereitschaft gegenüber dieser *Botschaft des Lebens* hängt eng mit dem

---

224 Vgl. dazu Mt 18,20 oder Lk 24,13–35.

225 Baumgartner, I., Pastoralpsychologie, Düsseldorf 1990, 237. Baumgartner zeigt eindrücklich, wie sich die Begleitung Gottes gerade in Krisen wie ein roter Faden durch die Schriften des Alten und Neuen Testamentes zieht.

226 Nicht nur bei älteren Menschen stiftet das traditionelle Liedgut aufgrund seiner Bekanntheit Trost. Es findet Getröstete auch in jüngeren Generationen, denn in ihm werden seelsorgerliche Fragen aufgegriffen und in einer Tiefe behandelt, zu denen das moderne Kirchenlied oftmals schweigt bzw. nicht vordringt, vgl. dazu auch Loest, J., Trost und Freude in den Chorälen Paul Gerhardts. Annäherung aus der Sicht eines Notfallseelsorgers und Traumafachberaters, in: DtPfrBl 110 (2010), 481–485.

Schaffen von Atmosphäre und Aufgeschlossenheit zusammen. Das entbindet den Seelsorger jedoch nicht davon, sich der Inhalte bewusst zu werden: »Seid allezeit bereit zur Verantwortung vor jedermann, der von Euch Rechenschaft fordert über die Hoffnung, die in Euch ist« (1 Petr 3,15). In der Seelsorge an Krisenpunkten des Lebens verdichten sich die zentralen Themen der christlichen Botschaft. Denn diese sog. Schnittstellen des Lebens erfordern »Zeichen der Hoffnung angesichts des Todes«.[227] Diese Zeichen beinhalten das Wissen um Schuld und Vergebung, um Einsamkeit und Beistand, um Rechtfertigung ohne Vorleistung, um Gottes Nähe inmitten der Tragödie. Mit Blick auf die genannten gesellschaftlichen Entwicklungen hat die christliche Botschaft wichtige Antworten für die Menschen.

Wie Seelsorger diese Antworten finden und weitergeben, das wird bei jedem anders sein und das wird die jeweilige Situation erweisen. Seelsorge in dieser Situation ist in ihrem *anderen* Handeln gegen den Trend gefragt. Sie beinhaltet eine ethische Komponente. Sie sieht die Gefahr der permanenten Degradierung des Menschen als Sache, als Fall, als Handwerk, ja auch als Kostenfaktor und Einnahmequelle. Seelsorge muss gerade an der Grenze die Würde der betroffenen Menschen achten und anderen gegenüber höflich, aber dezidiert vertreten.

Seelsorge rechnet mit der Öffnung zur Begegnung mit Gott. Sie begleitet und hält aus. Aber sie bleibt auch nicht stumm bei Sinnfragen nach Schuld oder Tod. Der Gemeindepfarrer als Seelsorger vor Ort nimmt die Situation auf und kann sie an verschiedenen Stationen des gemeinsam begonnenen Trauerweges thematisieren.

## 6.4 Seelsorge als Leiturgia

Seelsorge macht ein Viertes aus, das schon einmal im Zusammenhang des Bezeugens genannt wurde: das Gebet. Das Gespräch mit Gott, zusammen mit Frau M oder auch allein, gehört zur Seelsorge hinzu.

Vor der Begegnung in der Seelsorge, vor der Konfrontation mit erwartetem Leid, bei Trauerbesuchen und Beerdigungen, stellt das Gebet den Anfang des Dienstes dar und schließt ihn ab. Eigene Last und Unsicherheit, bedrängende Sorge können benannt, losgelassen und abgegeben werden. Sie dürfen Gott anbefohlen sein. Für den Seelsorger ist das Gespräch mit Gott gerade an diesem Punkt seines Dienstes Hilfe und Entlastung zugleich.

---

[227] Zeichen der Hoffnung angesichts des Todes, Kassel, 2. Auflage 2000.

Das Angebot eines gemeinsamen Gebetes in der seelsorgerlichen Begleitung gehört in der Folge dazu, jedoch so, dass die Möglichkeit der Ablehnung offen bleibt. Aber als Angebot ist es zentrale Aufgabe des Seelsorgers. Durch das gemeinsame Gebet zu Gott können unsere Fragen, Schrecken, Ängste, Klagen, kann aber auch unsere Hoffnung zum Ausdruck kommen. Der Seelsorger vor Ort wird in der Regel für die Angehörige(n) stellvertretend sprechen. Das erfordert eine große Offenheit für die Gefühlslage der Betroffenen.[228]

Im Gebet verändert sich die Richtung. Nachdem eine Beratung und eine Begleitung stattgefunden haben, können nun Seelsorger und Gegenüber im Gebet in dieselbe Richtung blicken.[229] Das Gebet legt das Schicksal der Betroffenen, aber auch das eigene Tun des Seelsorgers, in Gottes Hand. Als sehr wohltuend erweisen sich dabei feste Gebete wie das Vaterunser und bekannte Psalmworte wie Ps 22 und 23.

Die Tragfähigkeit und Möglichkeit der Weiterführung zeigen sich gerade in diesen festen Worten. Die Gebete *vor Ort*, z. B. bei einer Aussegnung, erweisen sich als starke Stützen im Prozess der betenden Verarbeitung.[230]

### 6.5 BEWERTUNG UND VERORTUNG

Die vier dargestellten Dimensionen seelsorgerlichen Handelns wirken schematisch und vermitteln den Anschein, eine *Checkliste Seelsorge* wiederzugeben. Jedoch bedenken sie das Tun in der Seelsorge *an einem Fall* in einer bestimmten Phase. Dieser Weg soll nicht so verstanden werden, als sei immer alles und in jeder Situation von der Seelsorge bzw. dem Seelsorger zu erwarten. Das kann er nicht leisten. Jede seelsorgerliche Situation ist anders, denn es begegnen dem Seelsorger Menschen, die *ihre* Notlagen in unterschiedlichster Art und Weise verarbeiten. Umso entlastender ist es, das beschriebene seelsorgerliche Handeln als fortwährenden Weg der Begleitung in der pfarramtlichen Begleitung von Menschen zu verstehen.

Die Begleitung von Menschen durch den Gemeindepfarrer unmittelbar nach dem eintretenden Notfall hat jedoch erhebliche Relevanz.

---

[228] Vgl. dazu auch Friedrichs, L., Kasualpraxis der Spätmoderne, Leipzig 2008, 175–183, der in besonderer Weise die Chancen und Grenzen freien Betens beschreibt.

[229] Auch das Anliegen der Seelsorge als Diakonia ist es, gemeinsam zu gehen. Diese Begleitung liegt jedoch auf einer anderen Ebene. Beim Gebet sind es Gott und seine Wirklichkeit, von der alle Anwesenden umgeben sind.

[230] Zur weiteren Fundierung des Gebetes und der Seelsorge, siehe Punkt 7.5 in Kapitel III und Punkt 3.2 in Kapitel IV.

Denn hier übt ein Seelsorger solidarischen Beistand aus und gewinnt ein Gespür für die Notlage des ganzen Menschen. In dieser Situation kann er konkret und spürbar helfen. Und er war schon da, bevor er normalerweise eingetroffen wäre. Bedenken und Ängste, was der Pfarrer wohl fragen wird beim Trauerbesuch, was er hören will, was man antworten muss für die Beerdigung – das alles kann entfallen, denn man hat gemeinsam die erste Zeit durchlebt und weiß bereits voneinander. Alles andere wird von selbst kommen. Zudem kann man sich anders geben: Frau M musste beim Trauergespräch nicht kontrolliert berichten und zusammenfassen. Sie wusste, dass ihr Pfarrer die Situation ja kannte.

Die Seelsorge im Rahmen des Trauerbesuchs, der Beerdigung, des auf die Beerdigung folgenden Sonntagsgottesdienstes (Fürbitte), der nachgehenden Begleitung und der Einladung am Ewigkeitssonntag[231] wird durch den ursprünglich vom Rettungsdienst alarmierten Pfarrer vor Ort geleistet. Die bereits geleistete Seelsorge in der akuten Krise stellt keinen pfarramtlichen Sonderdienst dar, sondern die erste Station im Dienst des örtlichen Seelsorgers an Gliedern seiner Gemeinde.

# 7. Klärungen

## 7.1 Der soziale Aspekt

Die erste beschriebene Dimension einer Seelsorge unter diakonischem Blickwinkel betont eine besondere Achtsamkeit für ein soziales Gefüge.[232] Diese Dimension steht im Vordergrund, wenn seelsorgerliches Handeln in Krisen beschrieben wird. So wird Notfall-Seelsorge nicht selten als gesellschaftsdiakonischer Dienst auf dem Hintergrund der christlich-kirchlichen Tradition bezeichnet[233] oder sogar als Arbeitsfeld gesellschaftlicher Diakonie.[234] Dieses wird verstanden als Arbeit, die sich einerseits der Armen und andererseits der Bedürftigen annimmt.

---

[231] Es sind noch weitere seelsorgerliche Gelegenheiten wie die Vermittlung an Trauergruppen oder die Einladung zu den Passionsandachten denkbar. Ich konzentriere mich hier aber bewusst auf die häufig anzutreffenden Wegmarken der Notfall-Seelsorge.

[232] Vgl. Ebert, A./Godzik, P., Verlaß mich nicht, wenn ich schwach werde, Hamburg 1993, 54.

[233] So u.a. Waterstraat, F., Einsatz: Notfallseelsorge, Hannover 2004, 15.

[234] So z.B. vgl. Müller-Lange, J. (Hg.), Handbuch Notfallseelsorge, Edewecht, 2006, 13.16.

In der Beschreibung steht dabei meist ein bestimmter und durch die Tradition vermittelter Diakoniebegriff für die Seelsorge Pate. Für die Thematik dieser Arbeit ist damit implizit die Frage nach einer Verhältnisbestimmung von Seelsorge und Diakonie gestellt. Wie kann man auf diesem Hintergrund Diakonie verstehen und in welcher Beziehung steht sie zur Seelsorge?

Im Folgenden soll darum die Art und Weise eines seelsorgerlichen Prozesses bedacht und geklärt werden.

### *7.1.1 Diakonie bei John N. Collins*

Der australische Theologe John N. Collins hat 1976 in seiner Dissertation »Diakonia. Re-interpreting the Ancient Sources«[235] gegen eine einseitige Auslegung und Verengung der Bedeutungsvielfalt des diakonischen Dienstes bzw. der *διακονία* im Neuen Testament kritisch Stellung bezogen.[236] Dabei setzt er sich mit dem Befund exegetischer Auslegungen sowie zahlreicher nichtchristlicher Belege auseinander. Er legt dar, dass die Deutung dieses zentralen neutestamentlichen Begriffes ausschließlich als Synonym christlicher Liebestätigkeit gegenüber dem Nächsten verwendet und nur so als rechter Dienst (oder sogar Amt) in der Nachfolge verstanden wurde. Dies geschah in Anlehnung an eine in der griechischen Umwelt gängige Bedeutung, nicht in Abgrenzung zu einem mehrheitlich negativ verstandenen griechisch-hellenistischen Dienstverständnis und hatte in seiner Engführung Auswirkungen auf das Dienst- und Amtsverständnis nicht nur in den protestantischen Kirchen.[237]

---

[235] Collins, J. N., Diakonia. Re-interpreting the Ancient Sources, New York, Oxford 1990. Diese Monographie beruht auf der Londoner Dissertation von 1976.

[236] Die Beobachtungen Collins' wurden von H.-J. Benedict in die neuere diakonisch-theologische Diskussion im deutschen Sprachraum eingebracht, vgl. dazu Benedict, H.-J., Beruht der Anspruch der evangelischen Diakonie auf einer Mißinterpretation der antiken Quellen? John N. Collins Untersuchung »Diakonia«, in: PTh 89 (2000), 349–364, auch abgedruckt in: Ders., Barmherzigkeit und Diakonie. Von der rettenden Liebe zum gelingenden Leben, Stuttgart 2008, 114–128, vgl. auch ders., Die größere Diakonie. Versuch einer Neubestimmung in Anschluss an J. W. [sic] Collins, in: WzM 53 (2001), 349–358.

[237] Vgl. Hentschel, A., Diakonia im Neuen Testament, Tübingen 2007, 22. Hentschels neutestamentliche Dissertation beschreibt in der Einleitung, 1 f., die in den v. a. deutschen protestantischen Kirchen gängige Praxis, mit dem Lehnwort Diakonie und diakonisch ein sozial-karitatives Engagement zu bezeichnen, welches als diakonisches Profil jedoch seine biblische Grundlage weitaus eher in Texten zum Thema der Nächstenliebe habe als bei neutestamentlichen Belegen der griechischen Wortgruppe *διακονία*, die weder ein niedriges Dienen noch fürsorgliche Barmherzigkeit ausdrücke.

Collins legt nach einer breit angelegten Untersuchung des griechischen Wortbestandes dar, dass die immer noch gängige Auslegung von διακονεῖν als Inbegriff christlicher Liebestätigkeit gegenüber dem Nächsten und damit als Kennzeichen wahrer Jüngerschaft auf die Auslegung zweier bekannter Untersuchungen von H. W. Beyer und W. Brandt zur διακονία bzw. zum Dienst im Neuen Testament zurückgehen.[238] Beide Untersuchungen fußen auf den Erfahrungen der protestantischen Liebestätigkeit der Inneren Mission im 19. Jahrhundert. Sie kommen zu dem Ergebnis, dass διακονεῖν durch Jesus völlig neu bewertet wird und sich von daher dem ursprünglichen Sinn in der griechischen Umwelt (bei Tische dienen oder aufwarten) entzieht bzw. ihn in der christlichen Existenz gipfeln lässt. »Care, concern and love – those elements of meaning introduced into the interpretation of this word and its cognates by Wilhelm Brandt – are just not part of their field of meaning.«[239]

Διακονία ist der Dienst der Liebe, der in der Liebe zu Gott und Christus wurzelt: Diakonie wurde und wird daher zumeist als demütiger und aufopferungsvoller Dienst an den Schwachen, Kranken und Armen verstanden, und dies aus Liebe zu Christus. Dienen wurde zum Kennzeichen der Sendung Jesu und christlicher Existenz überhaupt. Im 20. Jahrhundert wurde nicht selten ähnlich argumentiert.[240]

Auf dem Hintergrund eines wechselnden Gebrauchs des Verbs διακονεῖν und des Nomens διακονία einmal für *Amt* und dann aber zunehmend für *Dienst* fragt Collins nach einer genauen Definition für διακονία. Entscheidende Bezugsstellen sind dabei Mk 10,45 und Lk 22,27, mit denen Jesu angeblich totale Neubewertung des Dienens gegenüber dem Griechentum zur Basis aller weiteren Erörterungen wurde. Mit dem Aufwartungs-Dienst (vgl. Lk 22,27) können Christen sich Christus eng verbunden fühlen.

---

238 Vgl. Beyer, H.W., διακονέω, διακονία, διάκονος, in: ThWNT II, Sp. 81–93, dessen Ergebnisse beeinflusst sind von Brandt, W., Dienst und Dienen im Neuen Testament, Gütersloh 1931. Beyer spricht von διακονεῖν als »Vollsinn christlicher Liebesbestätigung gegenüber dem Nächsten und zugleich [...] rechte[r] Jüngerschaft Jesu« (διακονέω, διακονία, διάκονος, in: ThWNT II, 85), Brandt vom Dienen als Dienst der Liebe am Nächsten, und zwar in der Niedrigkeit, wie Jesus sie gelebt hat, »in ganz persönlicher Hingabe an die Nächsten.« (Dienst und Dienen im Neuen Testament, Gütersloh 1931, 85). Sein lexigraphischer Befund hielt auf diese Weise Einzug in nahezu sämtliche folgenden Veröffentlichungen.

239 Collins, J. N., Diakonia, New York, Oxford 1990, 254.

240 Vgl. Moltmann, J., Diakonie im Horizont des Reiches Gottes, Stuttgart 1984, 20 und 28 f. sowie Steinkamp, H., Diakonie – Kennzeichen der Gemeinde, Freiburg i. Br. 1985, 90.98 f.

Collins bestreitet das nicht und zeigt dabei zugleich auf, dass Jesus selbst auch die als gering geachteten Tätigkeiten der Aufwartung eines Dieners auf sich nahm (vgl. Mt 25,44), stellt aber v. a. für die besonders häufig genannte Stelle Mk 10,45[241] deutlich heraus, dass die offene Frage der Zusammengehörigkeit der Verse 45a und b unbeantwortet bleibt bzw. mit dem von Beyer und Brandt definierten Dienstbegriff (Dienen als Lebenshingabe) hingenommen wird. Zudem arbeitet er den in diesem Vers anklingenden Auftrag Jesu klar heraus: er hatte seinen persönlichen Auftrag durch Gott erhalten und musste ohne Diener und Helfer seinen Auftrag erfüllen, musste seinen eigenen Weg gehen, was die traditionelle Auslegung vor Rätsel stellt.

Collins untersucht in der Folge den nichtchristlichen griechischen Wortgebrauch von διακονεῖν. Er kommt in drei Kontexten vor: im Kontext der Botschaft, der Tätigkeit und des Aufwartens für eine Person bzw. im Haushalt.[242] In allen genannten Bereichen weisen sie in eine Richtung: Es geht dabei um Vermittlung, um ein Dazwischengehen, welches einmal im Bereich der Botschaft den Vermittler, Sprecher oder Kurier meint, im Bereich der Tätigkeit den Agenten und das Medium, im Bereich des Aufwartens den Diener und Aufwärter.

Das bedeutet, dass der Tischdienst *nur* eine mögliche Bedeutung von »dazwischen gehen« im Sinne des Aufwartens und Hin- und Hergehens zwischen Küche und Speisesaal darstellt.[243]

Folglich geht es neben dem Tischdienst »[...] vor allem [um] eine existenzielle Haltung der Selbstzurücknahme und des persönlichen Lebenseinsatzes, durch die sich die Glaubenden auszeichnen sollen.«[244] Diese Haltung ist in der paradoxen Existenz Jesu Christi begründet.

Somit steht die im Zusammenhang von διακονεῖν behauptete Niedrigkeit nicht im Vordergrund, weil die Wörter sich eher auf die Art und Weise der Aktivität des Handelnden als auf seinen Status beziehen. »Die Worte drücken niemals die Idee aus, im Dienst von einem Mitmenschen zu sein, um

---

241 Vgl. Collins, J. N., Diakonia, New York, Oxford 1990, 46 ff. Diese und die synoptischen Parallelstellen arbeitet D. Starnitzke, Diakonie in biblischer Orientierung, Stuttgart 2011, 34, deutlich heraus.

242 Vgl. Collins, J. N., Diakonia, New York, Oxford 1990, 77 ff.

243 Zudem ist zu bedenken, dass das *Dienen* bei Tisch durchaus eine sakramental-eschatologische Perspektive besitzt, was A. Noller u. a. mit ihren Ausführungen zum Pfarr- sowie Diakonenamt zeigt, vgl. Noller, A., Pfarrer/innen und Diakon/innen. Versuch einer professionellen Verhältnisbestimmung, in: DtPfrBl 104 (2004), 632–636.

244 Starnitzke, D., Diakonie in biblischer Orientierung, Stuttgart 2011, 36.

ihm eine Wohltat zu erweisen. Die Handlung wird nicht für einen anderen, sondern im Namen eines anderen getan.«[245] Der Beauftragte versteht seine Aufgabe als ein Mandat, eine persönliche Verpflichtung.

Die biblischen Quellen können διακονεῖν aufnehmen, weil die Christen die ursprünglichen Orte und Rituale der Griechen kannten. Sie entnahmen die Begriffe griechischen Gedenkinschriften und religiösen Texten, nicht der Alltagssprache. Sie waren mit den religiösen, ethischen und philosophischen Fragen und Diskussionen der Zeit vertraut. Und so bot es sich an, die bekannten Begriffe aufzunehmen, ohne sich damit absetzen zu wollen. Die mit διακονεῖν bezeichnete Dienstleistung in der antiken Umwelt wurde keineswegs als minderwertig eingestuft.

Die christlichen Quellen nutzen die Begriffe dann als Botschaften vom Himmel, als Botschaften zwischen den Kirchen und als Beauftragungen in der Kirche.[246] So ist die von Paulus gebrauchte Selbstbezeichnung διάκονος ein Vorrecht des Apostels und seiner Beauftragten und ein Hinweis auf den Dienst des Wortes als älteste und wichtigste Diakonia (vgl. 2 Kor 6,4 und 11,23 sowie Apg 6,4). Sein Dienst ist unmittelbar mit Gott verwoben. Der Apostel ist das Sprachrohr Gottes. Es geht um eine Beauftragung unter Gott, die als Diakonie der Kommunikation verstanden werden kann (2 Kor 5,18). Der Titel *Diakon* wird ansonsten für einen Assistenten eines Aufsehers oder Bischofs gebraucht (vgl. 1 Tim 3,8 ff.; Phil 1,1). Er ist wahrscheinlich erst durch den christlichen Gottesdienst entstanden.[247] Der Diakon ist auch Bote im Auftrag asiatischer Gemeinden (vgl. Röm 15,25).[248] Dierk Starnitzke hält dazu zusammenfassend fest: »In den Paulusbriefen ist [...] für *diakonos* die Grundbedeutung ›Vermittler‹ vorherrschend.«[249]

---

245 So Benedict, H.-J., Beruht der Anspruch der evangelischen Diakonie auf einer Mißinterpretation der antiken Quellen? John N. Collins Untersuchung »Diakonia«, in: PTh 89 (2000), 354.

246 Vgl. Collins, J. N., Diakonia, New York, Oxford 1990, 195 ff.

247 Vgl. Collins, J. N., Diakonia, New York, Oxford 1990, 253 ff.

248 In diesem Zusammenhang verweist Collins auf die Jerusalemer Kollekte, in deren Zusammenhang vom *Dienst an den Heiligen* die Rede ist. Dieser Dienst ist als Botendienst für die Gemeinden zu verstehen, die Paulus eben damit beauftragt haben. So ist auch Onesimus (Phlm 13) nicht karitativer Diener des Apostels, sondern jemand, der Botengänge übernehmen soll, vgl. Collins, J. N., Diakonia, New York, Oxford 1990, 217 f.

249 Starnitzke, D., Diakonie in biblischer Orientierung, Stuttgart 2011, 36 [Hervorhebung im Original]. Der Autor stellt kurz zuvor Ähnliches für die Deuteropaulinen fest, vgl. Starnitzke, D., Diakonie in biblischer Orientierung, Stuttgart 2011, 29 f.

Diese Sicht einer Sorge um Außenkontakte der frühen christlichen Gemeinden scheint angesichts der Dominanz des liebenden Armendienstes verlorengegangen zu sein. Sie relativiert den hohen Anspruch des demütigen Dienstes zugunsten einer Lebenshaltung, die sich als Beauftragung durch Gott versteht und die darum die Augen für die Umwelt nicht verschließt.[250]

### *7.1.2 Würdigung*

Die Ausführungen Collins' sind nicht als Geringachtung des sich selbst erniedrigenden und hingebenden Handelns Jesu zu verstehen. Sie korrigieren jedoch die Verquickung der Lebenshingabe Jesu mit einem Verständnis von *διακονεῖν* als hingebungsvolles, ja demütiges Dienen. »Christen sind zunächst Beauftragte und dann in der Konsequenz der Ausführung dieses Auftrags auch hilfreich sozial Handelnde.«[251] So ist (kirchliche) Sozialarbeit nur eine von vielen Aufgaben des Evangeliums.

Diese Position öffnet jedoch den Blick für einen neuen Zugang. Der Begriff *διακονεῖν* erhält nun die Bedeutung des Vermittelns und steht für ein Konzept des Dazwischengehens.[252] Denn jetzt ist neu zu definieren, was Diakonie meint. Es geht um ein auftraggebundenes Handeln, ein Wirken, welches durch seine Verankerung im Auftrag die sozialen Bedingungen eines Menschen im Blick behält.

Wird also im Rahmen dieser Arbeit von Notfall-Seelsorge als gesellschafts-diakonischem Dienst gesprochen, so ist festzuhalten, dass Seelsorge in diesem Sinne auftraggebunden handelt und eingreift.[253] Als Notfall-Seel-

---

[250] Die Studie Collins' hat eine breite und konträre Diskussion ausgelöst: einerseits wird daraus eine vertiefte sozial-diakonische Dimension des diakonischen Handelns gewonnen, so z. B. Gohde, J., Die Aufgabe der Diakonie im zukünftigen Europa, Heidelberg 2004, 280–294. Andererseits haben die Thesen in der diakoniewissenschaftlichen Diskussion aber auch Widerspruch erfahren, da die Studie lediglich die bisherige Auslegungstradition differenziere bzw. erweitere und dabei z. T. nicht ausreichend biblisch begründe. Vgl. dazu die in mehreren Artikeln geführte Diskussion zu den Thesen Collins' in: Hermann, V./Merz, R./Schmidt, H. (Hg.), Diakonische Konturen, Heidelberg 2003. Eine kurze Zusammenfassung der Diskussion bietet Noller, A., Pfarrer/innen und Diakon/innen. Versuch einer professionellen Verhältnisbestimmung, in: DtPfrBl 104 (2004), 632–636.

[251] Benedict, H.-J., Die größere Diakonie. Versuch einer Neubestimmung in Anschluss an J. W. [sic] Collins, in: WzM 53 (2001), 353.

[252] Diesen Begriff hat Benedict, H.-J., Barmherzigkeit und Diakonie. Von der rettenden Liebe zum gelingenden Leben, Stuttgart 2008, 132, in die Diskussion eingeführt, um Collins' *go between* sach- und sinngemäß wiederzugeben.

[253] In diesem Sinne hält Hentschel, A., Diakonia im Neuen Testament, Tübingen 2007, 433,

sorger agiert der Seelsorger: Er ordnet und organisiert. Und seine Aufgabe ist im Sinne dieser Diakonie zunächst eine kommunikative Aufgabe. Der diakonisch tätige Seelsorger *lebt seinen Auftrag aus*, indem er im Sinne der Frau – um bei unserem Beispiel zu bleiben – eingreift. Dann ist seine Aufgabe, die auf Netzwerkarbeit hinzielt, das Vermitteln kommunikativer Möglichkeiten innerhalb der Gemeinde.

Notfall-Seelsorge geschieht aus dem christlichen Verständnis heraus, dass es Menschen braucht, die aus der Mitte der Gemeinde heraus die in Not Geratenen stärken und für ihre Aufgaben des Alltags wieder aufrichten. Notfall-Seelsorge als gesellschafts-diakonischer Dienst lebt von der Zusage und Verheißung, die in der Begegnung mit Christus begründet ist.

## 7.2 Der körperliche Aspekt: Bleiben

Notfall-Seelsorge ist niemals auf das Gespräch begrenzt oder gar fixiert. Sie ist ein umfassendes Beziehungsgeschehen, welches der Seelsorger geistlich trägt, ohne zu reden. In dieser Zuwendung wird das bereits festgestellte Dazwischengehen zu einem Testfall für gelingendes Begleiten. Denn hier gilt es, oftmals ohne Sprache zu kommunizieren und dabei doch *viel zu sagen*. Hier deutet sich zaghaft eine Ebene für eine mögliche weitere Verarbeitung an, die anhand von Ritualen *fassbar* werden kann.

Aber noch ist es nicht so weit. In dieser Situation sind beide Seiten in besonderer Weise körperlich gefordert. Die Entscheidung des Seelsorgers, eine derartig belastende Situation auszuhalten, erfordert Mut und Kraft. Sie fordert eine klare Entscheidung zum Bleiben.[254] Und durch das gemeinsame Erleben und Durchleben baut sich eine Verbindung auf, eine Gemeinschaft entsteht, die keiner Worte bedarf, die da ist und nur durch den Vollzug evident ist und bleibt. Einen Menschen am Ort des Schreckens zu begleiten und

---

fest, dass das Lexem διακονέω κτλ in der Regel eine Beauftragung bezeichnet, die den Beauftragten in ein Beziehungsgefüge zwischen Auftraggeber und Adressaten stellt, so dass der Beauftragte eine Vermittlungsfunktion übernimmt. Sie führt weiter dazu aus: »Vom Diakonos wird eine rasche und zuverlässige Ausführung der Beauftragung erwartet und er ist dem Auftraggeber zur Rechenschaft verpflichtet. Andererseits kann er, je nach Situation und Art der Beauftragung, gegenüber den Adressaten mit einer durchaus gewichtigen Autorität auftreten, wenn er im Namen seines Auftragsgebers eine Botschaft weiterzugeben oder eine Tätigkeit auszuführen hat.«

[254] Vgl. WA 23, 341/31–342/1: Luther sagt in seiner Schrift *Ob man vor dem Sterben fliehen möge* von 1527: »Desselbigen gleichen die, so ym geistlichen ampt sind, als prediger und seelsorger, sind auch schuldig zu stehen und bleiben ynn sterben und tods noten [...].«

bei ihm zu bleiben, ist ein Entschluss, der immer wieder erneuert werden muss und immer wieder ins Wanken geraten kann. Der Seelsorger steht in ebendieser Gefahr. Aber er kommt und v.a. bleibt er in dieser Situation durch seinen Auftrag, der auch ihn ausrichtet und strukturiert. Durch ihn weiß er auch sich selbst nicht verlassen.[255] Der Seelsorger trägt damit zur Präsenz des Evangeliums in der Gesellschaft bei. Er handelt glaubwürdig und begründet Vertrauen.

## 7.3 Der psychische Aspekt: Loslassen

Menschliche Begegnung ist ein dynamisches Geschehen, das Bleiben ist nur ein Aspekt davon. In diesem Geschehen muss eine besondere Aufmerksamkeit dafür vorhanden sein, was sich in der Bedrängnis, sehr kleinschrittig, zu verändern beginnen kann. Das beklemmende Schweigen kann dem stellvertretenden Aussprechen weichen. Erste Anzeichen einer (Ver-)änderung schaffen sich Raum. Der Schrecken wird nicht fatalistisch hingenommen. Gemeinsam werden Wege betreten, die eine Lebenshoffnung[256] zulassen, die die entstandene Schwäche illusionslos erfahrbar macht und dennoch nicht dabei stehen bleibt.

Dieses *Dazwischengehen* zwischen Leben und Tod sucht einen Ausweg. Dieser kann nicht auf direktem Wege gefunden und begangen werden. Er will in der Ganzheit des Lebensvollzuges entdeckt werden. Der im Notfall tätige Seelsorger in der Gemeinde kann diesen weiten Horizont durch umfassende Begleitung zu gewährleisten versuchen.

Für diese kleinschrittige Veränderung vom Bleiben zum Loslassen hilft es, überblicksartig zunächst Luthers Bemühungen um seine Mitmenschen zu betrachten und zu berücksichtigen.

---

[255] Dieser Auftrag sei an dieser Stelle mit zwei biblischen Gedanken belegt. Es sind die Freunde Hiobs, die trotz allem doch *bleiben* (Hiob 2,12f. und 4,1f.), die Klage, Rede, Gegenrede und v.a. das Schweigen mittragen. Schließlich ist es die Erfahrung des *Bleibens* im Hause des Herrn, die Erfahrung seiner Güte und Barmherzigkeit auch im Angesicht der Tiefe und des Leides, um selbst zu bleiben (Ps 23).

[256] An dieser Stelle ist bewusst noch nicht von Lebensgewissheit die Rede wie D. Rössler, Grundriss der Praktischen Theologie, Berlin, New York 1994, 210, sie versteht: »Seelsorge ist Hilfe zur Lebensgewißheit, sie soll die Lebensgewißheit stärken, fördern, erneuern oder begründen.«

## 7.4 Der bezeugende Aspekt

### *7.4.1 Martin Luthers Seelsorge des Trostes*

Martin Luthers Arbeit mit den Menschen zu seiner Zeit ist durch zutiefst seelsorgerliche Bemühungen geleitet und begleitet. Luthers Theologie weist an vielen Stellen seelsorgerliche Grundzüge auf.[257] Sie ist ein Spiegelbild seiner Theologie und des Evangeliums selbst.[258] Sie ist Trost-Seelsorge.[259] Sie vollzieht sich im gegenseitigen Austausch und nimmt damit beratende, aber zuweilen auch ermahnende Züge an durch gegenseitiges Sichaussprechen und Einandertrösten der Brüder und Schwestern, »[...] per mutuum colloqium et consolationem fratrum [...].«[260] In erster Linie vollzieht sie sich allerdings »[...] durchs mundlich Wort, darin gepredigt wird Vergebung der Sunde in alle Welt, welchs ist das eigentliche Ampt des Evangelii [...]«[261], sodann durch Taufe, Abendmahl und Schlüsselamt.[262]

Luther sieht bei allen noch so unterschiedlichen Anlässen und Problemen, mit denen er (meist durch Briefverkehr) konfrontiert ist, immer wieder einen bestimmten Menschen in einer bestimmten Situation vor sich, der als ganzer Mensch wahrgenommen werden muss. Und das bedeutet für ihn im gleichen Atemzug, aber auf einer anderen Ebene, dass dieser Mensch in seinem (freien) Gewissen[263] angesprochen ist, in seiner Bezogenheit *angetroffen* wird.

---

[257] U. Mennecke-Haustein spricht von dem consolatorischen Element als einem charakteristischen Wesenszug der Korrespondenz Luthers, vgl. Mennecke-Haustein, U., Luthers Trostbriefe, Gütersloh 1989.

[258] Vgl. Hennig, G., »Wir sollen Menschen sein ...« – Luthers Seelsorge und unsere Seelsorge, in: ThBeitr 27 (1996), 20.

[259] Zippert Th., Notfallseelsorge, Heidelberg 2006, 11, weist zu Recht darauf hin, dass aus der Perspektive der Notfall-Seelsorge dringend zentrale Begriffe der Theologie und Frömmigkeitssprache auf die Fälle und Kontexte *heutiger Notfälle* zu beziehen sind. Das Buch wurde rezensiert von Sadowski, S., in: PThI 27 (2007), 180–181.

[260] BSLK 449, 28.

[261] BSLK 449, 8–10.

[262] Vgl. BSLK 449, 10–12.

[263] Gewissen ist hier nicht als innere moralische Urteilsinstanz zu verstehen, sondern als inneres Gehör des Menschen, um seine Situation vor Gott zu erkennen. Es ist der Ort, an dem klar wird, dass seine Freiheit durch Gottes Heilsurteil gegeben ist. Es geht damit nicht mehr um sein Handeln, sondern um sein Sein. Damit erhält der Begriff eine Wendung vom moralischen zum theologischen Wortsinn. Er entlastet in der Seelsorge den Seelsorger genauso wie sein Gegenüber, weil nun diese Situation nicht dem von mög-

Seelsorge geht bei Luther immer auf das Ganze, bleibt immer auf den ganzen Menschen bezogen.[264]

Und darin sind in besonderer Weise das Leid und seine Auswirkungen eingeschlossen. Luthers Seelsorge vollzieht sich aber höchst unterschiedlich. Patentlösungen kennt er nicht, sie sind der Situation nach differenziert.[265] Aber Luthers Seelsorge rechnet mit gegenseitiger Öffnung und Begegnung gerade durch die Bedürftigkeit. Seelsorge erfordert eine Öffnung der Herzen.[266] Beide Partner (Luther hätte diesen Begriff sicher nicht verwendet), der Mensch in Not und sein Gegenüber, begegnen einander bedürftig.[267] Das eint sie. Und so gehen sie aufeinander zu. Sie beginnen langsam eine Einübung in eine Sprache, um dem Unerklärlichen, dem allzu oft Unaussprechlichen etwas entgegenzusetzen, was trägt und den Menschen neu ausrichtet.

Für Luther besitzt die kommunikative Sprache der Bibel dabei eine wichtige Unterstützungsfunktion. Sie hilft dort, wo die Worte fehlen. »[...] das Entsetzen vor dem Unbegreiflichen [...] lässt mich angewiesen sein auf eine Sprachhilfe, wie sie die Bibel verspricht.«[268] Diese hilft in der Begegnung einen Schritt weiter.[269] Dahinter steht die tiefe Überzeugung Luthers, dass der Mensch gottverlassen ist, wenn er sprachlos wird. Das heißt, dass der

---

lichen Entscheidungszweifeln geplagten Gewissen überlassen wird, sondern getrost Gott übergeben wird, vgl. Ebeling, G., Lutherstudien Bd. III, Tübingen 1985, 112f. und ders., Lutherstudien Bd. I, Tübingen 1971, 321.

264 Vgl. Ebeling, G., Luthers Seelsorge, Tübingen 1997, 45. Diese wird v. a. dann virulent, wenn der Tod und das Sterben bestimmender Teil des Lebens werden. R. Preul bemerkt dazu, dass der Tod alle Perspektiven auf das Leben unter der Dominanz der existentialtheologischen Frage nach dessen Ganzheit, d. h. nach dessen Wahrheit oder Unwahrheit bündelt, vgl. Preul, R., Der Tod des ganzen Menschen, Berlin, New York 1997, 114.

265 Vgl. Ebeling, G., Luthers Seelsorge, Tübingen 1997, 237.

266 Für Luther hat Glaube seinen Ort im Herzen, vgl. Ebeling, G., Lutherstudien Bd. III, Tübingen 1985, 139. E. Winkler sieht in Luthers seelsorgerlichem Bemühen einen nachdrücklichen Ruf zum Glauben, also eine persönliche Beziehung, die Verbindung des *Herzens* und damit des *ganzen* Menschen mit Gott, vgl. Winkler, E., Impulse Luthers, Berlin 1983, 50.

267 Vgl. Ebeling, G., Luthers Seelsorge, Tübingen 1997, 276.

268 Ebeling, G., Luthers Seelsorge, Tübingen 1997, 426.

269 Hier ist es auch wichtig zu bedenken, dass bei Luther die Kreatur selbst zur Sprachhilfe wird für den Glauben. Diese besondere Sprachkraft Luthers wurzelt nach G. Ebeling, Lutherstudien Bd. II/3, Tübingen 1989, 526 »[...] in seinem [Luthers, SBS] theologischen Verständnis der Schöpfung.«

Mensch unmenschlich wird, wenn sein Reden nur ein Reden von Gott ist, aber keines zu Gott, wenn nicht das Herz beteiligt ist, wenn nicht der Trost verankert wird. Konkret bedeutet das für Luther, dass Menschen sich an Gottes Wort trösten sollen.

Das kann dazu führen, dass dieser Trost nicht immer in einer partnerschaftlichen Begegnung zu erlangen ist, sondern autorisiert zugesprochen wird.[270] Dieser Zuspruch geschieht in dem Vertrauen, dass der eigene Glaube wieder wurzelt oder zu wachsen beginnt.

Luthers Theologie ist darum eine (praktische) Theologie im Umgang mit Gott, eine Gebetstheologie.[271] Das Gebet nimmt die Widersprüche des Lebens auf und übergibt sie Gott. Und es verbindet nicht nur den Beter mit Gott, sondern die betenden Mitmenschen untereinander.

### *7.4.2 Würdigung:*
### *»Wir sollen menschen und nicht Gott sein. Das ist die Summa.«*[272]

Luthers selbstverständliches Verweben von Theologie und Seelsorge entspringt seiner eigenen Biografie. Seine reformatorische Erkenntnis als theologisch-exegetische Einsicht buchstabiert er in den Lebensvollzug hinein. Der Mensch macht seine Erfahrungen in der Welt, aber er darf sie von einem Ort aus verarbeiten, der jenseits der Erfahrung liegt. Luthers radikales Verständnis von tötendem Gesetz und lebendigmachendem Evangelium erlaubt ihm ein personales Wirklichkeitsverständnis.[273] Tröstung und Stärkung wird möglich.

Der heutige Mensch steht scheinbar unendlichen Möglichkeiten gegenüber. Ihm ist es heute möglich, *allmächtig* über die Dinge der Welt zu verfügen. Dadurch steht er aber in der Gefahr, die Folgen dieser Verfügbarkeit nur ohnmächtig ertragen zu können. So kann heutige Seelsorge von Luther gerade in der Situation des Schreckens und der Not die heilsame Unterscheidung zwischen Person und Werk lernen und ernst nehmen.

---

[270] Vgl. Winkler, E., Impulse Luthers, Berlin 1983, 38.

[271] Vgl. Ebeling, G., Luthers Seelsorge, Tübingen 1997, 441.

[272] So Luther in einem an Spalatin gerichteten Brief von der Coburg 1530, WA.B 5, 415/45, Brief an Spalatin in Augsburg vom 30.6.1530 oder (wie oben zitiert) WA 48, 333/1–2, Coburger Trostsprüche, 1530, dort allerdings »Summa« statt »summa«. Luther schreibt hier weiter (WA 48, 333/2–4): »Es wirt doch nichts anders draus, oder ist eine ewige unruge und hertzenleid unser lohn. Da behute uns ja Gott fur.«

[273] Vgl. Ebeling. G., Lutherstudien Bd. I, Tübingen 1971, 304.

Dem bohrenden *Warum* einer betroffenen Ehefrau muss sich die öffnende Erkenntnis gegenüberstellen, dass die Verantwortung des Menschen zwar vorhanden ist, aber für sich selbst nicht aufgeht in seinem Tun.[274]

Ein auf diese Weise mitfühlender und mittragender Seelsorger kann die Überfülle der Eindrücke und Schwere der Anblicke aufnehmen, indem er versucht, die christliche Sprache einzusetzen, sie aus der formelhaften Verwendung in das Leben zurückzuholen und so allgemein menschliche Erfahrungen durch Generationen von Menschen in heutige Lebensvollzüge zu überführen. Diese existentielle Sprache kann nur durch ihren Vollzug lebendig bleiben, durch ihre Integration in das Leben.[275] Luther weiß darum, dass ein Leben aus der Bibel nicht im Selbstgespräch versinkt oder gar in die Sprachlosigkeit verfällt. Trost vermitteln bedeutet, dass sich Menschen langsam trotz ihrer Situation wieder trauen, Vertrauen zu leben.[276] Dieses Leben ist ein Wagnis, aber es geschieht unter der Verheißung von Möglichkeiten außerhalb meiner selbst. In der Wahrnehmung der Situation, im Einlassen auf die alles verändernde Notlage ist ein Anfang gemacht, ein Angebot gegeben, für ein fürbittendes Gebet oder ein Lied.

---

274 Mit I. Karle ist an dieser Stelle zu unterstreichen, dass Seelsorge religiös qualifizierte Kommunikation darstellt. Es geht darum, dass das Evangelium unter den Bedingungen der jeweiligen Situation gelebt wird, dass also professionelle Hilfe geleistet wird bei gleichzeitiger theologischer Bearbeitung der Sinnfrage. Diese bewegt sich im Horizont der Fragen von Krankheit, Leid und Sterben und deren Verarbeitung; vgl. Karle, I., Seelsorge in der modernen Gesellschaft. Spezifische Chancen, Ressourcen und Sinnformen der seelsorgerlichen Kommunikation, in: EvTh 59 (1999), 203.

275 Vgl. WA.TR 3, 123/27–124/8 (Nr. 2970b, 8. Febr. 1533): Luther ist auf den Tod erkrankt und er bittet nach Besserung am Abend seine zurückhaltenden Besucher zu sich. Ihm ist die Zurückhaltung fremd, weil der Auftrag des Christen (Theologen) doch die Begleitung Kranker und Sterbender sei. Daraufhin zitiert er Joh 14,19 und schließt mit heiterer Gewissheit, dass in Gottes Leben auch wir als Gestorbene leben werden.

276 Trost steht in einem engen sprachlichen Zusammenhang zum Trotz, aber eben auch zum Trauen und schließlich zu einem Vertrauen.

## 7.5 DER SPIRITUELLE ASPEKT: VON DER KRAFT DER RITUALE[277]

Nun werden die Übergänge der Veränderung fließend. Sie liegen eng beieinander. Der Anwalt der Hoffnung im Chaos kann in dieser unheilen Situation symbolisch-rituell tätig werden. Er bietet an, gemeinsam die Not zu klagen und trauernd um Hilfe zu bitten. Er steht dabei – und er steht dafür ein, dass Ermutigung ausgesprochen, Hoffnung vermittelt und Segen erbeten werden kann. Selbst kann sich das keiner geben oder spenden. Es braucht dafür das Gegenüber und Miteinander.

Rituale machen es möglich, sich in einer Gemeinschaft um eine Mitte zu versammeln. Diese Mitte weist weit über das hinaus, was momentan so sehr drückt oder bedrängt. Rituale bieten einen Schutzraum[278] in einer Situation, in der (freie) Sprache nicht greift und der Situation nicht gerecht zu werden vermag.[279]

Das gemeinsame Sprechen des Vaterunsers oder des Psalms 23,[280] das Singen, aber auch das Zuhören verbindet den Seelsorger und sein Gegenüber miteinander. Beide konzentrieren sich auf einen gemeinsamen Mittelpunkt. Das Ritual stellt beide in einen größeren Zusammenhang einer Glaubensgemeinschaft. Beide sind durch das Ritual zu einer Gemeinschaft verbunden. Gerade dadurch sind beide entlastet. Einer glaubt und hofft nicht für sich alleine, sondern wird vom Glauben und Hoffen des Anderen mitgetragen. Gerade dann ist keiner allein, wenn die Fragen durch

---

277 Zur Ritualforschung und -diskussion vgl. Kress, H./Daiber, K.-F., Theologische Ethik – Pastoralsoziologie, Stuttgart, Berlin, Köln 1996, 203–218, Friedrichs, L., Kasualpraxis in der Spätmoderne, Leipzig 2008, 11–56, Müller-Lange, J., Die christliche Botschaft und die Kraft der Rituale, Frankfurt 2006, 56–61. In diesem Zusammenhang sind zentrale Gedenkgottesdienste beobachtet und analysiert worden von Theuer, F.-M., Inszenierte Bewältigung, Hannover 2005, 42–49, und Neijenhuis, J., Auf dem Weg zu Gott Sprache finden, Hannover 2005, 50–61. Dieses gesamte Themenheft widmet sich der öffentlichen Klage und Trauer angesichts gesellschaftlicher Krisen. Dazu vgl. auch Vögele W., Zivilreligion, Katastrophen und Kirchen, Berlin 2007, Fechtner, K./Klie, Th. (Hg.), Riskante Liturgien, Stuttgart 2011, 7–19, und Friedrichs, L., Kasualpraxis in der Spätmoderne, Leipzig 2008, 216–227.

278 Vgl. Tarnow, B. S./Gladisch, K. M., Seele in Not, Gütersloh, 2007, 143.

279 Vgl. Huber, W./Friedrich, J./Steinacker, P. (Hg.), Kirche in der Vielfalt der Lebensbezüge, Gütersloh 2006, 404.

280 Vgl. dazu Landespfarramt für Notfallseelsorge der Ev. Kirche im Rheinland (Hg.), Wenn die Not Worte verschlingt, Pfalzfeld 2003, bzw. 4., erweiterte Auflage 2008. Dieses bereits erwähnte Büchlein stellt eine kreative Sammlung von Texten und Formulierungen dar, die in Ausnahmesituationen eine Hilfestellung und Gedankenstütze sein können.

die Not bedrohlich werden oder das Schweigen scheinbar die Luft zum Atmen löscht. Beide brauchen zusammen einen Weg,[281] *die Auferstehung zu finden.*

Zudem schlagen Rituale Brücken zur Tradition. »Rituale bestimmen unseren Alltag, strukturieren [...] und begleiten uns in Krisen und bei Katastrophen.«[282] Wenn Worte oder Gebete gesprochen oder Lieder angestimmt werden, die man vielleicht schon aus frühester Kindheit kennt, entsteht ein Halt. Etwas Vertrautes inmitten des unbekannten und massiv verunsichernden Chaos tritt hervor. Wenn es an dieser Stelle gelingt, an Bekanntes anzuknüpfen, entsteht ein Gefühl von Sicherheit. Die belastende Situation kann leichter er- und getragen werden.

Der Seelsorger kann eine neue Zukunft andeuten, statt zu erklären, was er nicht erklären kann. Rituale können dazu beitragen.[283] Sie stiften Trost, denn sie bringen die Leere, das Abgebrochene und den Verlust selbst zur Sprache bzw. erfassen diese religiös. Sie gewähren als überlieferte religiöse Erfahrungstexte die Möglichkeit sich auszudrücken, wenn die eigene Sprache versagt und die Worte fehlen. »Gebete, Psalmen, Lieder stellen dabei eine Sprache zur Verfügung, die [...] die vereinzelnde Erfahrung des Sterbens mit überindividuellen Sinnzusammenhängen verbin-

---

[281] Der Seelsorger ist damit Gesprächspartner, weniger wissender Experte gegenüber einem unwissenden Klienten. Ihm geht es um die Stärkung der Eigenverantwortlichkeit des Seelsorgesuchenden, vgl. dazu Karle, I., Seelsorge in der Moderne, Neukirchen-Vluyn 1996, 222.

[282] Zirfas, J., Vom Zauber der Rituale, Leipzig 2004, 9.

[283] Durch die ökumenische Zusammenarbeit ist gerade auch im evangelischen Bereich das Ritual der Salbung in den Fokus gerückt. Gerade in der Notfall-Seelsorge ist neben wortgebundenen Ritualen der Ruf nach spürbaren Ritualen erwacht, vgl. dazu exemplarisch Zimmerling, P., Gebet und Salbung für Kranke. Überlegungen zu einem neuen liturgischen Angebot der evangelischen Kirche, in: PrTh 37 (2002), 218–238. Das Ritual verbindet Wort und sinnliche Zuwendung. Der Leib wird bewusst nicht ausgeblendet. Gemeinschaft wird auf einer anderen Ebene erfahrbar. Zeichenhaft wird erkennbar, dass der Mensch mit Christus nicht nur durch das Denken oder die Seele verbunden wird, sondern dass die Verbindung den Leib mit umfasst. Aus evangelischer Sicht ist jenseits von magischer Vorstellung alles zu begrüßen, was das Vertrauen des Menschen auf die Gemeinschaft mit Gott stärkt, jedoch kann keineswegs von einem kirchlichen Sakrament (als Krankensalbung) gesprochen werden, welches die Präsenz Christi an den Vollzug der Salbung bindet, vgl. dazu Kleffmann, T., Heil und Heilung. Systematisch-Theologische Überlegungen, in: HPB 2012, 10–15.

den kann.«[284] Der Einzelne kann hierin seine Erfahrungen und Gedanken mit dem Gehörten und Erlebten verbinden und Neues entdecken.

Eine bestehende Form bietet einen Ort mit ausreichender Distanz, um sich ganz individuell in der entsprechenden Situation zurechtzufinden. Eine andere Perspektive kann entstehen. Und das gilt nicht nur für die Betroffenen, sondern auch für den Seelsorger.

Gesten und festgelegte Handlungen dienen dazu, diese Situationen massiven Ausmaßes zu bewältigen, in denen Worte Menschen nicht mehr oder noch nicht erreichen. Hier ist darauf zu achten, dass Rituale verwendet werden, deren Bedeutung bekannt ist und verstanden wird.

Geprägte Formen in geprägter Sprache bieten eine Möglichkeit, um auch sich selbst zu unterbrechen und neu auszurichten. Nachdenken, Überdenken und Danken bilden darin eine Einheit. Diese Sprache gibt auch dem Seelsorger selbst noch eine andere Hilfe, die nicht auf der Ebene des gesprochenen Wortes liegt: Sie hilft ihm, seine eigene Sprache zu verarbeiten und neu auszurichten auf das, was er sagen darf und kann.

In der Praktischen Theologie im deutschen Sprachraum tritt die Ritualtheorie seit den 1970er Jahren auf, vor allem, um Amtshandlungen und Kasualien zu interpretieren. Allgemein ist jedoch an dieser Stelle auch anzumerken, dass Rituale seit dem Ende der 1960er Jahre als Manifestation von Fremdbestimmung verstanden und daher tabuisiert wurden. Jedoch entdeckte man sie gerade im Bereich der Amtshandlungen und Kasualien als besondere Form der Kommunikation neu. Man konnte durch die Beachtung der Ritualtheorie darstellen, wie sich der (religiöse) Sinn der genannten Arbeitsfelder einstellte.

Mit Blick auf das Thema dieser Arbeit haben Rituale ihren Ort in »Zonen erfahrener Ungesichertheit menschlichen Lebens«[285] bzw. als Übergangsriten in »Zonen biographischer Ungesichertheit«.[286] Diese sind emotional stark besetzt, weil sie als »Lebensgeschichtliche Übergänge [...] *Orte des Umbruchs* [sind ...].«[287] Im Bereich der Religion stabilisieren Rituale im Sinne einer Orientierung innerhalb der eigenen Biografie, artikulieren die jeweiligen

284 Karle, I., Seelsorge in der Moderne, Neukirchen-Vluyn 1996, 240.

285 Kress, H./Daiber, K.-F., Theologische Ethik – Pastoralsoziologie, Stuttgart, Berlin, Köln 1996, 204.

286 Kress, H./Daiber, K.-F., Theologische Ethik – Pastoralsoziologie, Stuttgart, Berlin, Köln 1996, 204.

287 Fechtner, K., Kirche von Fall zu Fall, Gütersloh 2011, 34 [Hervorhebung im Original].

Problemlagen und individualisieren, besonders im kasualen Bereich.[288] Gerade hier bedarf es der »Zuwendung Gottes und [...] Freisetzung zum Leben«.[289] Es wird demnach dort um ein diakonisch-rituelles Handeln[290] gehen, welches aber ebenso für die seelsorgerliche Begleitung gelten darf, denn eine christliche Lesart der besonderen Situation will erarbeitet und gemeinsam dargestellt werden. Umso mehr sind die vorhandenen Bausteine wie alte Texte oder Gebete kleine Brücken, die nicht erst erklärt oder gar neu eingeführt werden müssen. Rituale leben von der Wiederholung und dem Mitvollzug.

Rituale ordnen und schaffen Identität. Sie suchen »eine zufällige Ordnung mit Hilfe der Erinnerung an Traditionen [...]; sie versuchen, widersprüchliche symbolische Welten wie Leben und Tod, zum Beispiel beim Begräbnis, in ein Handlungsschema zu integrieren.«[291] Die Teilnahme an einem Ritual schärft die Aufmerksamkeit und schafft ein Zugehörigkeitsbewusstsein.[292]

Die Situationen müssen nicht immer neu gestaltet werden, auch wenn Notfälle immer wieder andere Szenerien hervorbringen. Der Ablauf eines Rituals muss nicht hinterfragt werden, wie so vieles, was nun von allen Seiten einströmt. Das Ritual hat Bestand. Rituale mit ihrer strukturgebenden Kraft schützen Menschen davor, sich in offenen und ungeklärten Situationen zu verlieren. »Sie tradieren in ihren auf Wiederholung zielenden Handlungsmustern existenzielles, verbal nicht kommunizierbares Wissen der Vergangenheit mit dem Anspruch, gegenwärtig bedeutsam zu sein.«[293]

Dabei ist zu beachten, dass Rituale auch wandelbar sind. Wenn sie erstarren und neuen Gegebenheiten nicht angepasst werden, überleben sie sich früher oder später.[294]

---

288 Fechtner, K., Herausforderungen und Perspektiven einer zeitgenössischen Kirche, in: Ders., Späte Zeit der Volkskirche, Stuttgart 2010, 26, hält gegen die weit verbreitete Säkularisierungsthese des gegenwärtigen Lebens fest, dass es gerade die religiösen Themen sind, die Bedürfnisse nach neuen und auch nach alten Ritualen erfordern.

289 Wagner-Rau, U., Segensraum, Kasualpraxis in der modernen Gesellschaft, Stuttgart 2000, 160.

290 Vgl. Friedrichs, L., Kasualpraxis in der Spätmoderne, Leipzig 2008, 39.

291 Zirfas, J., Vom Zauber der Rituale, Leipzig 2004, 10.

292 Vgl. u. a. Friedrichs, L., Kasualpraxis in der Spätmoderne, Leipzig 2008, 42.

293 Friedrichs, L., Kasualpraxis in der Spätmoderne, Leipzig 2008, 43.

294 In vielen (ländlichen) Gemeinden gibt es die alte und tiefgreifende Tradition der Aussegnung eines Verstorbenen. Diese Tradition trägt, sie gewährleistet im Vollzug die Möglichkeit eines *heilsamen* Übergangs und die Möglichkeit, den Blickwinkel zu verändern. Zunehmend findet sie auch in (klein-)städtischen Bezüge zurück. Chr. Möller fordert diese (wieder) einzuführen, um die kirchliche Todes- und Lebenskultur als verlässliche

Es gibt alltägliche Rituale zu bestimmten Zeiten als festgelegte Folge von Handlungen z. B. am Morgen und am Abend. Rituale und Feste unterteilen den Ablauf des Jahres. Sie strukturieren die Zeit.

Für die akute Notfall-Situation sind sie ein retardierendes Moment, in dem ein Durchatmen möglich wird, in dem vor weiteren Überlegungen Ruhe und auch Frieden Einkehr halten dürfen.

»Rituale werden lebensgeschichtlich differenziert wirksam.«[295] Bei einem plötzlich einbrechenden Unheil (z. B. dem Tod des Mannes von Frau M, beschrieben unter Punkt 2 in Kapitel III) helfen Rituale, sich in eine neue Rolle einzufinden, sich mit der neuen Rolle zu identifizieren. Die Betroffene bewegt sich auf unbekanntem Terrain und hat doch helfende, bekannte Gesten, Handlungen und Worte um sich. So kann Frau M beginnen, einen Übergang zu wagen. Gleichzeitig wird sie vom Druck entlastet, auch die Verarbeitung der Krisensituation selbst noch erlernen bzw. über die Form der Verarbeitung entscheiden zu müssen.[296]

Rituale sprechen für sich. Sie werden jedoch erst in ihrer »[...] lebensgeschichtlichen Aneignung und Einübung [...]« wirksam.[297] Rituale markieren den Anfang und das Ende einer bestimmten Situation, einer Aufgabe oder sogar eines Lebens(abschnitts). Damit sind sie hilfreich für alle, die zur Hilfe eilen und alle, die diese Hilfe suchen. Einer emotionalen Überforderung kann durch Rituale vorgebeugt werden. Die Rolle des Helfenden ist dabei eingegrenzt. Der Hilfesuchende erhält Struktur und Ordnung, er kann z. B. begleitet einen Prozess der Trauer beginnen.

> »Eine relativ starre Abfolge von Verhaltensmustern hilft, den erlebten Kontrollverlust durch die Wiederherstellung von Handlungssicherheit zu kompensieren. Zugleich bestärken sie [die Rituale, SBS] die tragische Wahrheit und Unveränderbarkeit des Ereignisses. Welches Ritual hilfreich ist, entscheidet die jeweilige Person.«[298]

---

Trostkultur zu erhalten, vgl. dazu Möller, Chr., Kirche, die bei Trost ist, Göttingen 2007, 173. K. Fechtner sieht auf einer anderen Ebene, der sinnlich-konkreten und symbolisch-rituellen, Anzeichen für einen neuen Zugang zur Trauerkultur, indem der Kontakt oder eine Berührung im Sterben und nach dem Tod wieder möglich werden, vgl. Fechtner, K., Trauerkultur und kirchliche Bestattung, in: Ders., Späte Zeit der Volkskirche, Stuttgart 2010, 139.

295 Friedrichs, L., Kasualpraxis in der Spätmoderne, Leipzig 2008, 44.

296 Vgl. Friedrichs, L., Kasualpraxis in der Spätmoderne, Leipzig 2008, 44.

297 Friedrichs, L., Kasualpraxis in der Spätmoderne, Leipzig 2008, 55.

298 Tarnow, B. S./Gladisch, K. M., Seele in Not, Gütersloh, 2007, 145.

Wird die eigene Geschichte auf diese Weise geordnet und dadurch bewusst, was trägt, was bleibt und wirklich wichtig ist, dann kann auch die eigene Gefühlswelt strukturiert werden und eine Öffnung erfolgen – Frieden wird erlebbar, Vergebung erfahrbar. Die Verarbeitung des Erlebten kann einsetzen.

## 8. Notfall-Seelsorgerlicher Dienst als pfarramtlicher Auftrag

Es konnte aufgezeigt werden, dass die seelsorgerliche Handlung sowohl im akuten Notfall als auch im *normalen Trauerfall* jeweils nur einen Teilaspekt seelsorgerlicher Begleitung an Trauernden darstellt. Die Tröstung und Begleitung bedarf eines längeren Weges sowie intensiveren Wahrnehmens.

So wird Notfall-Seelsorge zunehmend fester Bestandteil der Trauerbegleitung in der Ortsgemeinde. Warum sie so tief wie möglich in die seelsorgerliche Praxis vor Ort verankert sein sollte, werden die folgenden Überlegungen zusammenfassend unterstreichen.

### 8.1 Vor Ort

Eine parochiale Begleitung vor Ort, im sozialen Kontext des Einzelnen, ermöglicht ein umfassendes Gespür für die Notlagen der Menschen. Diese nehmen wahr: *der Pfarrer/die Kirche* kommen zu uns, haben Zeit für uns, interessieren sich für uns, nicht erst im Trauergespräch, sondern schon vorher. Die Eindrücke, die Gemeindepfarrer bei ihren Kontakten mit den Kirchenmitgliedern hinterlassen, sind überwiegend und überwältigend positiv.[299]

Menschen in ihrer Umgebung wahrzunehmen und über längere Zeit zu begleiten, bedeutet, sie in konkreten Situationen zu verschiedenen Zeitpunkten in ihrer Entwicklung, ihren Gefühlslagen und Problemen ganzheitlich ernst zu nehmen. An Schnittstellen des Lebens vollzieht sich eine Begegnung mit dem, was nicht in Menschenhand liegt, wo nicht mehr alles machbar oder verhinderbar ist.

---

[299] Vgl. Marhold, W., Kirchenmitglieder und Pfarrerbild, in: DtPfrBl 99 (1999), 644.

## 8.2 VERANTWORTUNG

Seelsorge im Notfall durch den Gemeindepfarrer ist ein volkskirchlicher Dienst. Der Pfarrer ist zuständig und übernimmt Verantwortung. Die Kirche wird (wieder) wahrgenommen und ins Gespräch gebracht. Sie ist tätig in einem *Arbeitsfeld*, das ihr ursprünglich angestammt war, aber dann durch die allgemeine Professionalisierung verloren ging. Ihre funktionale Zuständigkeit, vor allem aber ihre rituelle Kompetenz im Umgang mit Grenzsituationen individueller wie kollektiver Ausprägung, wird ihr zugestanden:

> »[...] als Statthalter des Religiösen vermögen die kirchlichen Repräsentanten ein Wort zu sagen und eine Geste zu zeigen, welche die Kontingenzen des Lebens nicht ›bewältigt‹, wohl aber ihnen standhält. Weil sie nicht im eigenen Namen sprechen und agieren, fungieren sie als Bürgen dafür, dass die Wirklichkeit nicht halt- und heillos ist.«[300]

Durch dieses Engagement erreicht sie auch Menschen, die nicht zur sog. Kerngemeinde zählen. Neue Kontakte vor Ort werden möglich. Das reicht von zu betreuenden Menschen über Angehörige der Hilfsorganisationen bis zu anderen Gemeindegliedern, denen der Pfarrer in seinem seelsorgerlichen Dienst begegnen wird. Das Wissen voneinander nimmt zu. Mögliche negative Einstellungen und Vorurteile können abgebaut werden, und an ihre Stelle kann gegenseitige Achtung treten.

Das Amt des Pfarrers in der Gemeinde ist mit einem hohen Vertrauensvorschuss belegt, der durch die Begleitung im Notfall wohltuend erfahren und vertieft werden kann. Diese an der Lebenspraxis orientierte pfarramtliche Arbeit verstärkt die Authentizität der gesamten Arbeit.

Der Dienst des Ortspfarrers endet nicht mit dem akuten Notfall (wie in vielen Notfallseelsorgesystemen vorgesehen), sondern bildet den Ausgangspunkt für eine umfassende seelsorgerliche Begleitung und Präsenz. Von daher ist umfassende Seelsorge auch ein Aspekt im Gemeindeaufbau einer Ortsgemeinde.

---

300 Fechtner, K./Klie, Th. (Hg.), Riskante Liturgien, Stuttgart 2011, 15. Auch wenn das Zitat nur mittelbar der poimenischen Diskussion entnommen ist, so zeigt es doch an, dass kirchliche Arbeit in der Begleitung von Menschen nicht nur wahrgenommen, sondern geachtet und eingefordert wird.

### 8.3 PRÄSENZ

Pfarrer zeigen sich von Berufs wegen für Fragen nach Gott, Tod und Sterben ansprechbar. Sie sind seelsorgerlich ausgebildet und verfügen über mannigfaltige Gesprächserfahrungen. Sie bringen in ihre Begleitung Deutungsmuster des christlichen Menschenbildes ein, auch wo sie nicht explizit darauf angesprochen werden, so auch in der Notfall-Seelsorge (s. o. Seelsorge als Martyria, beschrieben unter Punkt 6.3 in Kapitel III). Das macht ihren pfarramtlichen Dienst aus und unterscheidet diesen von einer reinen Person-zu-Person-Kommunikation. Ihr Dienst steht einer allgemeinen Professionalisierung als Folge einer funktionalen Differenzierung und Spezialisierung in weiten Teilen der Gesellschaft (auch im Bereich der Pflege- und Hilfsdienste) entgegen.[301] Sie sind kontinuierlich ansprechbar, stehen in direktem Kontakt zu den Menschen und sind offen für eine persönliche Begegnung, die über Kontinuität und Stetigkeit Vertrauen und Verlässlichkeit garantiert. Ein akuter Notfall wird nicht nach *zwei Stunden* für den Seelsorger abgeschlossen, sondern ist nur der Anfang oder ein Teil seiner seelsorgerlichen Bemühung. Daher ist es nicht ratsam, den Dienst an Menschen in Krisen mit zunehmenden Forderungen zur Aus- und Fortbildung zu belasten. Er wird so zwangsläufig einen Sonderstatus erhalten, entwickelt sich zu einem funktionalen Sonderdienst und gliedert sich schleichend aus der Gemeindetätigkeit des Ortspfarrers aus.[302]

Die Kontinuität derselben Berufsperson in verschiedenen Zusammenhängen spielt eine nicht zu unterschätzende Rolle. Von daher ist, entgegen dem weit verbreiteten Verständnis einer Professionalisierung der Berufe, der Gemeindepfarrer der Vertreter einer Profession. Ihm kommt die Rolle des Generalisten, des Allgemeinpraktikers zu. Der Generalist beschränkt sich nicht auf eine bestimmte Einsatzzeit oder eine Betreuungsphase innerhalb der Seelsorge. Er sieht das Allgemeine und muss sich nicht begrenzen. Der Pfarrer vor Ort ist generell zuständig, wenn Menschen Not erleben und durchleben müssen – und dies nicht erst in der Akutsituation selbst. Er weist

---

301 Vgl. dazu Karle, I., Der Pfarrberuf als Profession, Gütersloh 2001, 233 ff.

302 So Funke, J. G., Quo vadis Notfallseelsorge. Plädoyer für eine umfassende seelsorgerliche Trauerbegleitung, in: DtPfrBl 102 (2002), 456; vgl. allgemeiner dazu Schmidt-Rost, R., Seelsorge zwischen Amt und Beruf, Göttingen 1988, 76; ein aktuelles Beispiel stellt die Empfehlung der Konferenz der evangelischen Notfallseelsorgerinnen und Notfallseelsorger zur Aus-, Fort- und Weiterbildung für Mitarbeitende in der Notfallseelsorge (NFS) und der Seelsorge für Einsatzkräfte in der EKD dar (Link 12). Durch eine gesonderte Ausbildung wird die generelle Qualifikation des Gemeindepfarramtes abgewertet.

niemanden ab mit dem Hinweis, dass er nicht zuständig sei. Er ist sicher ansprechbar.

> »Das Pfarramt wurde aus genau diesem Grunde etabliert: Es sollte die *Erreichbarkeit* in existentiellen Situationen und seelsorgerlichen Fragen gewährleisten [...] und Erwartungssicherheit weitgehend garantieren. Nur auf dieser Grundlage kann soziales Leben, zumal in den komplexitätsreichen Kontexten religiöser Kommunikation und professionellen Handelns, gelingen.«[303]

Es wird Fälle geben, wo die Erreichbarkeit nicht immer zu gewährleisten ist. Für diese Fälle kann ein kollegial-wechselnder Rufbereitschaftsdienst die Präsenz kirchlicher Seelsorge übernehmen. Diese Kollegialität ist meistens in ökumenischer Offenheit und Weite organisiert (jenseits der sakramentalen Problematik), wobei es hier regionale und konfessionelle Besonderheiten gibt. Gemeindepfarrer können als generell Zuständige das Ganze im Blick behalten. Sie sind deshalb keine Generalisten für alles Mögliche. »Sie sind spezifische Generalisten im Hinblick auf ihre theologischen und pastoralen Kompetenzen, die sich auf die professionelle und profilierte Vermittlung christlicher Inhalte in Predigt, Unterricht und Seelsorge beziehen [...].«[304]

Prinzipielle Zuständigkeit impliziert den Schutz des Vertrauens. Pfarrer bringen mit dem Institut der Schweigepflicht im Rahmen ihrer professionellen Ethik diesen Schutz den ihnen anvertrauten Menschen entgegen.

Seelsorgerliches Handeln in Notfallsituationen ist von daher integraler Bestandteil pfarramtlicher Tätigkeit. Es erweitert den Blick auf die konkrete Gemeinde vor Ort und verhilft dem Seelsorger zu einer sensibilisierten Wahrnehmung der Not in seinem direkten Umfeld.

## 8.4 Kirche ist dort, wo sie gebraucht wird

Offenheit, Präsenz, Erreichbarkeit und Zuständigkeit verändern das Bild einer Kirche, wenn in der Öffentlichkeit durch immer wieder auftretende Not, gerade im innerhäuslichen Bereich, Kirche gefragt ist.

Hier kann sie in der seelsorgerlichen Begleitung die Relevanz des christlichen Glaubens verdeutlichen. Kirche ist dort, wo Menschen sie benötigen und ist wieder dort, wo sie durch Professionalisierung des Kranken- und Pfle-

---

303 Karle, I., Der Pfarrberuf als Profession, Gütersloh 2001, 237 [Hervorhebung im Original].

304 Karle, I., Der Pfarrberuf als Profession, Gütersloh 2001, 242 f.

gesektors aus der Wahrnehmung im Alltag verschwunden war: Seelsorge in Krisen wird wieder zum alltäglichen Geschehen.

Eine Kirche, die Menschen in Not begleitet, die darüber hinaus Hilfe und Rat anbietet, vertritt eine Theologie für den Alltag. Sie nimmt sich des Grundes, der Grenzen, des Motivs und des Richtungssinnes menschlichen Handelns an.[305] In diesem Sinne ist sie Kirche für andere. Sie delegiert nicht ihre Aufgaben an Spezialisten, sondern ist generell für das ganze Leben zuständig. Sie vertritt eine diakonische Theologie, weil sie dort anfängt, wo Menschen bedürftig sind. Sie gewinnt ein Gespür für die Notlagen der jeweiligen Zeit. Sie nimmt ihr Umfeld verantwortlich wahr und lässt auf diese Weise Gottes-Dienst im Alltag der Menschen erfahrbar werden.

Nicht zuletzt hängt insgesamt die Stabilität und Zukunft der Volkskirche wesentlich von einer solchen professionellen und damit zuverlässigen, einer seelsorgerlich sensiblen und theologisch kompetenten Begleitung in Krisensituationen ab,[306] zu denen ich mit Dierk Schäfer die Notfall-Seelsorge als einen Dienst für Menschen in Verzweiflung und Not zähle, in dem der Ernstfall der Seelsorge verantwortlich gelebt wird.[307]

---

305 Vgl. Preul, R., Wurzel und Wachstum christlicher Freiheit, in: ZThK 92 (1995), 277. Preul sieht die immerwährende Fragestellung dadurch beantwortet, dass Kirche durch die Lehre von der christlichen Freiheit als Sachverwalterin dieser Thematik auftritt.

306 Vgl. Karle, I., Volkskirche ist Kasualien- und Pastorenkirche!, in: DtPfrBl 104 (2004), 625.

307 Vgl. Schäfer, D. zum Artikel von Karle, I. im DtPfrBl 104 (2004), 625–630, in: DtPfrBl 105 (2005), 88f.

# IV. Poimenik eines Notfalls

## 1. *Komm zu uns, zögere nicht*

»In Joppe lebte eine Jüngerin namens Tabita [...]. In jenen Tagen aber wurde sie krank und starb [...]. Weil aber Lydda nahe bei Joppe liegt und die Jünger hörten, dass Petrus dort war, schickten sie zwei Männer zu ihm und ließen ihn bitten: Komm zu uns, zögere nicht! Da stand Petrus auf und ging mit ihnen.«[308]

Der Bezug auf Tabita und nicht auf den bekannten barmherzigen Samariter steht zu Beginn dieser reflektierenden Überlegungen. Er wird hergestellt, weil er das Thema aufgreift, welches die Notfall-Seelsorge ausmacht: Hier geht jemand ohne Verzögerung mit und leistet *Nachbarschaftshilfe*. Einer von den Jüngern kommt, nicht von weit her, sondern aus der Nähe, der Lebenswelt der Menschen. Es ist nicht der barmherzige Samariter, der Fremde von außerhalb, dessen Bild häufig im Zusammenhang mit Notfall-Seelsorge aufleuchtet, der ins Geschehen von außen eingreift, sondern ein *Kollege* aus der Nähe, der eine andere Heilsvorstellung für das Leben in sich trägt und mitbringt. Er vertritt das Leben, welches Tabita verloren hat und lässt sie aufstehen. Hinzu kommt, dass er sich bewusst der einen Tabita in ihrer Not zuwendet und gleichzeitig den vielen Anderen um sie herum durch sein Erscheinen und Auftreten so zu begegnen versucht, dass sie den Notfall als prägende Wende erleben. Diese Vorstellungen erscheinen für die Notfall-Seelsorge als leistungs- und tragfähig.

---

[308] Apg 9,36–39a nach Einheitsübersetzung.

## 2. Und hätte die Liebe nicht ... Notfall-Seelsorge als diakonisch-religiöse Kommunikation des Evangeliums

In der folgenden Poimenik eines Notfalls wird Notfall-Seelsorge als diakonisch-religiöse Kommunikation des Evangeliums verstanden. Dieses Verständnis ist zu definieren, zu konkretisieren, auf seine Zielsetzungen zu prüfen und in seiner theologischen Fundierung zu befragen.

Als Theologie geht es der Praktischen Theologie neben einer kritischen Wahrnehmung der christlichen Praxis und der Vermittlung von Kultur, Kirche und Theologie um eine Reflektion der gegenwärtigen Bedingungen einer Kommunikation des Evangeliums.[309]

Der Begriff *Kommunikation des Evangeliums* ist von Ernst Lange[310] in die neuere Diskussion eingeführt worden, der ihn seinerseits im Anschluss an Dietrich Bonhoeffers *Kirche für andere*[311], allerdings mit einer deutlichen Akzentverschiebung, weiterentwickelt hat zu einer

> »pastoralpraktisch orientierte[n] Kirchentheorie als lebensweltrelevante Kommunikationstheorie.«[312] Danach zielt jede Kommunikation auf Vergesellschaftung, sog. Indigenisation[313] ab. Sie integriert aktuelle Entwicklungen und individuelle Ausprägungen »des Evangeliums in lebensweltlichen und -geschichtlichen Zusammenhängen«[314] und zielt »auf die konkret-leibhaftige Sprach- und damit auf die Wirklichkeitsgestalt des Glaubens der jeweiligen Gegenwart.«[315]

Es geht um den auferstandenen Herrn in seiner Gemeinde – in der Welt und daher gilt:

> »Kommunikation darf sich nicht auf den exklusiven Kreis der Gleichgesinnten und Gleichgestimmten beschränken, will sie als ›Kommunikation des Evange-

---

309 Vgl. Friedrichs, L., Kasualpraxis in der Spätmoderne, Leipzig 2008, 12f.

310 Vgl. Lange, E., Kirche für andere, München, Gelnhausen 1981, 19–62.

311 Bonhoeffer, D., Widerstand und Ergebung, München 1952, 261: »Die Kirche ist nur Kirche, wenn sie für andere da ist.«

312 Drehsen, V., Kirche für die Welt und andere Indigenisationen, in: PTh 86 (1997), 483.

313 Vgl. Lange, E., Chancen des Alltags, Stuttgart, Gelnhausen 1965, 51–56, und vgl. ders., Überlegungen zu einer Theorie kirchlichen Handelns, München, Gelnhausen 1981, 197–214.

314 Drehsen, V., Kirche für die Welt und andere Indigenisationen, in: PTh 86 (1997), 484.

315 Drehsen, V., Kirche für die Welt und andere Indigenisationen, in: PTh 86 (1997), 484.

liums‹ nicht der Welt das Ihre schuldig bleiben.«[316] Es geht darum, den »Zeitgenossinnen und -genossen Kirche zu sein [...].«[317]

Eine so verstandene Kommunikation des Evangeliums verbindet die diakonische mit der religiösen Sichtweise.

Sie ist einerseits »[...] solidarisch-helfende Zuwendung zum je individuellen einzelnen in befreiender Absicht zugunsten des einzelnen unter konstitutiver Berücksichtigung seines sozialen und gesellschaftlichen Kontextes.«[318] Andererseits trägt sie die Chancen kirchlich-gemeindlicher Netzwerkarbeit in sich, um »[...] Konflikte nicht länger einzelnen Personen zuzurechnen, sondern diese *auf Strukturprobleme oder Beziehungen zur Umwelt* zurückzuführen.«[319] Sie versteht »[...] sich als aktiv intervenierend [...] und weiß, daß sie in einer pluralistischen Kultur ein ganz bestimmtes Wirklichkeitsverständnis [...] anzubieten hat.«[320]

## 3. Die Liebe ist langmütig und freundlich ...

Diakonisch-religiöse Kommunikation des Evangeliums[321] vollzieht sich an besonderen Übergängen des Lebens, an den Rändern desselben, durch »[...] Begleitung und Beratung im Lichte des Evangeliums vor dem Hintergrund eines christlichen Menschen- und Weltbildes.«[322] Sie geht gemeindlicher

---

316 Drehsen, V., Kirche für die Welt und andere Indigenisationen, in: PTh 86 (1997), 484.

317 Fechtner, K., Herausforderungen und Perspektiven einer zeitgenössischen Kirche, in: Ders., Späte Zeit der Volkskirche, Stuttgart 2010, 22f.

318 Luther, H., Diakonische Seelsorge, in: WzM 40 (1988), 476.

319 Karle, I., Seelsorge in der Moderne, Neukirchen-Vluyn 1996, 223 [Hervorhebung im Original].

320 Karle, I., Seelsorge in der Moderne, Neukirchen-Vluyn 1996, 216.

321 Die Kommunikation des Evangeliums ist für U. Pohl-Patalong ein zentraler Gedanke, um über die Grundaufgaben des Pfarrberufes nachzudenken. Ein Ergebnis dieser Überlegungen ist, auf dem Hintergrund des genannten Gedankens pfarramtliches Handeln als exemplarisches Handeln in der Welt und für die Welt zu verstehen, welches aufgrund der gesellschaftlichen Ausdifferenzierung das parochial-territoriale Prinzip verlässt und z. B. die kollegiale Zusammenarbeit stärker wertschätzt, vgl. Pohl-Patalong, U., Zwischen Unendlichkeit und klarer Entscheidung. Die Kommunikation des Evangeliums als Ausgangspunkt des Nachdenkens über den Pfarrberuf, in: DtPfrBl 111 (2011), 460–465.

322 Müller-Lange, J., Handbuch Notfallseelsorge, Edewecht, Wien 2001, 13. Es sei an dieser Stelle angemerkt, dass die ausdrückliche Bezugnahme zur gemeindlichen Seelsorge

Seelsorge voraus und mündet in ihr. Sie wird veranlasst durch Situationen, in denen Menschen an Grenzen geraten und Trost und Betreuung benötigen – eine seit altersher verstandene Aufgabe. Somit fungiert sie als Zeitansage, denn sie *bricht* in existentiellen Situationen mit Erwartungen und Vorstellungen des Perfektionismus.[323]

Notfall-Seelsorge steht in besonderer Weise gegen die Risiken dieser Zeit. Sie gründet im sozialen Bedürfnis von Menschen nach sinnhafter Orientierung sowie der Bewältigung von Krisen- und Grenzsituationen. Sie bringt das Evangelium im Alltag Vieler ins Spiel, denen dies im Denken und ihrer Praxis entfremdet ist. Sie möchte helfen, den inneren Menschen zu stärken, ihn (wieder) zu einem Ausgangspunkt oder Fundament zu führen.

> »Die Seelsorge besteht in einer ›Beseelung des inneren Menschen‹ durch Stärkung der Gottessehnsucht, durch Anknüpfung an Traditionsbestände des Glaubens und durch Freisetzung eines wachsenden, geistlichen Selbstbewusstseins.«[324] Das verschafft Halt. Mit anderen Worten geht es um eine »[...] geistliche Vertiefung der realen geistigen Situation [...].«[325]

Notfall-Seelsorge darf den Reichtum des Glaubens an die Einsatzstelle bringen. Sie sucht Lebensgewissheit zu begründen, zu stärken, zu fördern und zu erneuern.[326] Dies kann und wird kein Angebot leisten, welches integraler Bestandteil hilfsdienstlicher Arbeit ist und Fragen nach Schuld, Gott und Leid anders beantwortet.[327]

---

in der 2. Auflage des Buches in den Hintergrund tritt. Die 3. Auflage des Handbuches, die in dieser Arbeit nur noch im Literaturverzeichnis berücksichtigt wurde, nimmt die Frage nach den Inhalten und damit nach der Mitte der Notfallseelsorge neu auf.

323 Vgl. Sadowski, S., Notfallseelsorge. »Ohne zu zögern« oder »Zwischen Angebot und Nachfrage«, in: PThI 23 (2003), 196. Gerade bei extremen Einsatzlagen kann das Retterbild der Helfer durch den akuten Einsatz Risse erhalten, so dass es zu belastenden Eindrücken kommen kann, die sich in die Seele einbrennen, vgl. dazu auch Bobert, S., »Erste Hilfe für die Seele« – Notfallseelsorge (Link 35, Seite 4).

324 Gundlach, Th., Notfallseelsorge, Frankfurt 2009, 64.

325 Gundlach, Th., Notfallseelsorge, Frankfurt 2009, 64.

326 Vgl. Rössler, D., Grundriß der Praktischen Theologie, Berlin, New York 1994, 210.

327 Daschner, C. H., Krisenintervention, Edewecht, Wien 2001, 17: »Fragen nach Schuld, Gott und Leid beantworten Seelsorger anders als KITler.« Zur Aufgabe von KIT hält Daschner, C. H., Krisenintervention, Edewecht, Wien 2001, 11, fest: »KIT ist [...] Bestandteil notfallmedizinischer Tätigkeit, weil die Verhinderung schwerer gesundheitlicher Folgeschäden zum Aufgabengebiet der präklinischen Notfallmedizin und damit des Rettungsdienstes gehört.«

Seelsorgerlicher Dienst an Menschen in Not setzt eine Korrelation von Wort und Tat voraus, eine Verbindung von Inhalten und Beziehungen.[328] Dabei wird es darum gehen, den in Not Geratenen spüren zu lassen, dass es wirklich um ihn geht.[329] Auf diese Weise wird Glaubenshilfe zur Lebenshilfe,[330] zum Evangelium im pastoralen Einsatz. Sie vollzieht sich aus dem am Evangelium gewonnenen Bewusstsein. Dieser Einsatz kann ggf. bis zum Aushalten des Schweigens führen, welches jedoch in der Not keine Sprachlosigkeit bedeutet, sondern eine besondere Solidarität mit dem Leidenden, in Form von Langmut und Freundlichkeit. Diese ergibt sich in der konkreten Gemeindearbeit. Mit Doris Nauer kann die Solidarität als wortloses Handeln verstanden werden, weil auch dem Seelsorger die konkrete Notsituation die Sprache verschlagen kann.[331]

Das heißt, dass Gemeinde als ein soziales Netzwerk verstanden wird, auf das die Seelsorge in ihrem Balanceakt zwischen Reden und konkretem helfenden Handeln zurückgreifen kann.

Und umgekehrt ermöglicht Notfall-Seelsorge der Gemeinde, den Kirchenvorständen und den Pfarrern die Chance eines erweiterten Blickes für das, was die Gemeinde und ihre Verantwortung ausmacht.

Sie leuchtet als pfarramtlich-kirchliches Arbeitsfeld unmittelbar dann ein, wenn eine existentielle Notsituation erkennbar wird, wenn die Tragik zur Sprache kommt, und die Gemeinde dies als ihre Aufgabe versteht.

Diese diakonischen Begründungen münden in die religiöse Dimension von Seelsorge, die sich um ein spezifisch christliches Wahrnehmen der Welt bemüht.

> Seelsorge ist »[...] Sorge um die individuelle, dem einzelnen zugängliche und für den einzelnen lebensbestimmende Erfahrung der christlichen Heilsverheißungen.«[332], welche implizit zu einer »[...] Auseinandersetzung mit den Botschaften und Heilsverheißungen [führt, SBS], mit denen die Wissenschaften und andere potente Kräfte in der pluralen Gesellschaft die Öffentlichkeit bestimmend prägen.«[333]

---

328 Vgl. Luther, H., Diakonische Seelsorge, in: WzM 40 (1988), 476.

329 Vgl. Baumgartner, I., Pastoralpsychologie, Düsseldorf 1990, 338.

330 Vgl. Tacke, H., Glaubenshilfe als Lebenshilfe, Neukirchen-Vluyn 1975, vgl. ebenso die Synodalvorlage zur Landessynode 2012 der Evangelischen Kirche im Rheinland zu den Seelsorgefeldern, die Seelsorge als persönliche Lebens- und Glaubenshilfe versteht, beides also nicht voneinander getrennt versteht, sondern je nach Fragestellung und Lebenslage der Seelsorgesuchenden im Vordergrund sieht (Link 32, Seite 8 f.).

331 Vgl. Nauer, D., Seelsorgekonzepte im Widerstreit, Stuttgart, Berlin, Köln 2001, 280.

332 Schmidt-Rost, R., Seelsorge zwischen Amt und Beruf, Göttingen 1988, 124.

333 Schmidt-Rost, R., Seelsorge zwischen Amt und Beruf, Göttingen 1988, 124.

> Sie führt damit in »[...] eine fremde Deutungsperspektive [...], die in unserer säkularen Gegenwart oft nicht leicht zu vermitteln ist [...], die aber trotzdem hilfreich und weiterführend sein kann, wenn es gelingt, sie in eine Sprache zu übersetzen, die gegenwärtige Menschen verstehen und mit ihrem Lebenszusammenhang in Verbindung bringen können.«[334] Sie ist damit »[...] grundlegend eine inhaltlich bestimmte Einstellung zur begegnenden Realität, eine Interpretationsweise, eine Betrachtungsweise, ein Modus des Verstehens.«[335]

Diese beginnt in einen Prozess einzutreten zu einem Gegenüber, manchmal auch zu einer größeren Öffentlichkeit, um das Evangelium zu finden und Liebe zur Welt zu üben, in die Menschen hineingestellt sind.

Insofern verhält Seelsorge sich nicht weltanschaulich neutral, sondern ist immer schon inhaltlich qualifiziert.

> »Die biblischen Metaphern und Geschichten, die Gleichnisse vom Reich Gottes oder der Gottesherrschaft konfrontieren demnach mit einem Wirklichkeitsverständnis, das die alltäglichen Wahrnehmungsmuster [...] stört und in einem neuen Licht erscheinen läßt – und darin liegt ihre kreative Kraft.«[336]

Schon die bisweilen fremde Sprache kann eine Unterbrechung der Selbst- und Fremdwahrnehmung darstellen. In der Notfall-Seelsorge werden durch die Plötzlichkeit und Wucht der Ereignisse Selbstverständlichkeiten des Lebens radikal in Frage gestellt, so dass eine Begleitung auf dem Hintergrund christlicher Deutungsmuster produktiv störend wirkt im Sinne der bereits angemerkten »[...] geistliche[n] Vertiefung der realen geistigen Situation [...].«[337]

So kann dem wortlosen Handeln des Augenblicks das subjektive und damit selektive Erzählen des Lebens durch das Gegenüber folgen. Und darin sind Menschen, gerade bei biographischen Unsicherheiten, zu unterstützen.[338] Seelsorge, die dem Leben zugewandt ist, nimmt ernst, dass Religion eine verbindende Funktion in Fragen der Lebensbegleitung und Lebensentwicklung zukommt. Sie betrachtet den Menschen und sein Leben in religiöser Hinsicht. Diese Grundüberzeugung korrespondiert mit der Einsicht, dass der Mensch als soziales Wesen existiert. Somit richtet Seelsorge ihr Augen-

---

334 Klessmann, M., Die Bedeutung der Seelsorge für die Diakonie, Heidelberg 2006, 63.

335 Schmidt-Rost, R., Seelsorge zwischen Amt und Beruf, Göttingen 1988, 125.

336 Karle, I., Seelsorge in der Moderne, Neukirchen-Vluyn 1996, 215.

337 Gundlach, Th., Notfallseelsorge, Frankfurt 2009, 64.

338 Vgl. Karle, I., Seelsorge in der Moderne, Neukirchen-Vluyn 1996, 229.

merk immer auch auf den Kontext. Für Notfall-Seelsorge kann es daher nicht nur um Krisenintervention gehen. Diese wäre punktuell beschränkt. Vielmehr geht es auch um Nachsorge im Sinne einer Weggenossenschaft[339], um weiterführende Begleitung in den Strukturen eines sozialen Netzwerkes, das in die Lebenswelt der Menschen eingebunden ist. In diesen Zusammenhängen wird sie sich als Mit-Sorge und nicht nur als Für-Sorge erweisen.[340]

Für den Seelsorger bedeutet dies, seinen Dienst so zu verrichten, dass der jeweilige Adressat und sein Umfeld wahrgenommen werden. Besonders wird das für die Familie und Freunde gelten. Notfall-Seelsorge mündet damit wieder in die gemeindliche Seelsorge, so wie sie sich zuvor aus ihr herleitete.[341]

> »Die Person des Gemeindepfarrers und der Gemeindepfarrerin hat für viele eine integrierende Funktion, weil man ihr in den verschiedensten Feldern gemeindlichen Lebens begegnet. Dies schafft nicht nur Vertrauen, sondern vermag auch über den persönlichen Kontakt [...] jene Querverbindungen von der Seelsorge zur Verkündigung [...] herzustellen.«[342]

Aus diesem Grund ist die Basis für Notfall-Seelsorge die örtliche Gemeinde. Aus ihr heraus bildet sich Notfall-Seelsorge. Aus ihrer Mitte treten Menschen nach außen, um in Not Geratene zu stärken und für ihre Aufgaben des Alltags wieder aufzurichten. Damit lebt Notfall-Seelsorge als gesellschafts-diakonischer Dienst von der Zusage und Verheißung, die in der Begegnung mit Christus begründet ist. Sie bewegt sich in kirchlichen Strukturen aus diesen heraus. Sie übt Liebe, sie lebt »[...] das diakonische Wunder [...]«[343] oder »[...] die christologische Verblüffung [...]«.[344] Sie versucht Mt 25,31–46 in die Gegenwart zu übersetzen.

---

339 Vgl. Klessmann, M., Die Bedeutung der Seelsorge für die Diakonie, Heidelberg 2006, 65.67. Klessmann leitet diesen Begriff her von Zellfelder-Held, P.-H., Solidarische Gemeinde. Ein Praxisbuch für diakonische Gemeindeentwicklung, Neuendettelsau 2002, 26f. Zellfelder-Held meditiert in seinem Buch die Geschichte von den Emmausjüngern (Lk 24,13–35).

340 Klessmann, M., Die Bedeutung der Seelsorge für die Diakonie, Heidelberg 2006, 64f.67, weist auf dem Hintergrund der Diskussion um eine zukunftsfähige Diakonie auf diesen notwendigen Perspektivenwandel hin, den er von Degen, J., Freiheit und Profil. Wandlungen der Hilfekultur – Plädoyer für eine zukunftsfähige Diakonie, Gütersloh 2003, 63, übernimmt.

341 Vgl. dazu Unfall als Krise, Göttingen 2011. Das Werk beschreibt die aufeinander bezogenen Hilfsstrukturen, die während eines Unfalls zu unterschiedlichen Zeitpunkten wirken.

342 Karle, I., Volkskirche ist Kasualien- und Pastorenkirche!, in: DtPfrBl 104 (2004), 628.

343 Starnitzke, D., Diakonie in biblischer Orientierung, Stuttgart 2011, 49.

344 Starnitzke, D., Diakonie in biblischer Orientierung, Stuttgart 2011, 49.

### 3.1 Das Evangelium *finden* – Liebe üben

Umfassende Sorge setzt an beim Ruf der Kirche durch die Hilfsdienste als Glieder der Rettungskette. Sie schärft den Blick des Seelsorgers für die Not im eigenen Umfeld. Er erhält auf diese Weise einen noch umfassenderen Einblick in seine Gemeinde sowie darüber hinaus und kann angesichts der entstandenen Situation mit gewachsenen Traditionen, Sprachhilfen und mit anderen Kommunikationsformen, wie z.B. Ritualen[345], dem Geschehen begegnen. Das hilft im Umgang mit den Menschen und bereichert.

Der Notfall-Seelsorger kommt nicht voraussetzungslos an den Ort des Geschehens. Er verfügt über einen Deutungsrahmen für die Begrenztheiten des Lebens. Durch diesen besitzt er keine fertigen Antworten für die in Not Geratenen, aber doch eine Sichtweise, um das Leben mit all seinen Verletzlichkeiten und Grenzen zu verstehen.

»Seelsorge ist [...] als Hilfe zur Lebensgewissheit, als Hilfe zur Gewissheit über den Grund menschlicher Existenz zu verstehen [...].«[346] Sie ist es darum, weil sie als religiöse Kommunikation des Evangeliums die Liebe Gottes in sich trägt, die die Kraft hat, die jeweils eingetretene Herausforderung der Gegenwart zu meistern[347] und die »Kirche als System der Kommunikation des christlichen Wirklichkeitsverständnisses«[348] zu verstehen.

> »Der Umgang Jesu mit Notleidenden, den er nach biblischem Zeugnis selbst als einen Akt des Dienens beschrieb, erweist sich als theologischer Kernsatz von Seelsorge: Denn auch der Menschensohn ist nicht gekommen, ›dass er sich dienen lasse, sondern um zu dienen und sein Leben hinzugeben als Lösegeld für viele‹ (Mk 10,45).«[349]

Jesu persönlicher Auftrag ist, trotz mancher Diskussion um den Dienstbegriff,[350] Fundament und Begründung für diakonisches Handeln.

---

345 Vgl. zu diesen Überlegungen die Ausführungen zum Ritual unter Punkt 7.5 in Kapitel III.

346 Karle, I., Seelsorge in der Moderne, Neukirchen-Vluyn 1996, 230.

347 Vgl. Karle, I., Seelsorge in der modernen Gesellschaft. Spezifische Chancen, Ressourcen und Sinnformen der seelsorgerlichen Kommunikation, in: EvTh 59 (1999), 218.

348 Vgl. Preul, R., Kirchentheorie, Berlin, New York 1997, 153.

349 Nauer, D., Seelsorgekonzepte im Widerstreit, Stuttgart, Berlin, Köln 2001, 271 f.

350 Vgl. die im Zusammenhang der Diakonia-Diskussion um John N. Collins gemachten Anmerkungen in Kapitel III unter Punkt 7.1.1.

> »Tod und Auferweckung Christi stellen [...] eine unüberbietbare Steigerung der Diakonie Gottes gegenüber den Menschen dar, weil Gott selbst sein Mitleiden am Kreuz auf die Spitze getrieben hat.«[351] Aus dieser Begründung folgt, dass der Mensch ein Geschöpf Gottes ist »[...] und in der liebenden Beziehung von Vater und Sohn lebt.«[352]
>
> Seelsorge in der Not muss daher diese Liebe abzubilden versuchen, »[...] angesichts der vielen Not-Lagen ein Stück Gottes-Vertrauen zu bewahren, um anstehende Aufgaben nicht im Sinne eines unstrukturierten hektischen Aktionismus, sondern auf der Basis einer christlich motivierten Gelassenheit angehen zu können.«[353]

Diakonisch-religiöse Kommunikation des Evangeliums ist durch das Bemühen um die Seele des Menschen gekennzeichnet und basiert auf seiner Würde. Diese Würde bleibt aufgrund seiner Geschöpflichkeit gerade in der Not bestehen, auch wenn der Tod eintritt, wenn Helfende oder Angehörige damit zurückbleiben müssen. Die Liebe Gottes geht in der Not, ja selbst im Tod, trotz des unverkennbaren und oftmals qualvollen Einschnitts nicht verloren. Sie hört niemals auf. Sie bildet sich jeweils neu ab, gerade in der Schwachheit des Menschen (2 Kor 12,9b). Sie wurzelt in der Achtung der Andersheit des Gegenübers sowie auf einer akzeptierenden Grundhaltung,[354] einer diakonisch-rituellen Lebensbegleitung,[355] die Raum lässt, damit Liebe spürbar werden und sich ereignen kann.[356] »Der Mensch ist nach christlicher Auffassung nicht in sich selbst begründet, sondern von jenseits seiner selbst bejaht und gewollt.«[357]

Wie konkretisiert sich diese Liebe? Indem Lebensgeschichte aufgearbeitet wird, so dass sich das Alte langsam verändert. Das Neue dabei wird nicht vorausschaubar oder verfügbar sein, sondern nur wie durch einen Spiegel stückweise erkennbar (1 Kor 13, 12). Da dieses Erkennen einen Weg ausmacht, wird auch dieser nicht ohne Gott sein, der hier dabei ist, der mitgeht

---

351 Pompey, H./Ross, P.-S., Kirche für andere, Ostfildern 1998, 167.

352 Pompey, H./Ross, P.-S., Kirche für andere, Ostfildern 1998, 167.

353 Nauer, D., Seelsorgekonzepte im Widerstreit, Stuttgart, Berlin, Köln 2001, 279, mit Rekurs auf Fürst, W., Seelsorge zwischen Resignation und Hoffnung, München 1990, 72.

354 Vgl. Meyer-Blanck, M., Art. »Liebe VIII. Praktisch-theologisch«, in RGG$^4$, Bd. 5, Sp. 347–348.

355 Friedrichs, L., Kasualpraxis in der Spätmoderne, Leipzig 2008, 28f.

356 Vgl. dazu Ebeling, G., Lutherstudien Bd. III, Tübingen 1985, 122.

357 Karle, I., Seelsorge in der modernen Gesellschaft. Spezifische Chancen, Ressourcen und Sinnformen der seelsorgerlichen Kommunikation, in: EvTh 59 (1999), 215.

und zuhört.[358] Gott wird erkennbar dort, »[...] wo Wirklichkeit wider Erwarten aufbricht und die Perspektive der Güte die Härte der Realität [...] überraschend in Frage stellt und verwandelt.«[359]

Stellt sich diese liebend-akzeptierende Grundhaltung eines Wahrnehmens der Situation auf dem Verstehenshintergrund der biblischen Tradition ein, dann befreit sie dazu, dass alle Beteiligten Verantwortung für das Leben spüren und annehmen. Sie erkennen (wieder) einen Sinn in ihrem Tun und Lassen, werden in der Krise stabilisiert und ermutigt. Unfassbares wird in einen haltenden Rahmen eingefasst, so dass alle Beteiligten entlastet und sogar getröstet werden. Seelsorger und Gegenüber können ein Stück Weg miteinander gehen. Die Konturen christlichen Lebens und christlicher Wahrnehmung in der modernen Gesellschaft werden exemplarisch verdeutlicht.[360]

Dieses erweiterte Da-Sein ist als Entwicklung von Liebesfähigkeit zu bezeichnen. Diese betrifft die betroffenen Mitmenschen genauso wie den Seelsorger selbst. Sie verlangt zuerst Mut zur Liebe zum Mitmenschen, d.h. einen offenen und realistischen Blick für das, was *jetzt gerade dran ist.*

Die Möglichkeit, schon aus der Akutsituation heraus Schritt für Schritt etwas für die Seele des Gegenübers zu tun, also Beteiligte auf allen Ebenen weiter zu begleiten, lässt die gegenseitige Beziehung reifen und sich vertiefen. Auch wenn er nicht unbedingt redet, bleibt er in der Not nicht sprachlos.

Liebendes Begleiten in diesem Sinne lässt die reale Situation in einem anderen Licht erscheinen. Gerade hier zeigt sich Gott. Die Not ist Christi Sache. Christus kommt ihnen in Liebe entgegen,[361] so, wie er es bei denen tat, denen der Mut am Leben zerbrochen war. Diese Menschen fanden durch seine Begleitung das Leben zurück, konnten neu ihre Verantwortung für das Leben angehen und eigene Entscheidungen treffen. Diesen Schritt möchte der Seelsorger wagen. Er steht mit seiner Person und seinem Auftrag für entgegenkommende Liebe ein, damit Menschen aus der Enge der Not und Bedürftigkeit herauskommen, ihre Integrität wahren und ein wenig Freiheit (er-)leben durch den Schutz eigener Ressourcen. »Solche Zeugenaussagen wollen durch Worte hervorrufen, was sie erfahren haben, was aber längst noch nicht allgemein anerkannt und weltweit wirksam ist [...].«[362]

---

358 Vgl. Friedrichs, L., Kasualpraxis in der Spätmoderne, Leipzig 2008, 26.

359 Schneider-Flume, G., Kirche und Theologie im Osten Deutschlands aus evangelischer Sicht, in: BThZ 20 (2003), 121.

360 Vgl., Karle, I., Seelsorge in der Moderne, Neukirchen-Vluyn 1996, 218

361 Vgl. Schmidt-Rost, R., Massenmedium Evangelium, Hannover 2011, 87.

362 Schmidt-Rost, R., Massenmedium Evangelium, Hannover 2011, 98.

Eine der Liebe Gottes entstammende Seelsorge rechnet entgegen modernem Machbarkeitsdenken mit dem Verlust, mit der Angst und der Verzweiflung. Sie nimmt den betroffenen Menschen ernst und stellt sich zu ihm. Der Bezug auf eine andere Wirklichkeit mildert dabei eintretende Fixierungen ab. Der Notfall als biographiebildendes Ereignis ist ein Signal für eine Krise, die auch im erweiterten Umfeld weiter wahrgenommen und in nachgehender Seelsorge begleitet werden muss. Gemeindliche Seelsorge, die der konkreten Seelsorge in der Not vorausgeht und folgt, kann Gelegenheiten aufgreifen, um den Kommunikationsfaden des Evangeliums wieder aufzunehmen.

### 3.2 Das Evangelium *formen* – beten

Spezifisch christliches Wahrnehmen der Welt drückt sich für den Seelsorger durch sein Beten aus. Dadurch wird Notfall-Seelsorge auch für ihn tragbar.

Wenn Anfang und Ende seines Dienstes (Einsatzes) durch ein Gebet gerahmt sind, dann sind Ausgangs- und Zielpunkt der notfall-seelsorgerlichen Arbeit in eine Wirklichkeit gestellt, die außerhalb jeglichen menschlichen Bemühens liegt. Tun und v. a. auch Lassen erscheinen in einem anderen Licht. Die letzte Verantwortung für das eigene Tun ist dadurch in eine besondere religiöse Kommunikation, einen bestimmten Lebensvollzug[363] eingebettet. »Der Glaube, wie er sich in den unterschiedlichen Formen des Gebets dokumentiert, ist eine Fluchtbewegung hin zu dem Ort, an dem Gottes vergebende Liebe erscheint.«[364]

Das eigene Gebet des Seelsorgers kann ein Ermöglichungsraum für liebendes Begegnen sein.

> »Wendet sich der Mensch im Gebet an Gott als ein zur persönlichen Anrede Bemächtigter, so zeigt der Mensch gerade im Bittgebet, dass er sich nicht an einen unbewegten Beweger wendet, der aufgrund seiner Allmacht von dem Leid des Menschen nicht bewegt zu werden vermag, sondern an einen Gott, der sich durch das Leid des Menschen bewegen lässt.«[365]

Schon in der Phase der Begleitung tritt er dadurch unter anderen Vorzeichen auf, wenn der Heilige Geist selbst im Herzen des Betenden zu reden begonnen hat.[366] Dann wird der Seelsorger versuchen, das erfahrene Leid durch

---

[363] Vgl. Roth, M., Die Rede vom verborgenen Gott, Würzburg 2011, 63.

[364] Roth, M., Die Rede vom verborgenen Gott, Würzburg 2011, 63.

[365] Roth, M., Die Rede vom verborgenen Gott, Würzburg 2011, 60.

[366] Vgl. Köpf, U./Zimmerling, P. (Hg.), Martin Luther. Wie man beten soll. Für Meister Peter den Barbier, Göttingen 2011, 36.

ruhige Anteilnahme und Solidarität erträglicher zu machen, durch einfaches Da-Sein und dann auch praktisches Beraten. Das ist seine erste Aufgabe als Notfall-Seelsorger. Die Schwierigkeit besteht vor allem darin, keine wohlfeilen Antworten zu haben, mitschweigen zu können, mit den Weinenden zu weinen, die Langmütigkeit und Freundlichkeit der Liebe zu üben, Vertrauen auf Gottes Zusage hin zu leben. Dies ist die tiefste Form seelsorgerlicher Kommunikation. Geschieht sie aus einer geistlichen Haltung heraus, einem inneren Halt, dann ist im Schweigen schon der Beginn des Trostes enthalten. Denn die Weitergabe des Trostes setzt voraus, vorher selbst Trost empfangen zu haben. »Trost wird [...] schal, wenn ihn ein Mensch für sich behalten will. Der Trost, den ich empfange, versetzt mich in die Lage, andere zu trösten.«[367]

In der Notfall-Seelsorge bedeutet dies, dass der Pfarrer in seinen Dienst Liebe zu leben übt: Indem er mithilft, einen Toten aufzubahren, verleiht er ihm Würde und gibt den Beteiligten Kraft. Schwerverletzten hält er die Hand und zeigt ihnen auf diese Weise, dass sie nicht verlassen sind. Angehörige, die zu einer Unfallstelle eilen und völlig hilflos sind, kann er auffangen, indem er sie empfängt, ihre Fragen aufnimmt und zu beantworten versucht. Er geht zu ihren Angehörigen mit, organisiert für sie ggf. Unterkünfte. Damit kann ein wenig Ruhe und Sicherheit entstehen, um neue Kräfte zu mobilisieren und Ressourcen zur Bewältigung freizusetzen.[368]

Die Beratung ergibt sich aus den Fragen der Menschen, die oftmals erst viel später kommen. Wie geht es weiter? Das ist sehr praktisch gemeint, nimmt das Leben aus dem Schweigen heraus und damit auch grundsätzlicher in den Blick. In beiden Fällen muss der Notfall-Seelsorger dann antworten können und vorbereitet sein. Er muss persönlich, d.h. sachgemäß und gewissenhaft Auskunft geben können. Darüber hinaus muss er (zeitnah) für die grundsätzlichen Fragen den Mut und die Neugierde zu einem Weiterfragen wecken und bewahren.

Schließlich betet er mit denen, die ihre Verzweiflung und Trauer vor Gott in Worte zu bringen suchen. Die Gesundung des Menschen vollzieht sich auch auf der Ebene der Seele und des Herzens.

Dazu möchte das Gebet helfen, denn durch das Beten entsprechen Menschen der Bestimmung, die sie als Geschöpfe Gottes erhalten haben. Durch das Beten treten sie in einen Dialog mit Gott, dem sie das sagen dürfen, was sie bewegt.

---

367 Möller, Chr., Kirche, die bei Trost ist, Göttingen 2007, 68.

368 Vgl. Karle, I., Seelsorge in der modernen Gesellschaft. Spezifische Chancen, Ressourcen und Sinnformen der seelsorgerlichen Kommunikation, in: EvTh 59 (1999), 214.

Die Formen dazu sind vielfältig, wenn auch geprägte Formen gerade hier im Sinne eines Rituals hilfreich sind, wie bereits mehrfach festgestellt wurde. Vor allem kommt es auf die Ernsthaftigkeit in Sinne eines Herzensanliegens an. Schließlich vermag das gemeinsame Beten helfen, sich über die Inhalte und den Adressaten des Gebetes zu vergewissern.[369] Auf diese Weise wird Notfall-Seelsorge in der beschriebenen Intensität möglich als ein Formen des Evangeliums. Begleitung und Bezeugung sowie Anteilnahme und ein Verstehen des ganzen Lebens bilden eine Einheit. Der pastorale Einsatz geschieht aus dem am Evangelium gewonnenen Bewusstsein.

Im Gebet mit den Betroffenen kann die eingetretene Situation vor Gott benannt und in die Fürbitte gestellt werden. Seelsorger und Gesprächspartner öffnen sich gegenseitig und begegnen einander als bedürftig. Diese konkrete Not ist nun Teil des jeweiligen und gemeinsamen Lebens.

Als persönliches und gemeinschaftliches Zeichen der Hinwendung zu Gott ist das Gebet gerade in menschlichen Krisensituationen bedeutsam und hilfreich. Es stellt den Menschen direkt vor Gott. Vor Gott wird ausgesprochen, was belastet. Durch diese klare Ausrichtung sind dem Seelsorger Ziel und Grenze seines Dienstes aufgezeigt. Gleichzeitig entlastet es ihn in seinem Dienst.

Die Fürbitte schließt das Gebet ab. Sie führt den Seelsorger und sein Gegenüber heraus aus dem rein Privaten. Der Pfarrer trägt die Not ein Stück weiter und macht sie so zu einem gemeinsamen Anliegen. Dieses begleitet ihn bis in die Gottesdienste des folgenden Sonntags. Schließlich trägt es die Gemeinde mit ihm.

Die Rede von Gott muss redlich erfolgen, um Vertrauen zu wecken. So kann sie Gewissheit begründen und Mut schöpfen, ohne die eigene Verantwortung zu verdrängen. Solche um Lebensgewissheit bemühte Seelsorge ist nicht auf einzelne Personen fixiert, sondern mutet Menschen Gottes Vorstellungen zu. Die Botschaften, Heilsverheißungen und Erkenntnisse der Welt werden an Gottes Wirklichkeit angelegt und dadurch kritisch hinterfragt.

Durch den gemeinsamen Vollzug ist für die betroffenen Menschen ein Zeuge gefunden, der sich für das Leben ausspricht trotz allem, was dagegen steht. Hier ist jemand, der für die Güte Gottes steht und darum im Moment der Angst einfach da ist. Er hält in dieser Geborgenheit das bohrende *Warum* aus. Er tut es bewusst, weil er auch jetzt nicht an Gottes Nähe und Fürsorge zweifeln will.

---

[369] Vgl. Köpf, U./Zimmerling, P. (Hg.), Martin Luther. Wie man beten soll. Für Meister Peter den Barbier, Göttingen 2011, 14–36.

Mit dem (abschließenden) Gebet hat der Übergang zur nachgehenden Gemeindeseelsorge schon begonnen. Ist der Seelsorger als Ortspfarrer im Falle eines plötzlichen Todesfalles anwesend, hat er für die sich anschließende Beerdigung wichtige Wahrnehmungen bereits geleistet. Er kann ordnen und begleiten. Er vermittelt ggf. zwischen den Anforderungen des Opfers und/oder seiner Angehörigen und den hilfsdienstlichen Notwendigkeiten.

Denn er kann und darf dazwischen stehen (bleiben) und darf dazwischen gehen. Rettungsdienst, Feuerwehr, Polizei, aber z. B. auch Krankenhäuser und Beerdigungsunternehmen wissen um seine Nähe zu ihnen in der Vermittlung oder ihrer eigenen Begleitung. Während ihrer technischen und medizinischen Optimierungsversuche wissen sie um einen in ihrer Nähe, der sich der seelischen Not annimmt. Er vertritt das Leben inmitten der Not und angesichts von Sterben und Tod. Das entlastet sie.

In diesem diakonischen Geschehen einer Opfer- und Helferhilfe steht der Seelsorger mitten im Einsatz und darüber hinaus für die Botschaft des Lebens und der Hoffnung, die er in seinem eigenen Gebet abschließend bedenkt. Außerhalb seiner Parochie wird anschließend sein Kollege die weitere Begleitung übernehmen und wiederum ihn entlasten.

### 3.3 DIE LIEBE ERTRÄGT ALLES, GLAUBT ALLES, HOFFT ALLES UND DULDET ALLES ... VON DEN ZUMUTUNGEN UND WUNDERN DER LIEBE

Die Liebe erträgt alles. Sie unterliegt Zumutungen, die ihre institutionellen Vertreter in besonderer Weise wahrnehmen und verarbeiten müssen. Denn Seelsorger kommen als Vertreter einer Institution zu den Menschen, die gesellschaftlich nicht mehr selbstverständlich ist. Sie wissen, dass sie das Vertrauen der Menschen erst bzw. immer wieder erwerben müssen. Dieser Erwerb ist mit einer Zunahme an Arbeitsaufwand verbunden, weil der beschriebene Bedeutungsverlust der Person des Pfarrers zugerechnet wird. In der Evangelischen Kirche von Kurhessen-Waldeck wurde in diesem Zusammenhang die flächendeckende Einführung der Notfall-Seelsorge in der Pfarrerschaft sehr emotional diskutiert.[370] Einerseits wurde dies als weitreichende Zumutung und Belastung verstanden, die angesichts des allgemeinen Bedeutungsverlustes umso schwerer wog. Andererseits sah man in der Fläche angesiedelte Seelsorge im Notfall als grundlegende Aufgabe,

[370] Vgl. dazu Pfarrerinnen- und Pfarrerausschuss der Evangelischen Kirche von Kurhessen-Waldeck (Hg.), Pfarrberuf heute. Dokumentation der Tiefenauswertung zur Befragung »pfarrberuf-heute«, Kassel 2007, 25–27.

um durch den selbstverständlichen Beistand in der Not dieses Vertrauen zu leben, bevor man vom Verlust und (Neu-)Erwerb desselben rede.

Auch die rheinische Pfarrvertretung fragte angesichts der in der Landessynode 2012 diskutierten Vorlage zu den Seelsorgefeldern der Kirche[371] kritisch an, inwieweit die sich notwendigerweise immer weiter fortsetzende Spezialisierung der Funktionspfarrstellen[372] das Pfarrbild in der Evangelischen Kirche im Rheinland beeinflussen werde. Zugleich problematisierte sie die in einigen rheinischen Kirchenkreisen geübte Praxis, alle Pfarrerinnen und Pfarrer per Synodalbeschluss oder Dienstanweisung in den Bereitschaftsdienst der Notfallseelsorge einzubinden. Damit werde der besondere seelsorgerliche Dienst verkannt und zudem den umfangreichen Verpflichtungen des Pfarramtes hinzugestellt.[373]

Beide Positionen stehen für ein besonderes Verständnis von Seelsorge. Der Ausdifferenzierung der Seelsorge, die zur Funktion kirchlichen Handelns erklärt und eingeordnet wird, steht trotz der offenkundigen Mehrbelastung die poimenisch-parochiale Verankerung in der Fläche entgegen. Dies wird exemplarisch durch die Voten zweier Pfarrvertretungen deutlich, deren Landeskirchen sehr unterschiedlich strukturiert sind.

Kann die Liebe dies alles tragen? Kann sie selbstverständlich alles hoffen und erdulden? Im konkreten Notfall sind Belastungen zu schultern, die sich aus der ständigen Spannung zwischen Routine und unmittelbarer Empathie ergeben. Diese potenzieren sich im Notfall.

Der Seelsorger kommt unverhofft aus seinem Arbeitsalltag in die Not der Menschen hinein. In der Notfall-Seelsorge kann das bedeuten, mit sehr unterschiedlichen Menschen von jetzt auf gleich konfrontiert zu sein und in eine Lage zu geraten, die alles andere als übersichtlich ist.

Der Seelsorger arbeitet den Notfall *ab,* wenn es sich um einen *normalen Fall* handelt, den er aus seiner gemeindlichen Tätigkeit hinreichend kennt. Der gewohnte Umgang hilft ihm dabei, den Menschen zu begegnen. Er hilft ihm auch, die notwendige Distanz zu wahren, ohne Nähe zu verwehren. Seine Gewohnheit und Routine entlasten ihn.

---

371 Evangelische Kirche im Rheinland, Vorlage der Kirchenleitung an die Landessynode, Seelsorgefelder (Link 32).

372 Vgl. dazu exemplarisch den Beschluss der Frühjahrssynode 2012 des Evangelischen Kirchenkreises Bonn (Link 37).

373 Vgl. dazu Pfarrvertretung in der Evangelischen Kirche im Rheinland, »Seelsorgefelder«. Stellungnahme zur Vorlage der Kirchenleitung für die Landessynode 2012 (Link 33).

Und doch ist gerade dieser Fall nicht normal, denn er betrifft jeweils neu Menschen in ihrer Not und Hilflosigkeit. Es bedarf eines angemessenen Einfühlungsvermögens, welches tröstet. Der Seelsorger muss hier neben der äußeren eine innere Präsenz zeigen, die die eingetretene Situation würdigt und dennoch nicht überhöht.

Die Ohnmacht eines Notfalls, die Schwere des Anwesend-Seins und Schweigens lässt innerhalb der Hilfe für den in Not-Geratenen die eigene Bedürftigkeit des Seelsorgers erkennbar werden. Dennoch hilft die Schwere auch ihm. Er kann so besser verstehen und empfinden, was die Not seines Gegenübers bedeutet. Beide Seiten rücken näher zusammen. Sie beginnen sich zu öffnen und begegnen sich als Bedürftige.

Menschen überleben nicht trotz ihrer leidvollen Erfahrungen, sondern reifen durch diese. Ihre Empfindlichkeit für die Seins-Frage steigt. Die Frage, wer sie sind, wird in dieser Situation bewusster gestellt, weil die Sicherheit wegzubrechen droht und weil der innere Halt schwindet. Für die Seelsorge in der Not heißt das, dass die Not von Spiritualität umfangen werden muss.

> »Ohnmacht kann auch als Ort der Gottesbegegnung erfahren werden und Schicksal kann die Form gnädig sich zuwendender Gnade bekommen, Freiheit als Chance oder Last erscheinen, Traumata als gerechte oder ungerechte Strafe usw.«[374]

Ein Verstehen des gesamten Geschehens muss reifen können durch lebensdienliche und -förderliche Kommunikation. Dabei ist der Blick zurück unumgänglich, etwa bei einer Aussegnung.

Er bewahrt vor einem allzu schnellen Übergang in die Zukunft, in die Mechanik des alltäglichen Geschehens. So sorgt der Seelsorger für die Seele in der Not, wenn er z. B. im Falle eines Todes an das Vergangene durch innere und äußere Riten erinnert und dazu beiträgt, es zu verabschieden. Ein solches Vorgehen würdigt das, was war, und bewahrt den Seelsorger und sein Gegenüber, etwa Angehörige, vor unzutreffendem Reden und Beurteilen, auch im Rahmen einer Beerdigung.

Es befreit für neue Hoffnung in der Not, für das Wunder des Lebens. Dieser Moment des Innehaltens entlastet alle Beteiligten, weil er für (bisher) Unausgesprochenes Raum schafft, weil er das Eingebunden-Sein in technische wie moralische Bedingungen benennt und dadurch z. B. den überlebenden Angehörigen helfen kann, den neuen und veränderten Weg durch einen bewussten Abschluss des alten anzunehmen.

---

374 Zippert, Th., Indikationen für Seelsorge, in: PTh 93 (2004), 323.

Menschen in Not, die auf diese Weise begleitet und zur Trauer und deren Verarbeitung ermächtigt werden, können beginnen ihre Geschichte zu erzählen. Der Seelsorger hört ihnen aufmerksam zu. Es sind für ihn Worte oder auch Gesten, die seine Mitmenschen als Geschöpfe Gottes ausdrücken. Dass er dies so hört, versteht und deutet, ist ihnen meist durch die Anwesenheit ihres Pfarrers von selbst klar, ohne dass er das explizit sagt. Er kann darum jetzt auch in der Notsituation, im seelsorgerlichen Miteinander die Ambivalenzen ihres Lebens ins Gespräch bringen, Unrecht oder gar Schuld ansprechen. Er verweilt einen Moment, lässt der Tiefe und Dunkelheit menschlicher Beziehungen Raum, nimmt ihre Worte auf. Er möchte sie die Verheißung des Evangeliums erahnen und spüren lassen. Diese Verheißung wird umso stärker zugelassen, wenn die Last für beide Seiten empfunden und angenommen wird. In dieser Situation des gegenseitigen Wahrnehmens und Verstehens ist das Wort von der Vergebung Gottes, welches von außen zugesagt wird, angebracht.

Nun muss der nächste Schritt folgen: Menschen sollen den Blick aus ihrer Not und Angst weiten können. Sie sollen die gesamten Bezüge ihres Lebens erkennen und (wieder) einordnen können. Sie sollen Kraft erhalten, um sich erneut zu öffnen und Lebensgewissheit bzw. Festigung für ihr weiteres Leben zu gewinnen. Durch den Bruch mit Vorstellungen des Perfektionismus[375] bildet und festigt christliche Seelsorge die Identität und das Selbstvertrauen der Menschen. Sie sind nicht wertvoll durch das, was sie tun, sondern dadurch, dass Gott sie anspricht, gerade in der Not. Darin liegt ihre Würde. Dieses ansatzweise, durch einen Spiegel, erkennbar zu machen, ist das Ziel diakonisch-religiöser Kommunikation des Evangeliums.

## 4. Die Liebe hört niemals auf ... Vom Not-Fall zum Normal-Fall

Ein Notfall ist immer ein Fall. Ein Unfall steht in enger Verwandtschaft zur Krise, welche ursprünglich den Wendepunkt oder eine Richtungsverschiebung in sich trägt.[376] Der Unfall ist »[...] ein Geschehen, das von außen gewaltsam auf den Einzelnen einwirkt, unvorhersehbar geschieht und zu einer

---

375 Vgl. Sadowski, S., Notfallseelsorge. »Ohne zu zögern« oder »Zwischen Angebot und Nachfrage«, in: PThI 23 (2003), 196.

376 Vgl. Unfall als Krise, Göttingen 2011, 13.

unfreiwilligen Gesundheitsschädigung führt.«[377] Er kann sich zum Auslöser einer Krise entwickeln, die sich aufgrund von körperlichen, psychischen und seelischen Verletzungen einstellt.[378] Es sind Grenzerfahrungen, die den ganzen Menschen betreffen, die ihn sein weiteres Leben begleiten und möglicherweise entscheidenden Einfluss ausüben werden. Ein derartiger Un-Fall entwickelt sich als Zu-Fall zum Not-Fall. Damit an dieser Grenze der Glaube Raum erhält und eine Hoffnung wachhält, die eine Zukunft vor Augen hat, ist der Notfall-Seelsorger da. Die Liebe Gottes soll als Gegenpol zur erfahrenen Härte Güte spürbar werden lassen. Notfall-Seelsorge stellt insofern immer ein kasuales Handeln dar.

Helfer und Opfer begegnen dem Seelsorger in Momenten ihres Lebens, die sie danach als Wende- bzw. Knotenpunkte ansehen. Diese hinterlassen bei ihnen einen entscheidenden Einschnitt und prägen ihre Biographie. Aus dieser Prägung heraus suchen Menschen nach Anschlussmöglichkeiten und Brücken in ihr Leben, gerade im Falle von biographischen Lebenswenden wie Taufen oder Trauungen. Die Begleitung und Zusammenarbeit im Falle der Not kann eine Tür für die Inanspruchnahme der klassischen Kasualien öffnen,[379] für die Helfer ebenso wie manche Opfer. Bestehende Kontakte erleichtern die Anfragen dazu. Oftmals ist auch eine Vermittlung an den Kollegen in der jeweiligen Gemeinde ohne große Hindernisse möglich, weil es über den bekannten Notfall-Seelsorger geschieht. Die vorhandenen Kontakte und das damit einhergehende Vertrauen, aus der biographischen Relevanz des gemeinsamen Arbeitens erwachsen, ermöglichen es.

Gemeinsame Gottesdienste und Andachten für Einsatzkräfte und Opfer verstärken die gegenseitige Bindung noch einmal auf einer anderen Ebene, die eine rituelle Übergangsbegleitung ermöglicht. Die Menschen öffnen sich dabei. Die Klage erhält einen öffentlichen Ort und eine Adresse. Der Gottesdienst ist aber auch der Ort, an dem (wieder und trotz allem, was passiert ist) der Dank für die Schönheit des Lebens ausgesprochen wird, verbunden mit Geschichten und Bildern aus der biblischen Überlieferung. Die Menschen dürfen zur Ruhe kommen und Gottes Segen erhalten. Notfall-Seelsorge bietet einen weiten Raum, in dem diese Ruhe inmitten aller Hektik der Hilfe ei-

---

377 Unfall als Krise, Göttingen 2011, 14.

378 Vgl. Unfall als Krise, Göttingen 2011, 14.

379 Fechtner, K., Kirche von Fall zu Fall, Gütersloh 2011, 34f., hebt die lebensgeschichtlichen Übergänge als Umbruchsorte heraus, die emotional hoch besetzt sind und in besonderer Weise als Krise erfahren werden, weil damit (lebensgeschichtliche) Schwellen überwunden werden müssen.

nen Platz erhält. Aus der Stille heraus, manchmal auch nur eines Momentes, kann neue Kraft erwachsen.

Die gemeinsame Arbeit führt beide Seiten zusammen und mündet in ein Miteinander, das längst jenseits des konkreten Falles den Normal-Fall der Gemeindearbeit darstellt. Neue Beziehungen sind über den gemeinsamen Dienst entstanden. Dadurch konnte das Verständnis füreinander wachsen. Menschen durften die Nacharbeit (in Form von Einsatznachbereitungen, berufsethischen Fortbildungen oder Besuchen auf Wachen) als eine tragfähige Brücke zu einer selbständigen Lebensbewältigung erleben.[380]

Gerade durch die Notfall-Seelsorge arbeitet der Pfarrer mit den Mitarbeitern der Hilfsdienste vor Ort Hand in Hand zusammen. Diese sind ein Teil seiner Gemeinde, auch wenn deren Arbeit aus kirchlicher Sicht oftmals ungewohnt ist bzw. kirchlichem Denken und Handeln fremd erscheint. Umgekehrt verhält es sich ebenso.[381]

Notfall-Seelsorge bildet die im Glauben gewonnene Überzeugung ab, dass die Not des Menschen ihn nicht isoliert, sondern sozialisiert. Dafür steht die Notfall-Seelsorge der Kirche und ihrer Pfarrer ein. Diese bilden als erste Ansprechpartner das soziale Netzwerk ihrer Gemeinden ab, die die Not Einzelner durch die Gemeinschaft vieler zu lindern sucht.

Die Einbindung der Begleitung in den Gemeindealltag macht den Notfall-Seelsorger auch zum Ansprechpartner für die (örtlichen) Medien. Durch eine stark veränderte Berichterstattung werden Notfälle und Krisen schnell medial verbreitet und können zu kollektiver Betroffenheit führen. Hier wird auch der Gemeindepfarrer zum Notfall-Seelsorger, selbst wenn er nur indirekt im Einsatz ist. Er kann helfen, wenn er den örtlichen Medien beschreibt, wie Hilfe z. B. bei großen Unfällen geleistet wird.[382]

Er kann Perspektiven öffnen, wenn er in besonderen Gottesdiensten aufgrund eines Unglücks oder auch im folgenden Sonntagsgottesdienst die schwierige Situation ebenso für seine Gemeinde wahrnimmt, wenn er Worte der Anteilnahme stellvertretend ausspricht und zur Sprache bringt, was sprachlos macht.[383] Es weitet den Blick seiner Gemeinde, wenn er das aktu-

---

[380] Vgl. Karle, I., Seelsorge in der Moderne, Neukirchen-Vluyn 1996, 222.

[381] Vgl. Waterstraat, F., Abschnittsleiter Jenseits. Von den Aufgaben eines Feuerwehrseelsorgers, in: LM 8 (1993), 12–13.

[382] Vgl. dazu Brummer, A., Einsatzbezogene und strukturierte Öffentlichkeitsarbeit, Frankfurt 2009, 127–130, sowie Krause, B., Statut der Notfallseelsorge, Edewecht 2006, 383–394.

[383] Vgl. dazu Daiber, K.-F., Was sprachlos macht zur Sprache bringen, Hannover 2005, 4–12.

elle Geschehen als Ganzes einzuordnen versucht und sich den Fragen der Menschen öffnet. Dadurch übt er auf einer anderen Ebene Seelsorge an seiner Gemeinde, die in ihrer Betroffenheit auch ihre Lebensgewissheit wiederzuerlangen sucht, die Halt im Glauben erbittet.

Durch die beschriebene Zusammenarbeit auf verschiedenen Ebenen verändert Kirche ihr Gesicht und wird (wieder) als hilfreiche und sinnvolle Stütze anerkannt. Wachsende und vertrauensvolle Zusammenarbeit befördert u. a. die zunehmende Bereitschaft, auch von staatlicher Seite Gelder, z. B. durch Bußgeldverfahren, bereitzustellen und von privater Seite durch Stiftungen notfall-seelsorgerliche Arbeit zu fördern.

Von kirchlicher Seite wird durch Kollekten aus der Gemeinde oder des Kirchenkreises für die finanzielle Unterstützung der Arbeit gesorgt.

> Die Arbeit wird auch auf diese Weise in den Gemeinden kommuniziert, denn »[...] ein Gottesdienst, in dem die Erkenntnis der Barmherzigkeit Gottes sich nicht auch in materieller Freigiebigkeit konkretisiert oder in dem gar die soziale Verantwortung de facto ausgeblendet wird, [wird, SBS] seinem biblischen Sinn nicht gerecht [...]. Der Brauch, im Gottesdienst Kollekte zu sammeln, ist – sofern sie als Antwort auf das Evangelium nachvollziehbar wird! – auf jeden Fall das deutlichere Zeichen in einer Kirche, die ›mit ihrer Botschaft wie mit ihrer Ordnung‹ davon Zeugnis gibt, zu wem sie gehört und aus wessen Trost und Weisung allein sie lebt (vgl. die dritte These der Barmer theologischen Erklärung).«[384]

Notfall-Seelsorge ist Gemeindearbeit.

## 5. Das Evangelium *verantworten* – Nun aber bleiben Glaube, Hoffnung, Liebe, diese drei, aber die Liebe ist die grösste unter ihnen

Die Kommunikation des christlichen Wirklichkeitsverständnisses im kirchlichen Auftrag vollzieht sich in der Notfall-Seelsorge diakonisch-religiös.

Ein solches Kommunikations- und Vermittlungsgeschehen in der Notfall-Seelsorge bringt eine spezifische Gestalt von Kirche hervor. Die Präsenz des Seelsorgers bildet Vertrauen aus. Er selbst setzt sich durch seinen Beistand

---

[384] Evangelische Kirche von Kurhessen-Waldeck. Landeskirchenamt Kassel, Freiwillig und von ganzem Herzen ... Kollekten im Gottesdienst. Praktische Anregungen und theologische Überlegungen. Eine Handreichung der Evangelischen Kirche von Kurhessen-Waldeck, Kassel 2011, 41.

einer besonderen Grenzsituation aus, denn er kann den Not-Fall nicht lösen oder gar heilen. Seine Vermittlungstätigkeit in existentiellen Fragen macht seine eigentliche Arbeit aus. Diese beginnt dann,

> »[...] wenn das Ganze des Lebens zum Thema wird, wenn bisherige Sinngebungen fraglich werden, wenn man ›an nichts mehr‹ glaubt (außer daran, nichts mehr zu glauben). [...] Gerade der Tod Nahestehender, Trennungserfahrungen, Krankheiten, Lebenskrisen, Verfehlungen und Schuld nötigen dazu, dem eigenen Leben einen neuen, veränderten Sinn zu geben und die eigene Identität im Verhältnis zu (schmerzhaft) veränderten Lebenssituationen neu zu finden bzw. zu bestimmen. [...] Oft ist die Seelsorge (und in ihrem Gefolge die Traueransprache) der einzige Ort, wo das Leben insgesamt zum Thema wird.«[385]

Es ist die Art des Zuhörens,[386] die Menschen in die Lage versetzt, ihr Leben neu anzunehmen und in eine Struktur zurückzuführen. »Bei wachsender Spezialisierung und Arbeitsteilung, bei wachsender Segmentierung der Identitäten wird dieses Bedürfnis nach einem Ort wachsen, der für das Ganze des Lebens freigehalten wird.«[387] Dabei wird es vornehmlich darum gehen, dem einzelnen Menschen Raum zu schaffen, nicht Einzelwünsche oder -bedürfnisse zu bedienen. Vielmehr »[...] sollten die Probleme menschlichen Zusammenlebens in der Spiegelung im individuellen Leben Gegenstand christlicher Seelsorge sein.«[388]

Und dann darf der Seelsorger gut von Gott in der Welt reden, um die vorhandene Krise als Lebensgestaltungsaufgabe zu verstehen und weniger als die ängstliche Sorge um sich selbst, in einem Teufelskreis von Krankheit und

---

385 Zippert, Th., Indikationen für Seelsorge, in: PTh 93 (2004), 329.

386 Da der Mensch ein Beziehungswesen ist, ist die beschriebene Form die Art des Beistandes, die Gal 6,2 zu leben versucht, die Jesu Tod als ein Geschehen deutet, welches sich aus Solidarität mit dem Menschen vollzieht. Zugespitzt wäre mit Schulz, M., Katastrophen als Anklage, Würzburg 2011, 44 (vgl. auch 42f.,) zu sagen: »Eine Welt, die getragen ist, von der Beziehung zu Gott und von zwischenmenschlichen Beziehungen, die Gottes Beziehung zum Menschen vermitteln, ist prinzipiell möglich.« Für die Notfall-Seelsorge formuliert Schulz, 46f.: »Der Notfallseelsorger trägt [...] dazu bei, dass dieses Beziehungsnetz wächst. Seine Solidarität, sein oft nur schweigendes Dabeisein schenkt Beziehung; er schenkt auf diese Weise Leben inmitten des Todes, der Desorientierung.«

387 Zippert, Th., Indikationen für Seelsorge, in: PTh 93 (2004), 330.

388 Schmidt-Rost, R., Probleme der Professionalisierung der Seelsorge, in: WzM 41 (1989), 42.

Gesundheit. Dieses Menschenbild führt aufgrund seiner gesellschaftlichen Kontrafaktizität zu einer Vertiefung der Beziehung.

Diese Begleitung bejaht also den Menschen, nimmt seine Situation nicht leichtfertig hin, weil sie ihn als Menschen vor Gott gestellt sieht. Sie geschieht aus Glauben und vollzieht sich auf Hoffnung hin, sie vertraut darauf, dass der Mensch gerade in der Not nicht gottverlassen ist und möchte ihm helfen, dass er selbst Gott gegenüber seine Sprache behält bzw. (wieder) findet.

Das Reden von Gott kann darum kein Reden über Gott sein, sondern muss ein Reden zu Gott bleiben, welches dem Geist wie dem Herzen gleichermaßen entspricht und Gott und Mensch verbindet.[389] Dies weckt den Mut und die Neugierde, trotz allem weiter zu fragen nach dem Leben. Auf diese Weise wird die Muttersprache der Kirche als kirchliche Muttersprache erkennbar.[390] Als kirchliche Muttersprache ist sie in der Seelsorge vernehmbar, weil sich in ihr Kirche an einem anderen Ort ereignet. Ihre Mission ist durch den kirchlichen Auftrag begründet. Dieser sucht der flüchtigen Seele des modernen Menschen (der moderne homo incurvatus), die ihn atemlos macht und überfordert, den Trost der Gottesssehnsucht gegenüberzustellen.

> »Seelsorge wird so betrachtet im wahrsten Sinne des Wortes zur Notfall-Seelsorge, zur Sorge um eine flüchtig, unstet gewordene, eine aus sich selbst und ihrem Gleichgewicht gebrachte Seele, die ›erste Hilfe‹ im Sinne von fundamentaler Hilfe braucht.«[391]
> Diese Aufgabe qualifiziert die Seelsorge wie die Notfall-Seelsorge gleichermaßen, so dass »Seelsorge als Muttersprache der Kirche [...] ihr Profil, ihr Erkennungszeichen, ihr Alleinstellungsmerkmal durch diese geistigen, spirituellen, theologischen Vertiefungen der konkreten Sorgen [hat], eine Vertiefung, die sich aus den Quellen und Schätzen der christlichen Tradition speist.«[392]
> Insofern ist »[...] Traditionsbindung [...] geeignet, den ›in sich selbst verstummten Menschen‹ einer flüchtig gewordenen Seele wieder zum Klingen zu bringen, eben ›verhältnisfähig‹ zu machen.«[393]

389 Vgl. Köpf, U./Zimmerling, P. (Hg.), Martin Luther. Wie man beten soll. Für Meister Peter den Barbier, Göttingen 2011, 19.

390 Vgl. dazu Gundlach, Th., Notfallseelsorge, Frankfurt 2009, 58.61 f. Gundlach nimmt den Begriff von Petra Bosse-Huber auf.

391 Gundlach, Th., Notfallseelsorge, Frankfurt 2009, 63 f.

392 Gundlach, Th., Notfallseelsorge, Frankfurt 2009, 64.

393 Gundlach, Th., Notfallseelsorge, Frankfurt 2009, 66.

Seelsorge kommt ihrer ureigenen Aufgabe nach, indem sie auf diese Weise das Vertrauen von Menschen in das Leben stärkt und sich dadurch als glaubwürdig erweist. Am Übergang vom Trauma zur Trauer folgt sie einen Schritt voran,[394] indem sie neben dem Blick auf das Trauma die Schätze des Glaubens und der biblischen Tradition als Lebenshilfen anbietet, um die Tiefenschichten des Kummers zu erfassen, um zu unterscheiden zwischen Machbarem und zu Ertragendem und damit den inwendigen Menschen zu erreichen.

> »Der Abschied von einem geliebten Menschen, das Weinen um zerstörte Beziehungen, die Klage ob verpasster Lebenschancen, das Loslassen des eigenen Lebens, das Warten auf den Tod usw., – alle diese Situationen können durch klug angebotene Traditionsbindung gleichsam vertieft werden hin zur Wahrnehmung einer Gottessehnsucht.«[395]

Notfall-Seelsorge ist darum immer Theologie im Umgang mit Gott.

So sehr der Seelsorger hier als Theologe gefragt ist, umso mehr wird er für sein Gegenüber und sich selbst aber auch zu vermitteln haben, dass es letzten Endes Gottes Gnade ist, die Menschen als seine Geschöpfe immer wieder neu empfangen dürfen, um zu leben, denn

> »es ist noch nicht erschienen, was wir sein werden«[396] bzw. »[...] wie Er uns tatsächlich gemeint hat.«[397] »Seelsorge als Muttersprache der Kirche ist nicht mehr allein Begleiten, sondern auch der Versuch, Gutes von Gott in der Welt zu reden.«[398] Sie ist »[...] als Angebot zu verstehen [...], sich selbst und seinen Kummer geistlich und theologisch als Situation vor Gott zu verstehen.«[399]

---

394 Vgl. Haupt-Scherer, S./Scherer, U., Einen Schritt voran folgen. Psychotraumatologische und konzeptionelle Überlegungen zu einer traumazentrierten Seelsorge, in: WzM 63 (2011), 561–571.

395 Gundlach, Th., Notfallseelsorge, Frankfurt 2009, 64.

396 1 Joh 3,2b nach Deutsche Bibelgesellschaft Stuttgart (Hg.), Lutherbibel 1912. Die Bibel oder die ganze Heilige Schrift des Alten und Neuen Testaments nach der deutschen Übersetzung Martin Luthers, Stuttgart 1912.

397 Zippert, Th., Indikationen für Seelsorge, in: PTh 93 (2004), 330.

398 Gundlach, Th., Notfallseelsorge, Frankfurt 2009, 65.

399 Gundlach, Th., Notfallseelsorge, Frankfurt 2009, 66.

Ein solches Verständnis versteht das Leben nicht allein als Krisenphänomen, sondern als Lebensgestaltungsaufgabe, die den von Gott getrösteten Menschen ernst nimmt und ihn weinen lässt, wo nur dieses noch geht.[400] Auf diese Weise wird Liebe gelebt und zugleich erfahrbar – das Evangelium wird verantwortet.

Kirche ist durch die Notfall-Seelsorge eine erreichbare und *offene* Kirche, die nahe bei den Menschen und ihren Fragen steht, die sie begleitet, die ordnend in die Unordnung der Not eingreift. »Es ist ihr Programm, gerade für die Überforderten, Mühseligen und Beladenen, für die Verängstigten und Orientierungslosen da zu sein.«[401] An dieser offenen Flanke muss sich Liebe und Hinwendung bewähren. Hier entscheidet sich letzten Endes die Relevanz kirchlicher Arbeit und bewährt sich durch vereinbarte Zusagen die Kollegialität der Seelsorger in ökumenischer Perspektive. Notfall-Seelsorge stellt den Ernstfall kirchlicher Arbeit dar.[402]

In der Notfall-Seelsorge ist die Kirche dort, wo sie hingehört: bei den Menschen. Und nur durch ihr Da-Sein behält sie für die Menschen eine Erkennbarkeit, ein Gesicht, das sie sich merken. Notfall-Seelsorge lehrt, die Vielfalt seelsorgerlichen Handelns anzuwenden und zu beachten. Sie führt zu grundlegenden theologischen Fragen, die nach Antwort rufen, weil Gott von der Schattenseite des Lebens aus gesucht wird. Das kostet Kraft und belastet, motiviert jedoch auch immer wieder, in dieser Arbeit zu bleiben, denn der Sinn des Tuns leuchtet unmittelbar ein. Die Zumutung der Liebe erweist sich letztendlich als Hilfe und wird über den vermeintlichen Umweg der Belastung zum Wunder.

Damit Glaube, Hoffnung und Liebe bleiben und sich festigen können, handelt Kirche unter notfall-seelsorgerlichen Bedingungen ohne zu zögern an einem anderen Ort.[403]

Die Liebe bleibt, weil sie nicht fallabhängig ist. Sie *interveniert* nicht einmalig, sondern kultiviert ihre Zuwendung aus der Gewissheit göttlicher Güte

---

[400] Vgl. Gundlach, Th., Notfallseelsorge, Frankfurt 2009, 66.

[401] Karle, I., Seelsorge in der Moderne, Neukirchen-Vluyn 1996, 241.

[402] Vgl. Gundlach, Th., Notfallseelsorge, Frankfurt 2009, 63.

[403] U. Pohl-Patalong verwendet den Begriff der *kirchlichen Orte* als Alternativbegriff, um den Konflikt zwischen Ortsgemeinde und funktionalem Dienst aufzulösen, um damit einerseits Kirche inhaltlich überzeugend und andererseits finanziell realistisch darzustellen, vgl. Pohl-Patalong, U., Ortsgemeinde und übergemeindliche Arbeit im Konflikt, Göttingen 2003. In dieser Arbeit wird der Begriff als Gelegenheit verstanden, Menschen in ihrem Lebensumfeld nahe zu sein, vertraut zu werden und so auch Kirche zu sein.

heraus. Sie kann bleiben, weil sie in der Notfall-Seelsorge auf die Gemeindetätigkeit des Ortspfarrers und seiner Kollegenschaft bezogen bleibt und keinen funktionalen Sonderdienst bildet.

Notfall-Seelsorge ist als gesellschaftsdiakonischer Dienst eine innovative Form in einer seelsorgerlichen Kirche im 21. Jahrhundert. Sie erweitert Seelsorge durch ihren konsequent praktischen Ansatz. Ihr Einsatz für Menschen in Not, oftmals durch einen regionalen Bereitschaftsdienst in Teamarbeit und ökumenisch vernetzt, qualifiziert sie zu einer theologischen Arbeit, die als Arbeit an der eigenen religiösen Identität verstanden werden kann bzw. dazu ständig neu herausfordert.

# V. Notfall-Seelsorge als parochiale Aufgabe

## 1. Notfall-Seelsorge im Miteinander der Hilfsdienste

Im Sinne dieses Daseins für andere darf Notfall-Seelsorge als *Erste Hilfe für die Seele* bezeichnet worden. Diese Bezeichnung ist, wie bereits gezeigt wurde, für ein Verständnis umfassender Seelsorge im Notfall problematisch. Dennoch zeigt der Begriff an, dass Notfall-Seelsorge eingebunden ist in die sog. Rettungskette. Sie ist ein Teil des strukturierten Einsatzgeschehens. Dadurch ist sie vertraut mit einsatzbedingten Abläufen und Alarmierungsstrukturen.

Jedoch ist die Bezeichnung auch ein Hinweis auf die eigene Thematik der Kirche. Als seelsorgerlicher Parochialdienst des Geistlichen vor Ort ist sie eine Form von Seelsorge in der Gemeinde bzw. in der Region für Menschen in Not.

Durch ihre Präsenz in den Wehren und Diensten pflegt sie auf besondere Weise den Kontakt in der Gemeinde. Dieses Gegenüber und Miteinander soll im Folgenden beispielhaft konkretisiert werden an einem besonderen Gottesdienst für Einsatzkräfte.

### 1.1 Einsatzkräftegottesdienste im Schwalm-Eder-Kreis

#### *1.1.1 Geschichtlicher Einblick*

Die Geschichte der Notfall-Seelsorge in der Evangelischen Landeskirche Kurhessen-Waldeck (EKKW) begann bereits 1996 durch die Zusammenarbeit einzelner Pfarrer eines Kirchenkreises mit ihren örtlichen Feuerwehren. Auch hier kam, wie an so vielen Orten, die Anfrage zur Begleitung von Seiten der Hilfsdienste. Ab 1998 wurde sie zu einer intensivierten und institutionalisierten Zusammenarbeit der Kirche mit den örtlichen Hilfsdiensten ausgebaut. Immer mehr Kirchenkreise schlossen sich bis 2000 dieser Arbeit mit unterschiedlichen Schwerpunktsetzungen nach und nach an, so dass seit 2003 Notfall-Seelsorge zum grundpastoralen Dienst jeder Pfarrerin und jedes Pfarrers in Kurhessen-Waldeck gehört.

Der Verfasser arbeitet als Gemeindepfarrer der Kirchengemeinde Melsungen und Kehrenbach im Kirchenkreis Melsungen,[404] der politisch zum Schwalm-Eder-Kreis[405] in Nordhessen gehört. In ihm finden sich drei Kirchenkreise zusammen. Von Anfang an ist in der notfall-seelsorgerlichen Arbeit seit 1998 das Ziel verfolgt worden, in den Kirchenkreisen Kontaktpersonen bzw. Beauftragte für Notfall-Seelsorge zu haben. Diese sind meist Gemeindepfarrer mit einem besonderen Auftrag im Kirchenkreis. Sie pflegen die notwendigen Kontakte vor Ort, stimmen den kollegialen Notfall-Seelsorgedienst mit den Kollegen in den Gemeinden ab und organisieren Fortbildungen auf regionaler Ebene. Hinzu kommt ein Kollege mit Zusatzauftrag, der die Kontakte zum Landkreis oder zur kreisfreien Stadt über die kirchlichen Strukturen hinaus pflegt und die Kollegen in den Kirchenkreisen unterstützt. Dieser Dienst dient dazu, die institutionalisierten Gegebenheiten der Hilfsdienste besser im Blick halten zu können. Deren Strukturen sind den politischen Strukturen und Grenzen angepasst.

Im Schwalm-Eder-Kreis haben sich von Anfang an die beauftragten Pfarrer der Kirchenkreise als regionale Arbeitsgemeinschaft Notfallseelsorge im Schwalm-Eder-Kreis verstanden, sich regelmäßig getroffen und Erfahrungen ausgetauscht sowie gegenseitige Hilfe, z.B. im Bereich der Fortbildungen und Vertretungsdienste, abgestimmt und gegenüber ihren jeweiligen Dekanaten vertreten.

Aus dieser Arbeitsgemeinschaft ist nach einigen Jahren der verstärkten Zusammenarbeit mit Feuerwehr, Polizei und Rettungsdienst 2004 der Gedanke für einen Einsatzkräftegottesdienst entstanden, der möglichst einmal jährlich in einer der Regionen des Landkreises, also in einem Kirchenkreis, unter Federführung des entsprechenden Notfall-Seelsorgers der Arbeitsgemeinschaft stattfindet.

---

[404] Der Kirchenkreis Melsungen grenzt im Norden an Kassel, im Süden an Rotenburg an der Fulda und ist geistliche Heimat für ca. 30000 evangelische Christen.

[405] Der Schwalm-Eder-Kreis ist 35 km südlich von Kassel im Dreieck zwischen Kassel, Marburg und Bad Hersfeld gelegen. In ihm wohnen ca. 185000 Menschen.

### 1.1.2 *Aktives Vertrauen gründen und pflegen*

Auch in den *nordhessischen Bezügen* ist die Entfremdung zwischen Hilfsdiensten und Kirche spürbar. Insgesamt jedoch kann von einer Nähe der Kirche zu den hier lebenden Menschen gesprochen werden. Das gilt ebenso für die Hilfsdienste und die in ihnen tätigen Ehrenamtlichen. Die Kirche hat sich hier nicht aus der Fläche zurückgezogen! Im Gegenteil. Sie stellt sich bewusst der Aufgabe, vor Ort zu bleiben. Meist sind selbst kleinste Dörfer als selbständige Kirchengemeinden organisiert, in denen der Pfarrer seine Leute kennt und in engem Kontakt zu ihnen steht, weil er unter ihnen wohnt und arbeitet. Das Vertrauen zur Kirche als Trägerin der Notfall-Seelsorge ist vorhanden, weil sie ansprechbar ist und mit ihren Pfarrern bekannte und ansprechbare Menschen einsetzt. Dennoch haben sich insgesamt auch hier Veränderungen eingestellt, welche ein anderes Bindungsverhalten zur Kirche und ihren Trägern haben entstehen lassen.

Ein Einsatzkräftegottesdienst von Einsatzkräften für Einsatzkräfte hat zum Ziel, durch den tragenden Rahmen eines gemeinsamen Gottesdienstes, die oftmals unter schweren Bedingungen arbeitenden Hilfsdienste ernst zu nehmen sowie deren Zusammenarbeit untereinander (und damit auch mit der Notfall-Seelsorge) zu thematisieren und zu erleichtern. Es geht darum, den Dienst mit all seinen Sonnen- und Schattenseiten vor Gott zu bringen, zu bedenken und dabei in besonderer Weise die oftmals ehrenamtliche Tätigkeit der Hilfskräfte und die Belastung ihrer Familien wertzuschätzen. Als Fest besonderer Art unterbrechen sie das übrige Leben und beruhen auf dem Grundsatz, dass sich im Feiern »eine andere Weise des Daseins« repräsentiert.[406]

Damit kommt zudem zum Ausdruck, dass ein Notfall-Seelsorgegottesdienst als eine erweiterte Kasualie verstanden werden darf, weil sie den Beteiligten Möglichkeiten schafft, für einen Moment aus dem alltäglichen Lebensrhythmus auszusteigen und der Schnelllebigkeit der Zeit, speziell dieses

[406] Rössler, D., Unterbrechungen des Lebens. Zur Theorie des Festes bei Schleiermacher, in: Cornehl, P./Dutzmann, M./Strauch, A. (Hg.)., In der Schar derer, die da feiern. Feste als Gegenstand praktisch-theologischer Reflexion. FS für Friedrich Wintzer zum 60. Geburtstag, Göttingen 1993, 37. Zur Festtheorie vgl. Schleiermacher, F. D. E., Die praktische Theologie nach den Grundsätzen der evangelischen Kirche im Zusammenhange dargestellt. Aus Schleiermachers handschriftlichem Nachlasse und nachgeschriebenen Vorlesungen, J. Frerichs (Hg.), (Friedrich Schleiermacher's sämmtliche Werke. 1. Abtheilung. Zur Theologie. Dreizehnter Band. Friedrich Schleiermacher's literarischer Nachlaß. Zur Theologie. Achter Band), Berlin 1850 (Nachdruck: Berlin 1983), 70.

Dienstes, behutsam entgegenzutreten. Damit entwickelt er einen bergenden Raum, um die Realitäten der Zeit umfassender und differenzierter wahrzunehmen.[407]

Eine Kasualie[408] (ritualtheoretisch verstanden als ein religiöses Ritual der Lebenskrise) hat die Aufgabe, Menschen an Wendepunkten des Lebens zu begleiten.[409]

Die Gestaltung des Notfall-Seelsorgegottesdienstes war diakonisch-liturgisch angelegt, näherte sich biographisch den Themen der Teilnehmer, sodass hier von einer Kasualie als Übergangsritual gesprochen werden kann, zumal die suchende Bewegung stets Teil der zu schildernden Vorbereitung, Durchführung und Nachbereitung war und hermeneutische, seelsorgerliche und rituelle Kompetenz erforderte.

Durch den Gottesdienst wurden Menschen in ihrem Tun bestärkt, von ihrem Alltag befreit und durch die gottesdienstliche Gemeinschaft gestärkt in ihn zurückgeschickt. Allerdings wurde der Gottesdienst auch als Raum verstanden, Gemeinschaft zu vertiefen, auf Gott zu beziehen und von daher neu zu verstehen. Ritualtheoretisch betrachtet nimmt er die Funktion kultritueller Sinnvergewisserung wahr. Die Begrifflichkeiten wie Einordnungen sind fließend, was dem Angebot und Anliegen einer sinnorientierenden Begleitung aber nicht entgegensteht.

Solche Art von Seelsorge leistet einen Beitrag dazu, dass aktives Vertrauen gelebt und gepflegt werden kann. Ein diesem Bedürfnis entsprechender Gottesdienst als öffentliche Klage und öffentliches Lob vermag dazu einzuladen, dieses Vertrauen neu zu stärken.

Er trägt jedoch das Risiko eigenwilliger Identitätsprojekte mit und hilft, gerade im Bereich existentieller Notlagen durch traumatische Erfahrungen deren mögliches Scheitern aufzufangen.[410] Dies kann er, weil er »[...] in seinem Wesen [...] Begegnung [ist, SBS], in der etwas von Gott spürbar wird.«[411]

---

407 Vgl. dazu und im Folgenden Friedrichs, L., Kasualpraxis in der Spätmoderne, Leipzig 2008, 15 f.23.39.45.

408 Vgl. dazu bereits die Ausführungen unter Punkt 7.5 in Kapitel III.

409 Vgl. Kirchenamt der Evangelischen Kirche in Deutschland (Hg.), Weltsichten. Kirchenbindung. Lebensstile, Hannover 2003, 15.

410 Vgl. Brandt, R., »Ich bin viele«. Jugendliche und christliche Spiritualität, in: DtPfrBl 109 (2009), 322–324.

411 Fechtner, K., Der »gewöhnliche« Sonntagsgottesdienst. Herausforderungen und Perspektiven, in: DtPfrBl 110 (2010), 466.

Die Ausfächerung des gottesdienstlichen Angebotes hat sich nach Kristian Fechtner und Thomas Klie in der Gegenwart spürbar erweitert. Es finden sich neben dem bekannten Gottesdienst des Sonntags »[...] lebenszyklische Kasual- und jahreszyklische Festtagsgottesdienste, daneben Gottesdienste ›in neuer Gestalt‹ oder für spezifische Zielgruppen«[412] wieder. Daneben begegnen Gottesdienstformen, die die »Öffentliche Klage und Trauer«[413] zum Ausdruck bringen.

Dies sind »religiöse Feiern in der gesellschaftlichen Öffentlichkeit, die als Kasualgottesdienste in politisch-diakonischer Verantwortung für das Gemeinwesen gestaltet werden.«[414] Trotz der Öffentlichkeit jedes kirchlichen Gottesdienstes wird hier die Liturgie im öffentlichen, nicht, wie z. B. die sog. Amtshandlungen, im individuell-biographischen Rahmen gefeiert. Ihr Sitz im Leben ist in der Zivilgesellschaft angesiedelt. Sie sind gesellschaftlich relevant. Zudem »[...] bildet ihr Kasus eine öffentliche Situation [...].«[415] Diese Zielsetzung ist riskant, weil damit das liturgische Feld »[...] nach verschiedenen Seiten hin offen ist [...].«[416] Zugleich ist damit jedoch auch die Perspektive aufgezeigt, die Gottesdienste innerhalb der gesellschaftlichen Öffentlichkeit in den Blick kommen lässt.[417]

Der besprochene Notfall-Seelsorgegottesdienst ist darum auch als *Riskante Liturgie* zu bezeichnen, weil er eine erweiterte Öffentlichkeit[418] (und deren politische Repräsentanten) versammelte, die durch ihre Teilnahme und Mitgestaltung die Bedürftigkeit nach Liturgie jenseits einer gottesdienstlichen Gemeinde zum Ausdruck brachte. Der Kasus dieses Gottesdienstes war praktisch vorgegeben, weil auch in ihm Ereignisse zur Sprache kamen, in denen das gesicherte Leben fraglich wurde oder zu wanken drohte.

---

412 Fechtner, K./Klie, Th. (Hg.), Riskante Liturgien, Stuttgart 2011, 10.

413 Vgl. Gemeinsame Arbeitsstelle für gottesdienstliche Fragen der EKD (Hg.), Öffentliche Klage und Trauer (Arbeitsstelle Gottesdienst 19 [1–2005]), Hannover 2005. Vgl. dazu auch Teuffel, J., Im Angesicht der Katastrophe. Öffentliche Trauer und Bittgottesdienste. Elemente, Modelle, Materialien, Gütersloh 2012.

414 Fechtner, K./Klie, Th. (Hg.), Riskante Liturgien, Stuttgart 2011, 11.

415 Fechtner, K./Klie, Th. (Hg.), Riskante Liturgien, Stuttgart 2011, 11.

416 Fechtner, K./Klie, Th. (Hg.), Riskante Liturgien, Stuttgart 2011, 11.

417 Vgl. Fechtner, K./Klie, Th. (Hg.), Riskante Liturgien, Stuttgart 2011, 10–13.

418 Vgl. zum Thema auch Friedrichs, L., Kasualpraxis in der Spätmoderne, Leipzig 2008, 216–227, der zu Recht die Zurückhaltung der Agenden und Handbücher angesichts zivilreligiöser Kasualgottesdienste feststellt und die Bedeutungsvielfalt und -tiefe der Psalmen hervorhebt.

Auf diese Weise vermag Kirche ihrer Aufgabe nachzukommen, Ressourcen zu bündeln und ein Angebot zu fokussieren. Die Notfall-Seelsorge als uralte kirchliche Aufgabe ist ein wichtiger Baustein für diese notwendige Bündelung, eine Chance, in schnelllebiger Zeit den Menschen nahe zu bleiben. Menschen im Zusammenhang notfall-seelsorgerlicher Arbeit abzuholen und mit (Volks)Kirche im Sinne eines bleibenden Angebotes in Verbindung zu bringen, stellt eine einzigartige missionarische Chance dar.[419] Begleitung und Feier, Klage und Dank versucht Notfall-Seelsorge durch gemeinsame Gottesdienste zu verbinden.

Ein Gottesdienst für Einsatzkräfte bewegt sich damit, kirchentheoretisch gedacht, im Spannungsfeld zwischen Institution und Organisation, indem die Themen der Menschen z. B. in einem Gottesdienst aufgesucht, aufgenommen und gebündelt, weniger vorgegeben werden.[420]

## 1.2 Einsatzkräftegottesdienst 2009 in Melsungen

### *1.2.1 Vorbereitungen*

Durch die Besuche auf den Wachen der Hilfsdienste zeigt die Notfall-Seelsorge auch über das konkrete Einsatzgeschehen hinaus an, dass es ihr durch ihre Präsenz und Begleitung um Kommunikation und Vermittlung geht. Diese kann sich durch das alltägliche Gespräch[421] über den Dienst und seine Rahmenbedingungen ergeben und in den Austausch über familiäre Umstände münden.

Im Vorfeld des Gottesdienstes, im Rahmen einer örtlichen Bestandsaufnahme durch die Hilfsdienste, wurde gerade dieses unvermittelte Erscheinen und Da-Sein als sehr hilfreich erwähnt.

Vertreter der Polizei, des hauptamtlichen Rettungsdienstes, der ehrenamtlichen Rotkreuzbereitschaft, der ehrenamtlichen Feuerwehr, des Technischen

---

[419] Vgl. dazu Sadowski, S., Bewahren und Erneuern oder Riskieren? Funktion und Aufgabe besonderer Gottesdienste am Beispiel der Notfall-Seelsorge, in: Mantey, V./Sadowski, S., Schmidt-Ropertz, H.-U. (Hg.), Menschen gewinnen. Evangelisch sein im ländlichen Raum. FS für Rudolf Schulze zum 65. Geburtstag, Leipzig 2013, 69–77.

[420] Vgl. Preul, R., Die soziale Gestalt des Glaubens, Leipzig 2008, 332 f. Die Kirchentheorie R. Preuls greift das beschriebene Spannungsfeld auf, indem sie Kirche als Institution und Organisation getrennt voneinander darstellt und zwischen den beiden Ansätzen den Begriff der *Volkskirche* expliziert, vgl. Preul, R., Kirchentheorie, Berlin, New York 1997, 128 ff. und 204 ff.

[421] Vgl. dazu Hauschildt, E., Alltagsseelsorge, Göttingen 1996, 11.17.277 f. Hauschildts Habilitation wertet das alltägliche berufliche Handeln des Pfarrers, die Alltagsseelsorge, entscheidend auf.

Hilfswerkes, der Deutschen Lebensrettungsgesellschaft sowie der Notfall-Seelsorge haben sich erstmalig ein halbes Jahr vor dem geplanten Gottesdiensttermin getroffen. Für die Ehrenamtlichen, die sich durch gemeinsame Dienste nicht unbekannt waren, war es eine neue Erfahrung, sich *unter dem Dach der Kirche* über ihre Arbeit auszutauschen und dabei Chancen sowie v.a. Grenzen ihres Tuns zu benennen und ihre gute Zusammenarbeit festzustellen. Dieses *gute andere Miteinander* sprach sich schnell herum, und es meldeten sich Hilfsorganisationen gerne zur Mitarbeit an, die bei vorherigen Gottesdiensten in den Regionen noch nicht in Erscheinung getreten waren.

Es ergab sich in den Vorbereitungen durch die Art des Zusammenarbeitens, das Miteinander selbst zum Thema eines Dank- und Lobgottesdienstes zu machen. Eine vertrauensvolle Zusammenarbeit *vor Ort im Einsatz* ist die Basis für die Arbeit der Hilfsdienste im Sinne der Menschen, die in Not geraten. Diese Zusammenarbeit ist die grundsätzliche Erfahrung der Hilfsdienste und ein gewichtiger Grund zur Dankbarkeit, der es nahelegte, den Melsunger Einsatzkräftegottesdienst unter das Thema *Gott sei Dank! - Einsatzkräfte* zu stellen. Sie wollten damit öffentlich Dank sagen für das Miteinander, welches getragen ist vom Vertrauen in Gottes Führung im Leben, im Dienst der Hilfe sowie ebenso im Annehmen und Entgegennehmen von Hilfe.

Dieses Getragensein wurde in den Einladungen und Informationen zum Gottesdienst symbolisiert durch ein Kreuz, welches durch Puzzleteile zusammengesetzt ist (Puzzlekreuz). Auf jedem Puzzleteil ist eine Organisation abgebildet, die im Miteinander der Hilfe tätig ist.

Frühzeitig erfolgte damit eine breite Bewerbung in den Hilfsorganisationen, der regionalen Presse, den Pfarrkonferenzen und in allen Gottesdiensten im Kirchenkreis vor dem Termin.

Den Vertretern der Hilfsdienste war es wichtig, zunächst den Ort des Gottesdienstes gründlich zu bedenken. Aus den oben angedeuteten Gründen wurde die Kirche als Gebäude nur als *zweite Wahl* angesehen, ohne sie abzuwerten. Vielmehr ging es den Mitarbeitern um ein niedrigschwelliges gottesdienstliches Angebot für möglichst viele ihrer Kollegen. Und so einigte man sich auf einen bekannten Ort in der Stadt, der nicht allseitig einsehbar und doch gut zugänglich sowie ebenso unauffällig auch wieder zu verlassen war.[422]

Das vertraute Miteinander brachte die beglückende Erfahrung ein, die aus dörflichen Erfahrungen im Gemeindepfarramt bekannt und dankbar zu schätzen sind: Organisatorische Fragen und Hindernisse werden abgenommen und zu aller Zufriedenheit gelöst, ohne dass darüber groß zu reden wäre: Die Straßen sind ordnungsgemäß abgesperrt, der Strom zur Versorgung ist gelegt, das nötige Mobiliar ist vorhanden, die Beschallung steht, für das leibliche Wohl wird gesorgt. In diesem Fall ging das Engagement weit darüber hinaus, denn selbst die musikalischen Aufgaben wurden von Musikern und Sängern aus den Reihen der Hilfsdienste gerne übernommen.

> »Der Akt des Herausgehens ist auch ein Akt der Innovation. Er setzt ein aufmerksames Wahrnehmen des Ortes voraus, ein Gespür für sein religiöses Potenzial wie auch ein Sensorium für das, was an ihm gottesdienstlich machbar ist oder auch nicht. Kann der Gottesdienst im Kirchenraum im Prinzip auf Routinen setzen, so erfordert der andere Ort in besonderer Weise gottesdienstliche Arbeit – bis hin in den Vollzug, der nicht Rahmenbedingungen setzen kann, die den Gottesdienst als ein kommunikatives Geschehen stützen: Sie müssen geschaffen werden, so Raumbegrenzungen, Atmosphären, kommunikative Situationen, die bündeln und konzentrieren.«[423]
>
> »Riskante Liturgien haben und brauchen ihren *signifikanten Ort*.«[424]

---

[422] Die Beachtung anderer Orte für Gottesdienste weist auf eine sich stark verändernde Gottesdienstkultur hin. Ein Motiv für die Wahl eines anderen Ortes ist im Beispiel die Niedrigschwelligkeit gewesen und weist wohl auf eine Suche nach mehr Alltagsnähe der Gottesdienste hin. Für die Kirche wandelt sich damit die traditionelle Komm-Struktur der Gottesdienste zu einer Geh-Struktur. Nach evangelischem Gottesdienstverständnis sind Formen und Räume nicht ausschlaggebend für die Feier eines Gottesdienstes (obwohl es zu Recht eine inzwischen gewachsene Achtung für Räume und Rituale in der evangelischen Gottesdiensttradition gibt), vielmehr die Gemeinschaft, wie L. Friedrichs mit Bezug auf Luther nachweist, vgl. insgesamt Friedrichs, L., »Auff dem Felde, inn der Kirchen, oder auff dem meer«. Gottesdienste an anderen Orten feiern, in: DtPfrBl 111 (2011), 357–361.

[423] Vgl. Friedrichs, L., »Auff dem Felde, inn der Kirchen, oder auff dem meer«. Gottesdienste an anderen Orten feiern, in: DtPfrBl 111 (2011), 361.

[424] Fechtner, K./Klie, Th. (Hg.), Riskante Liturgien, Stuttgart 2011, 16 [Hervorhebung im Original].

*1.2.2 Verlauf*

Der Gottesdienst begann mit einem gemeinsamen Einzug aller am Gottesdienst Beteiligten zum Altar, wo Bibel, Kreuz und Blumen abgelegt und die benannten Puzzleteile zu einem Einsatzkräftekreuz für den Gottesdienst aufgebaut wurden.

Nach der Begrüßung und dem bekannten (sowie gewünschten) Danklied *Danke für diesen guten Morgen* (EG 334) wurde gemeinsam und im Wechsel mit vertrauten und vertrauenden Worten aus Ps 139: *Von allen Seiten umgibst du mich und hältst deine Hand über mir* gebetet.

Es folgten Erfahrungsberichte der Einsatzkräfte als Klage und Lob. Die Erfahrung der Gottesdienste für Einsatzkräfte im Schwalm-Eder-Kreis hat gezeigt, dass es für die Teilnehmer des Gottesdienstes hilfreich ist, Menschen aus ihren Lebens- und Arbeitszusammenhängen, d. h. Kollegen, mit ihren Einsatzberichten wahrzunehmen. Es fließt dadurch in den Gottesdienst eigene Erfahrung der Einsatzkräfte ein. Die Berichte fungieren gleichermaßen als *Prototypen* für eigene (Grenz-)erfahrungen. Sie entstammen dem alltäglichen Erleben der Einsatzkräfte. Dadurch sind sie authentisch. Man kann sich schnell in sie hineinhören und mitfühlen, ohne sich selbst erkennbar machen zu müssen. Und so öffnen diese Berichte als Klage und Lob die Besucher (zumeist Einsatzkräfte und deren Familien, aber auch Gemeindeglieder ohne hilfsdienstlichen Hintergrund) für ihre Beschäftigung mit ihren eigenen Erfahrungen und Grenzen, vielleicht auch Überforderungen im Dienst. Durch die Berichte wird zum einen klar, dass in diesem Gottesdienst der Dienst der Hilfskräfte umfassend wahr- und ernstgenommen wird, ohne etwas *einzureden*. Zum anderen führen sie zu der Frage, was mich und uns trägt, was bleibt und was schließlich zum Danken führen kann.

Die Einsatzberichte verschiedener Hilfsorganisationen im Melsunger Gottesdienst waren getragen vom Geist des Miteinanders der verschiedenen Hilfsdienste im Einsatzgeschehen. Dort hat jeder an seinem Ort seine Aufgabe im Einsatz zu erfüllen und kann dies nur im Vertrauen darauf tun, dass der andere weiß, was er zu tun hat. Und so läuft es *Hand in Hand*, wie es in einem Bericht hieß, so greift ein Rad in das andere.

Die einzelnen Berichte wurden unterbrochen durch musikalische Beiträge, die zur Ruhe, Besinnung und zum Bedenken führten.

Diesen eigenen Berichten folgte die Zusage der Schrift mit Worten aus Joh 10: Ich bin der *gute Hirte*. Der gute Hirte *gibt* sein Leben hin für die Schafe. Sie bildete eine der grundlegenden Aussagen für den Eingangsteil der Predigt. Nach dem Glaubensbekenntnis wurde, wiederum auf Wunsch, vor der Predigt Paul Gerhardts *Befiehl du deine Wege* (EG 361) gesungen. Die Predigt beschloss das Danklied *Nun danket alle Gott* (EG 321).

Zuversicht und Vertrauen in Gottes Möglichkeiten wurden wiederum in die Fürbitte eingebracht durch die Thematisierung verschiedener Bereiche der Hilfe: Menschen brauchen im Notfall einander auf unterschiedliche Weise durch gegenseitiges Vertrauen im Ablauf der Hilfe und die tröstende Begleitung im Fortgang.

Vertreter aller Einsatzorganisationen hielten darum Fürbitte für die Einsatzkräfte, deren Belastungen und Grenzen nur im vertrauten Miteinander gelebt werden können. Die Fürbitte stand aber auch gemäß ihrem Auftrag im Zeichen der Sorge um den jeweils anderen als Vertreter einer Hilfsorganisation sowie die vielen Menschen, die in Gefahr sind, die krank oder verletzt sind, sowie deren Angehörige und schließlich auch die Helfer, die diese Last zu tragen helfen. Das persönliche stille Gebet und das Vaterunser schlossen die Fürbitte ab.

Das Vertrauen in Gottes Möglichkeiten wurde durch den Choral *Großer Gott, wir loben Dich* (EG 331) abgeschlossen.

Schließlich baten wiederum Vertreter aller Hilfsorganisationen um den Segen Gottes. Am Beispiel der einzelnen Körperteile des Menschen wurde um einen gesegneten Umgang gebeten, im Sinne einer umsichtigen Wahrnehmung der eigenen Aufgaben im Leben und im Dienst. Der trinitarische Segen durch den Pfarrer beschloss die gemeinsame Bitte. Rückmeldungen aus der Gemeinde der Einsatzkräfte ergaben, dass gerade diese gemeinsame Segensbitte die Arbeit als gesegneten Dienst eindrücklich hervorgehoben habe.

Der Segen ist ein starker Hinweis auf das Leben und Arbeiten unter Gottes Geleit. Es sind Worte, die tragen, Halt und Zuversicht geben.

Zum Ausgang nach dem gemeinsamen Auszug wurde daher eine Segenskarte mit dem beschriebenen Symbol (Puzzlekreuz) für das eigene Portemonnaie oder die Einsatzjacke verteilt. Auf der Karte waren Ps 23 und ein Segen für den Einsatz festgehalten sowie Kontaktadressen für Notfall-Seelsorger in der Region.[425]

---

[425] K. Fechtner fragt in seinen Betrachtungen zum regelmäßig wiederkehrenden Sonntagsgottesdienst, ob Menschen in den Gottesdiensten auch etwas da- oder zurücklassen oder sogar loswerden können in Form einer Bitte, Sorge oder eines Gedankens. Er fragt dies auf dem Hintergrund einer um sich greifenden Haltung, die Symbole zu Give-aways erhebt und damit hilflos offenbart, dass eine Unsicherheit in der Frage besteht, ob Menschen aus den Gottesdienst ansonsten nichts mehr mitnehmen können, vgl. Fechtner, K., Der »gewöhnliche« Sonntagsgottesdienst. Herausforderungen und Perspektiven, in: DtPfrBl 110 (2010), 467.

Gemeinsame Stärkung und Vergewisserung vollzieht sich durch gemeinsames Feiern und geistliche Nahrung. Sie wird aber befördert durch leibliche Stärkung, die im Anschluss an den Gottesdienst gereicht wurde und alle Beteiligten nicht sofort auseinanderbrachte, sondern zu Nachgesprächen und Austausch einlud, wovon reichlich Gebrauch gemacht wurde.

### *1.2.3 Predigt*

Die Predigt ist als eine Art Organismus zu verstehen, eine Rede, die erarbeitet sein will. Von daher ist es sinnvoll, jeder Predigt ein Thema zuzuordnen, in welchem die gefundene Textwahrheit, also die Substanz der Predigt, ihren vollen und entsprechenden Ausdruck findet.[426]

Die Vorbereitung des Gottesdienstes und insbesondere der Predigt[427] setzte besondere Überlegungen voraus. Hier halfen dem Verfasser u.a. Überlegungen, die auch sonst in seiner Gemeinde für Feste und Jubiläen anstehen, wenn folglich eine andere Gemeinde als am regulären Sonntagvormittag zu erwarten ist.

Aus dieser Vorahnung heraus war für mich das homiletische Dreieck in besonderer Weise zielführend: Situation, Text und Prediger stehen in einem anderen Verhältnis zueinander als sonst.

Die Situation war die, dass eine *Gemeinde der Einsatzkräfte* sich versammelte, die durch das Thema zusammenfand, das oftmals ihr Lebensthema ist. Sie war in ihrem Thema abzuholen und wertzuschätzen. In diese Situation hinein war die Botschaft zu sprechen. Die Schriftlesung bildete den ersten Schritt dazu.

Der Text wurde aufgrund der vielen gemeinsamen Überlegungen in der Vorbereitung sowie der Themenstellung des Gottesdienstes gewählt. Das Einsatzgeschehen erfordert ein vertrautes Miteinander, in dem verschiede-

---

[426] Vgl. Sadowski, S., Franz Karl Ludwig Steinmeyer (1811–1900), in: Schmidt-Rost, R./Bitter, St./Dutzmann, M. (Hg.), Theologie als Vermittlung. Bonner evangelische Theologen des 19. Jahrhunderts im Porträt. FS für Friedrich Wintzer zum 70. Geburtstag (AThG 6), Rheinbach 2003, 91.

[427] Die Predigt ist in diesem Gottesdienst der zentrale Bündelungs- und Perspektivpunkt gewesen. Sie nahm die Biographie in die Theologie auf. Das haben die Menschen erwartet, wie aus Rückmeldungen zu erfahren war. Auf besondere Weise hat dies in der theologischen Wissenschaft Friedrich Niebergall, Art. »Kasualien«, in: RGG, Bd. 3, Sp. 956, festgehalten, »Diese [d.h. die Predigtrede, SBS] wird doch besonders begehrt. Aber über sie wird am meisten geklagt.« R. Preul spricht der Predigt im Medienzeitalter die Aufgabe zu, Orientierungswissen exemplarisch zu präsentieren, vgl. Preul. R., Die evangelische Kirche als Bildungsinstitution, Hannover 2006, 68.

ne Befähigungen – Gaben Gottes – gebraucht werden. Aus den Erfahrungen der mehrere Monate währenden Zusammenarbeit in der Vorbereitungsgruppe fiel die Entscheidung zugunsten von 1 Kor 12,12–27 (viele Glieder – ein Leib), jedoch mit der Maßgabe, den Text situationsgemäß einzuführen.

Daraus entstand eine Übertragung, die für die Situation hermeneutisch legitim erschien. Auf diese Weise wurde die Möglichkeit gegeben, eine spezifische Gemeinde aus ihrem Erleben heraus mit der christlichen Botschaft vertraut zu machen. Der Text sollte in die spezifische Situation der Hörer gesprochen sein.

Der Prediger stand in der Spannung, als Notfall-Seelsorger Teil des Einsatzgeschehens zu sein. Dennoch war und *ist der Pfarrer immer anders*[428]. Er kommt in einem Auftrag. Seine Aufgabe im Einsatzgeschehen ist eine besondere, die mit den Diensten der übrigen Organisationen zunächst einmal wenig gemein hat. Zudem ist er der Vertreter einer besonderen Gemeinschaft. Er ist als Liturg und Seelsorger derjenige, bei dem im Gottesdienst die Fäden zusammenlaufen. Er steht also etwas *abseits von den Menschen.* Und doch ist er mit seiner Arbeit auf ebendiese bezogen und eigentlich ebenso Teil dieser. Von daher galt es, das Miteinander und Gegenüber insgesamt aufzunehmen und mit einer Perspektive für den konkreten Dienst und das Leben zu versehen.

In dieser Weise war die Gemeinde der Einsatzkräfte zu begrüßen und zu bedenken. Es ging um die Wahrnehmung, den Dank, die Wertschätzung und Anerkennung für viel großartiges und oftmals ehrenamtliches Engagement im Dienst für den Nächsten in Not.

Dieses Einsatzgeschehen ist nur miteinander, kollegial, im Verein und auch aus den Familien heraus denkbar und leistbar. Ein Gelingen dieses Miteinanders jedoch führt in den Dank, auch den der Einsatzkräfte selbst.

Dies führte zur Situation des Paulus in Korinth, dessen Gemeindegründung für die Menschen nur durch eine bewusste Konzentration auf die vielen Gaben vieler Menschen zum Wohle aller (zu einer Einheit) möglich wurde.

Diese Gemeindegründung und ihre Umstände für die Hilfsdienste wurden als ein Einsatzgeschehen der anderen Art zu umschreiben versucht. Die paulinisch-korinthische Situation und auch der Bibeltext erschienen in der

---

[428] Vgl. Josuttis, M., Der Pfarrer ist anders, München 1991, vgl. auch Sadowski, S., Theologische Existenz und Predigt heute, in: zur Mühlen, K.-H./Ritter, A. (Hg.), 100 Jahre Evangelisch-theologisches Studienhaus Adolf Clarenbach 1897–1997, Köln 1997 (SVRKG 125), 122–124.

Sprache und in der Situation der Einsatzkräfte. Ein Einblick in einen anderen Einsatz war somit durch die gebundene Sprache eines Textes gegeben.

Im Folgenden wurde versucht, den Text so auszulegen, dass das Leben als Einsatzgeschehen problematisiert wurde, weil es in seiner Differenziertheit ebenso Strukturen des sonstigen Miteinanders im Leben aufweist. Dieses Miteinander wurde ausgedehnt auf die Grenzerfahrungen und besonderen Belastungen im Dienst der Einsatzkräfte, nicht zuletzt auch ihrer Familien.

Die Predigt führte zum Ende in eine Sichtweise der guten und schönen Seiten gemeinsamen Tuns, hinein in die Erfahrung wert- und sinnvollen Handelns, wenn etwas gemeinsam gelingt. Dafür wird man dankbar. Es öffnet sich der Blick auch für die Schwachstellen im Miteinander, ohne dass die Solidarität füreinander nachlässt.

Für diese Sichtweise im Leben wie im Dienst wurde zu werben versucht, indem die christliche Lebensgewissheit aus der Taufe heraus beschrieben wurde. Diese ist das durch Christus gestiftete sichtbare und wirksame Zeichen der Einheit in vielfacher Verschiedenheit. Sie verbindet die Gegensätze und nutzt diese unter der Zusage der Begleitung. Es ging dem Prediger darum, die notwendige Gemeinsamkeit trotz verschiedener Aufgaben im Einsatz auch als notwendiges Ziel im Leben und im Glauben hervorzuheben. Diese trägt und erträgt auch Rückschläge, weil sie auf das Ziel ausgerichtet ist und bleibt: Wir sind und bleiben nicht allein. Unser Leben war von Anfang an Gottes Gedanke und ist von daher auch im Alltag nicht sich selbst überlassen. Unser Leben ist und bleibt Gottes Anliegen.

### *1.2.4 Rückblick und Nachwirkungen*

#### *1.2.4.1 Gemeinde und Einsatzkräfte*

Der Gottesdienst wurde als eine Station wahrgenommen, an der man anhalten konnte. Hier wurde Ruhe wahrgenommen, eine Ausrichtung und innere Stabilisierung durch den Nachvollzug der eigenen Arbeit (durch Einsatzberichte) aus der Distanz[429] heraus erlebt. »Menschen suchen nach Religion, weil sie Distanz brauchen, Distanz zu ihrer verkrüppelten Identität und Befreiung von ihr, wenigstens auf Frist, im Interesse neuer Anfänge.«[430]

---

429 Im Ritual sind nach Friedrichs, L., Kasualpraxis in der Spätmoderne, Leipzig 2008, 53, »Räume der Distanzierung« einzubauen, damit »[...] der modern-spätmoderne Subjektvorbehalt gegenüber der Religion und ihrer rituellen Praxis gewahrt und ins Konstruktive gewendet werden« kann.

430 Lange E., Was nützt uns der Gottesdienst, Stuttgart, Berlin 1976, 86.

> »Dass Gottesdienste ihren Platz im öffentlichen Leben haben, gründet nicht in einer ›Liturgiepflichtigkeit‹, sondern in einer ›Liturgiebedürftigkeit‹ der Gesellschaft. Sie erweisen ihren Sinn (nur), wenn sie im Horizont des christlichen Glaubens in und für eine Situation Zeichen setzen, mithin Worte finden, die sonst nicht gehört, und Gesten, die anders nicht gezeigt werden können.«[431]

Der Gottesdienst war damit eine besondere Zeit der Wahrnehmung und Würdigung hilfsdienstlicher Arbeit und ein Beitrag zur Vertiefung der Hoffnung als einer Grundhaltung. Eine solche Grundhaltung als »diakonisch-rituelle Lebensbegleitung«[432] ist christologisch-soteriologisch angelegt.

Der Gottesdienst wurde als Alltags- und weiter als Lebenshilfe verstanden, als Zeit, in der Christen einander zu Helfern und Weggefährten werden konnten. Darum wurde er umfassend vor- wie nachbereitet. Die Besucher kamen v. a. aus der *Gemeinde der Einsatzkräfte und deren Familien.* Anwesend waren aber auch etliche Gemeindeglieder, die aus Interesse dem Gottesdienst beiwohnten und am Gemeindeleben rege teilnehmen. Rückmeldungen aus diesen Kreisen bestätigten, dass ein solches *Projekt* das Thema Notfall-Seelsorge selbst parochialisiert, d. h. in der Gemeinde ankommen lässt, ohne dass die Seelsorge selbst offengelegt werden müsste. Es wurde dadurch weiter in die Gemeinde hineingetragen. Es fand Eingang in die Gemeindebriefe der Gemeinden des Kirchenkreises. Kirchenvorstände nahmen das Thema in ihre Sitzungen auf und stellten fest, dass die *Gemeinde der Einsatzkräfte,* obwohl anders in ihrem Bemühen für ihre Mitmenschen organisiert, doch zu ihnen gehört. Das Verständnis für die Dienste der Einsatzkräfte wie der Notfall-Seelsorger wurde dadurch enorm gesteigert.

Seit dieser Zeit ist es einfacher, Kollekten im Kirchenkreis für die Arbeit der Notfall-Seelsorge zu erbitten. Über die Gemeinde(n) hinaus haben Vertreter aus Politik und Wirtschaft ihre Unterstützung für die gemeinsame Arbeit zugesagt. Sie waren im Gottesdienst selbst mit anwesend. Gemeinnützige Stiftungen aus der Region und darüber hinaus stehen ebenso für die Finanzierung der Arbeit ein.

---

431 Fechtner, K./Klie, Th. (Hg.), Riskante Liturgien, Stuttgart 2011, 13 [Klammerung im Original].

432 Friedrichs, L., Kasualpraxis in der Spätmoderne, Leipzig 2008, 28 f.

### *1.2.4.2 Stärkung des Gottesdienstes jenseits der Kerngemeinde*

Eine weitere Parochialisierung der Notfall-Seelsorge ergab sich in einer Nachbesprechung mit beteiligten Einsatzkräften. Diese äußerten den Wunsch, in Zukunft die klassische Gottesdienstzeit zu wählen, um den Gottesdienst dann zu feiern, *wenn er dran ist,* getrennt von anderen Terminen und zudem *mit der Gemeinde* zu begehen. Er solle in das sonntägliche Erleben einer Gemeinde eingebunden sein, denn er sei eben nicht nur für Einsatzkräfte da, sondern für alle Menschen, die Gottes Segen suchten. Damit wurde durch die Wahl des Gottesdienstortes außerhalb des Kirchgebäudes (und zu ungewöhnlicher Zeit) zunächst das Signal gesendet, dass die Kirche den Menschen nahe sein will, sie aufsucht, mit ihnen lebt und nicht in Traditionen erstarrt. Allein dieses Signal reichte, die eigentlichen Orte und Zeiten gottesdienstlicher Feiern wieder stärker zu bedenken.[433]

Die Nachbesprechung selbst bildete eine weitere Gelegenheit der Wertschätzung für ehrenamtlich geleistete Arbeit zum Wohle vieler.

Zudem wurde dem Notfall-Seelsorger als Gemeindepfarrer durch die Einsatzkräfte, ihre Rückmeldungen und Wünsche für die zukünftige Arbeit deutlich, wie stark diese seelsorgerliche Arbeit keinen Sonderdienst bildet, sondern einen wichtigen Teil des gemeindlichen Lebens darstellt.

### *1.2.4.3 Verstärkte Zusammenarbeit*

Der Gottesdienst hat den Kontakt des koordinierenden Pfarrers für Notfall-Seelsorge im Kirchenkreis zu einem besonderen Teil seiner Gemeinde, den Einsatzkräften, und umgekehrt gestärkt. Das Alarmierungsaufkommen ist seitdem gestiegen, weil gegenseitiges Fremdsein weiter abgebaut werden konnte. Es folgten Einladungen in die jeweiligen Hilfsorganisationen, um den Kontakt pflegen zu können und die Arbeit der Notfall-Seelsorge weiter vorzustellen. Auch die Pfarrkollegen berichteten von Einladungen in ihre örtlichen Wehren. Die Pfarrkonferenz hat sich des Themas neu durch Fortbildungen und den Wunsch nach einer koordinierenden Großübung gewidmet.

Das Thema Notfall-Seelsorge erreichte durch ein Projekt die erweiterte Öffentlichkeit in der Region. Den Menschen vor Ort konnte ohne große Schwellenangst ein Angebot der Vermittlung und Begleitung gemacht werden.

Damit wurde exemplarisch der Gedanke der Netzwerkarbeit verfolgt und umgesetzt. Durch den Kontakt zu Menschen mit ähnlichen Interessen, die

---

433 Vgl. Friedrichs, L., »Auff dem Felde, inn der Kirchen, oder auff dem meer«. Gottesdienste an anderen Orten feiern, in: DtPfrBl 111 (2011), 360.

Organisation von Treffen und Veranstaltungen konnte *ein Teil* der Gemeinde erreicht und stabilisiert werden, zugleich konnte dessen Potential genutzt werden.[434]

Der Rahmen der Liturgie öffnete die Tür, persönliche Fragen unabhängig von der einzelnen Person zur Sprache zu bringen. Damit wurde das erreicht, was Lutz Friedrichs »eine insgesamt offenere rituelle Praxis und einen flexibleren Umgang mit Tradition«[435] nennt.

## 2. Notfall-Seelsorge im Lebensvollzug der Gemeinde

### 2.1 Gemeindediakonischer Dienst

Notfall-Seelsorge ist da, wo Menschen in Not geraten. Sie fungiert als Barometer für *notwendige Arbeit.* Damit legt sie den Grundauftrag kirchlichen Handelns frei. Sie füllt die Lücke, die durch den Verlust gemeindenaher Diakonie in den letzten Jahrzehnten entstanden war. Sie ist ein gemeindlich-diakonischer Dienst.

Notfall-Seelsorge ist gerade darum regional organisiert und ein Teil der gemeindlichen Arbeit der Pfarrer.[436] Sie orientiert sich an den örtlichen Strukturen der Städte, Kommunen und Gemeinden. Sie kann und will im Sinne der Arbeit keine sog. übergeordnete Aufgabe sein.

Oftmals ist die gesamte Pfarrerschaft eines Kirchenkreises in das Notfall-Seelsorge-System der Katastrophen- und Rettungsdienste eingebunden. Einsatzkräfte, Opfer und Angehörige sind in den allermeisten Fällen Gemeindeglieder, weil im Notfall der Gemeindepfarrer zuerst alarmiert wird. Je nach Größe des Kirchenkreises kommt es auch vor, dass die Pfarrer außerhalb ihrer Parochie bekannt sind.

---

434 Vgl. Rein, M., Die Kirche muss im Dorf bleiben. Chancen und Möglichkeiten kirchlicher Arbeit in ländlichen Räumen, in: DtPfrBl 107 (2007), 364.

435 Friedrichs, L., Kasualpraxis in der Spätmoderne, Leipzig 2008, 56.

436 Keller, P. U. sieht im Gegensatz dazu eine Entwicklung von Notfallseelsorge. Zunächst sei sie als Teil der Gemeindearbeit verstanden worden und habe sich dann hin zu einer erreichbaren seelsorgerlichen Institution mit qualitativen Standards entwickelt, was der Ausdünnung kirchlicher Strukturen und des gesellschaftlichen Wandelns Rechnung trage, vgl. Keller, P. U. OPraem, Zur Geschichte der Notfallseelsorge. Von der Initiative zur Institution, Kassel 2009, 5f.

## 2.2 Der Notfall als Kommunikations- und Vermittlungsgeschehen

Der Notfall konstituiert eine neue Situation, die meist durch die Anforderung des Pfarrers und Notfall-Seelsorgers (in Personalunion) über die Leitstelle geschieht, die ihrerseits den Ruf eines Einsatzleiters vom Notfallort aus weitergibt. Diese neue Situation muss umgehend bearbeitet werden, indem sich der Notfall-Seelsorger von der Lage ein Bild macht. Es wird sehr auf die Art des Einsatzes ankommen, wie sehr ein Ereignis als *neue Realität* in seinen bzw. den Alltag seiner Familie einbricht. In der Regel sind es jedoch die sog. innerhäuslichen Notfälle, die der gemeindlichen Seelsorge sehr nahe kommen.[437]

Gemeindlich verankerte Notfall-Seelsorge ist wesentlich eine Kommunikations- und Vermittlungsaufgabe, die u. U. auf mehreren Ebenen verläuft: Zuerst versucht der diensthabende Notfall-Seelsorger den zuständigen Gemeindepfarrer zu erreichen, der die konkrete Situation besser kennt und ggf. auch über den Notfall hinaus in die Nacharbeit (für Opfer und Helfer, die seine Gemeindeglieder sind) involviert ist. An diesen gibt er ggf. den Ruf ab. Erreicht er ihn nicht, begibt sich der Notfall-Seelsorger selbst vor Ort und bemüht sich nach dem *Akuteinsatz* um die Übergabe an den zuständigen Ortsgeistlichen.

Aus der Situation einer sog. Großschadenslage sind Alarmierungs- und Verarbeitungsstrukturen geschaffen worden, die nach einer gewissen Zeit eine *Ablösung* des im Einsatz befindlichen Seelsorgers gewährleisten,[438] denn hier weitet sich das Geschehen möglicherweise noch aus, kann andauern und steigert möglicherweise die Belastungen des Seelsorgers durch breites öffentliches Interesse. In diesem Zusammenhang ist auch zwingend zu prüfen, wieweit der im Dienst befindliche Notfall-Seelsorger seinen regulären Dienst direkt nach diesem Ereignis fortsetzen kann. Im Falle der Großschadenslage wird das Angebot der kollegialen Zusammenarbeit, Beratung und der Nacharbeit durch externe Supervision für die Seelsorger selbst intensiviert.

---

[437] Es sind neben den vorwiegend innerhäuslichen Notfällen (Todesfälle) im Kirchenkreis Melsungen v. a. folgende *Einsatzlagen*, die Notfall-Seelsorge erforderlich machen: Verkehrsunfälle, angedrohter oder vollzogener Suizid, das Überbringen von Todesnachrichten in Zusammenarbeit mit der Polizei und schließlich die Betreuung der Einsatzkräfte. Das übergeordnete oder außerhäusliche Geschehen kommt seltener vor.

[438] Im Falle einer Großschadenslage steht zunächst nicht das Handeln des Seelsorgers am verletzten Menschen im Vordergrund, sondern der Aufbau einer tragfähigen Arbeitsstruktur für viele Notfall-Seelsorger.

Die Nacharbeit für sog. Opfer wird sehr an der Art des Notfalls liegen. Sie ist in den meisten Fällen vergleichbar mit nachgehender Seelsorge im Fall von Krankheit und Trauer, die durch die Gemeindearbeit vertraut ist.

Im Falle einer Nachbereitung des Einsatzes mit den Einsatzkräften wird es um Kommunikation und Vermittlung auch nach der Akutphase gehen. Diese Nachbearbeitung wird im Einzelfall sehr von der Situation abhängig sein. Sie dient der Verarbeitung des Geschehens, indem die Ereignisse auf kognitive und emotionale Weise eine erste Verarbeitung finden. Sie bildet ein Fundament dafür, dass die unmittelbare Zukunft nicht zur nächsten Belastungsprobe wird. Zum Abschluss einer solchen Zusammenkunft kann das Gespräch in der Kirche des Ortes beendet werden. Wird das Angebot angenommen, stärkt das rituelle Handeln die Handelnden in der kommenden Zeit.

Notfall-Seelsorge stärkt das Vertrauen zueinander.[439] Sie eröffnet dem Seelsorger einen erweiterten Blick in das Leben, die Sorgen und Nöte in seiner Gemeinde – der Einsatzkräfte wie der möglichen Opfer und deren Angehörigen. Er lernt seine Gemeinde durch den notfall-seelsorgerlichen Dienst an weiteren Schnittstellen des Lebens kennen. Seine bestehenden Kontakte werden oftmals zu vertrauten Verbindungen, weil die gemeinsame Arbeit selbst schon als Begleitung und Angebot unkomplizierter Kontakte verstanden wird. Im Falle der Einsatzkräfte hat der Seelsorger mit Menschen aus seiner Gemeinde Kontakt, die ihm auf einer besonderen Ebene zu Mitarbeitern werden.

Nacharbeit in größeren Zusammenhängen kann u. U. auch bedeuten, gemeinsam im Sinne einer kollektiven Verarbeitung und Anteilnahme über einen Gedenkgottesdienst nachzudenken und diesen zu halten.

Durch diese Art des Miteinanders macht Kirche sich erkennbar.

### 2.3 Präsenz und Fortbildung

So können z. B. Einsatzkräftegottesdienste die Türen zu Führungskräfteversammlungen oder Ortsvereinstagungen öffnen, um die Notfall-Seelsorge zu vertreten. Der Seelsorger wird eingeladen in die einzelnen Ortsvereine und Dorfwehren. Dabei kann er konkret auf seine Kollegen in der Parochie verweisen, die mit ihrem Dienst den Menschen dort am nächsten stehen. Gerne ist er aber auch dort, um die Zusammenarbeit im Sinne einer Vernetzung[440]

---

[439] Vgl. dazu allgemeiner Schirrmacher, F., Seelsorge als Beziehungsgeschehen, Neukirchen-Vluyn 2012, 131 f. Rezensiert wurde das Buch von Sadowski, S., in: HPB 2013, 134–136.

[440] Vgl. zur Netzwerkarbeit die Gedanken und Verweise unter Punkt 1.2.4.3 in Kapitel V (Verstärkte Zusammenarbeit).

der notfall-seelsorgerlichen und sonstigen hilfsdienstlichen Arbeit darzustellen, und um der Arbeit ein vertrautes Gesicht zu geben.

Schließlich erscheint er bei *seiner* Gemeinde aus Rettungsdienst, Katastrophenschutz und Feuerwehr, wenn sie um Fort- und Weiterbildung in Fragen der Nachbereitung und Verarbeitung von Einsätzen bittet, aber auch etwas über die christlichen Vorstellungen angesichts von Leid und Tod wissen will. Hier steht er mit seiner Person als Theologe, Seelsorger und Pfarrer in der Pflicht, Information und Zeugnis zu geben.

Das ist nicht leicht, weil es bedeutet, dass neben der Vermittlung von Wissen die eigene Begrenztheit, die Möglichkeit des Scheiterns und die Last eigener Schuld im Raum stehen. Der Seelsorger hat keine Garantie, dass sein Dienst *gelingt*. Er kann ihn nur tun im Sinne eines Angebotes, ein Stück des Weges mitzugehen, da zu sein und die Grenzen des Gegenübers und der eigenen Person aufmerksam wahrzunehmen.

Die Vernetzung kann dazu führen, die Notfall-Seelsorge in Zusammenarbeit mit Vertretern der Presse[441] sowie der Hilfsdienste z.B. in Schulen zu thematisieren. Dort besteht die Möglichkeit, vor einem speziellen Publikum die Arbeit konkret zu erklären und ebenso auf die Gefahren hinzuweisen, die immer wieder zum Notfall führen.

Dieses Wirken wiederum führt in den Schulen zu einer Sensibilisierung für die Krisen,[442] die in ihrem Bereich schnell entstehen können und dann ggf. die Unterstützung der Notfall-Seelsorge erfordern. Schulen und Notfall-Seelsorge arbeiten darum verstärkt zusammen, auch durch die traurigen Erfahrungen der Amokläufe in Schulen.[443] Die in den Schulen tätigen Gemeindepfarrer sind hier erste Ansprechpartner. In ihrer Person vereinen sich Schuldienst, Gemeindepfarramt und Notfall-Seelsorge. Sie können daher zunächst schnell die vom Schadensereignis direkt Betroffenen betreuen.

---

[441] Eine vertrauensvolle und auf Langfristigkeit angelegte Zusammenarbeit mit der Presse trägt zur Versachlichung und Zufriedenheit beider Seiten bei. Dies sei angemerkt auf dem Hintergrund der Feststellung von Ladenthin, V., Katastrophen und Bildung, Würzburg 2011, 179, der die Entwicklungsgeschichte des Terminus Katastrophe parallel zur Erfolgsgeschichte der Presse sieht. Die *Katastrophe* eigne sich als Leitkategorie des Journalismus.

[442] Vgl. dazu exemplarisch Hessisches Kultusministerium/Hessisches Ministerium des Innern und für Sport (Hg.), Handeln in Krisensituationen. Ein Leitfaden für Schulen, Wiesbaden 2007.

[443] Beispielhaft ist zu verweisen auf den Loccumer Pelikan. Magazin des religionspädagogischen Institutes für Schule und Gemeinde, hg. vom Religionspädagogisches Institut Loccum der Ev. Luth. Landeskirche Hannovers, welches sich in der Ausgabe 4/09 mit der Schulseelsorge und ihren notwendigen Facetten eingehend auseinandersetzt.

Weiterhin ist es dadurch aber auch möglich, außerschulische Angehörige und Freunde über das vorhandene kollegiale Netz seelsorgerlich zu erreichen. Schließlich steht der Schul- und Ortspfarrer für eine Beratung und Gestaltung des Trauerprozesses in und außerhalb der Schule zur Verfügung und hält ggf. die Beisetzung.

## 2.4 Geistliche und organisatorische Hilfen

Die Möglichkeiten der Begegnung erweitern sich. Anfragen für Trauungen und Taufen verstärken sich gegenüber der Pfarrerschaft. Das Vertrauen zueinander kann an besonders wichtigen biographischen Wendepunkten vertieft werden.

Auf der anderen Seite können z.B. organisatorische Hilfen der Feuerwehr bei notwendigen Reparaturen oder anderen praktischen Hilfen in der Gemeinde selbstverständlicher erbeten werden, weil sie durch den gemeinsamen Dienst in der Not authentifiziert wurden.[444] Die Feuerwehr steht mit Technik und Wissen zur Seite, wenn bauliche Probleme in der Gemeinde (an Kirchen oder Gemeindehäusern) entstehen. Zum Gemeindefest erscheint selbstverständlich ein Hilfsdienst zur Erste-Hilfe-Wache.

## 2.5 Seelsorgerlich motivierte Kasualien

In dörflichen Zusammenhängen ist es nach wie vor üblich, dortige Kirmesfeste mit einem Gottesdienst zu eröffnen. Hier sitzen die dörflichen Einsatzkräfte der Feuerwehr unter der Kanzel. Sie können *in Gottes Haus* in ihrer Situation angesprochen und abgeholt werden. Es eröffnet sich dem Seelsorger die Chance, das hohe ehrenamtliche Engagement dieser Menschen und ihrer Familien zu würdigen, auf ihre Einsätze einzugehen, die zwar selten vorkommen, aber dann dennoch in aller Munde sind und damit einer zielgerichteten Wahrnehmung und Einordnung bedürfen. Er kann ihre Arbeit mit seinem seelsorgerlichen Angebot verknüpfen und so eine große Nähe herstellen. So wird die Möglichkeit einer nachgehenden Begleitung evident, ohne direkt mit einer konkreten Person verknüpft zu sein. Schließlich kann der Seelsorger dazu einladen, den Blick zu verändern auf ihr Leben, erst recht in der Not, weil Gott es ist, der ihr Leben trägt, der ihre Zuversicht und Stärke sein möchte. Gott ist es, der sie auch in Niederlagen aufrechterhält. Durch diesen

---

[444] So sagte ein leitender Feuerwehrmann einige Zeit nach einem Einsatz im Gespräch: »Herr Pfarrer, seit ich die Notfall-Seelsorge von den Einsätzen kenne, weiß ich, dass Kirche das tut, was sie sagt. Sonst wird so viel geredet und nicht gehandelt. Ihr habt mit Eurem Einsatz bewiesen, dass Ihr es ernst meint.«

Perspektivenwechsel können sich Einstellungen und Ansichten verändern, auch wenn es einen vermeintlichen Fehleinsatz gab.

Ähnlich verhält es sich, wenn in traditionellen Zusammenhängen der Pfarrer auf dem Dorf zu Beginn eines Jubiläums zu Jung und Alt spricht, die Vergangenheit würdigt und zugleich die Zukunft bedenkt. Er ist dabei und ist akzeptiert, weil er in Leid und deshalb auch in Freud da ist, weil er Not- und Feierzeit in seinem Amt vereint. Hier bewähren sich vertraute Verbindungen des Seelsorgers zu politischen Verantwortungsträgern und zu den Vorständen der dörflichen Vereine. Die Netzwerkarbeit, die gegenseitige Hilfe in den Zusammenhängen des dörflichen Lebens können durch die Notfall-Seelsorge gefestigt oder sogar neu entdeckt werden. Der gemeindliche Pfarrdienst ist hier verwoben mit der (notfall-)seelsorgerlichen Aufgabe. Er wirkt in alle Bereiche des Miteinanders und der Kommunikation hinein, weil man *den Pfarrer* ja auch außerhalb von Kanzel und Hausbesuchen kennt und weiß, dass er da ist, wenn man ihn braucht: Notfall-Seelsorge vertieft das Vertrauen zueinander durch verlässliche Präsenz. Sie wurzelt in der Breite volkskirchlicher Arbeit durch ihren parochialen Bezug.

Diese gemeinsame Arbeit verändert das Miteinander in der Gemeinde. Der Notfall-Seelsorge-Pfarrer ist noch intensiver in das Leben seiner Gemeinde eingebunden. Seine Wahrnehmung wird geschulter. Er wird aufmerksamer für die Fragen, Sorgen und Möglichkeiten zur Verarbeitung von Belastungen. Er kann umgekehrt seine Botschaft stärker mit der Situation der Gemeinde verbinden und seinem Auftrag besser gerecht werden, weil er mit den Schnittstellen des Lebens in Berührung kommt.

Diese vermehrten Begegnungen sind als seelsorgerlich motivierte Kasualien zu verstehen. Sie vollziehen sich am *Puls der Not.* Sie sind Ausgangspunkte für vertraute Kontakte, denn an biographisch relevanten Wendepunkten ist statt einer Lücke eine Brücke zur gemeinsamen Weiterarbeit geschlagen. Und diese Kontakte halten. Sie erleichtern den weiteren Zugang eines Pfarrers, der immer *ein Stück weit der von außerhalb* bleibt und doch *einer von uns* ist. Die durch das Amt begründete Distanz kann aufgebrochen werden. Es entsteht eine andere Ebene im gemeinsamen Leben.

Notfall-Seelsorge ist und bleibt Gemeindearbeit, aber nicht nur, weil der Pfarrer sie macht. Sie vollzieht sich in der Gemeinde, weil durch sie Menschen verbunden werden, die einander brauchen.

# 3. Notfall-Seelsorge im Alltag der Familie

Die notfall-seelsorgerliche Arbeit ist Teil der Gemeindearbeit, die auch in die Diskussion um das Pfarrbild einwirkt, wie bereits gezeigt wurde (unter Punkt 3.3 in Kapitel IV). Die notfall-seelsorgerliche Arbeit ist zudem als Bereitschaftsdienst an besondere Rahmenbedingungen gebunden, die v.a. mit der eigenen Familie abgestimmt sein müssen, denn die Familie trägt den notfall-seelsorgerlichen Dienst wesentlich mit. Aus den genannten Gründen sind im Folgenden exemplarisch Erfahrungen aus der Praxis aufgeführt.

## 3.1 Veränderte Wochen- und Tagesplanung

Die wöchentlichen Dienste kennt die Familie rechtzeitig. Sie steht wie der Notfall-Seelsorger selbst in dieser Woche unter einer besonderen Anspannung, denn der Alarm kann jederzeit erfolgen und den *normalen* Ablauf des Tages stören. Sie weiß, dass seine Anwesenheit im Einsatz jederzeit gewährleistet werden muss. Er muss schnell erreichbar und vor allem einsatzbereit sein! Dazu muss dann z.B. ein Fahrzeug bereitstehen. Es ist in dieser Zeit nur bedingt von anderen Familienmitgliedern zu nutzen, denn es wird ggf. von jetzt auf gleich zum Einsatzfahrzeug.

Allein das Wissen um die möglichen nächtlichen Unterbrechungen ergreift eine Familie in besonderer Weise und stellt eine große Herausforderung dar. Wird z.B. der nächtliche Alarm tatsächlich ausgelöst, dann sind meist alle Familienmitglieder wach. Nach einem nächtlichen Einsatz ist für alle der Schlaf schwerlich fortzusetzen, auch wenn es *nur* um die Weitergabe des Notrufs an den Ortspfarrer gegangen ist.

## 3.2 Veränderte Lebensgewohnheiten

Eine Woche notfall-seelsorgerlichen Dienstes greift in die alltäglichen Lebensgewohnheiten ein. Alkoholkonsum verbietet sich in dieser Woche von selbst. Private Besuche sind nur bedingt möglich.

Die ansonsten eingespielte Aufgabenteilung kann nicht aufrechterhalten werden, wenn es um zeitintensive und die Abkömmlichkeit verbietende Dienste geht. Arztbesuche mit Familienmitgliedern können in dieser Woche durch den Notfall-Seelsorger nur bedingt erfolgen. Er muss darauf achten, dass seine private Wochenplanung den möglichen Einsatz *von jetzt auf gleich* immer im Hinterkopf behält.

### 3.3 Veränderte Dienstgewohnheiten

Das gilt erst recht für die Arbeit. Der Dienst als Notfall-Seelsorger wirkt sich unmittelbar auf den wöchentlichen Dienst in der Gemeindearbeit aus.

Er muss sehr genau überlegen und abwägen, ob er den Seelsorge-Besuch zu Fuß wagen kann oder für den Fall des Falles doch lieber fährt. Eigentlich wäre das ggf. in der Parochie nicht nötig.

Die sonntäglichen Gottesdienste stellen ein *Nadelöhr* in der Frage sicherer Erreichbarkeit dar. In dieser besonderen Zeit sind alle verfügbaren Kollegen gleichzeitig im Dienst. Es gilt sorgsam abzuwägen, wie ein möglicher Einsatz sich mit einem im Vollzug befindlichen Gottesdienst vereinbaren lässt. Ähnliches gilt für Amtshandlungen.

An dieser Stelle wäre es denkbar, das kollegiale Netz der Gemeindepfarrer und Pfarrer in Funktionen zu nutzen, um die angesprochenen Engpässe zu überbrücken.

Es macht sicher Sinn, die Mitglieder des eigenen Kirchenvorstandes in die Arbeit der Notfall-Seelsorge in dem Sinne einzubinden, dass sie im Falle dringender Abwesenheit handlungsfähig sind. Gemeinsam könnte z. B. ein Notgottesdienst für diese oder ähnliche Fälle erarbeitet werden.

### 3.4 Freie Zeit

Ein tiefgreifendes Zeichen der Wertschätzung und Anerkennung der notfallseelsorgerlichen Arbeit ist es, wenn der Arbeitgeber (z. B. eine Landeskirche) den Dienst in der Notfall-Seelsorge mit freien Tagen (z. B. als Ausgleich für den in der Dienstwoche belegten Montag) würdigt, die dem Urlaub folgen können. Pro geleisteter Dienstwoche würde dann ein dienstfreier Tag angerechnet. Es ist (noch) nicht selbstverständlich, diesen Teil der pfarramtlichen Tätigkeit besonders zu bedenken und zu würdigen.

Die zusätzlichen Urlaubstage sind dann auch der Dank an die Familie, die mit weiteren freien Tagen im Jahr einen Ausgleich für manche Veränderung während der Dienstwochen erhält.

# 4. Notfall-Seelsorge im Miteinander der Kollegen

## 4.1 Dienstplangestaltung

Notfall-Seelsorge bedarf der rechtzeitigen gemeinsamen Planung. Diese wird regional sehr unterschiedlich organisiert. Im Kirchenkreis Melsungen wird sie so gehalten, dass die Bereitschaftsdienste zweimal im Jahr innerhalb der Pfarrkonferenz vorgestellt werden.[445] Gleichzeitig wird um Übernahme der Dienste gebeten. In der Regel funktioniert das reibungslos, weil die Kolleginnen und Kollegen vorab den Plan kennen und diesen mit ihren dienstlichen und privaten Aufgaben im Vorfeld abstimmen konnten.

## 4.2 Wochenbereitschaftsdienst mit kollegialen Absprachen

Notfall-Seelsorge heißt: Wochenbereitschaftsdienst. Sieben Tage lang ist 24 Stunden mit einem Pfarrkollegen aus dem Kirchenkreis Vordergrund- bzw. Hintergrunddienst zu leisten. Von Beginn einer Dienstwoche an bis zum Ende ist man eng miteinander verbunden. Die gegenseitigen Wochenpläne werden besprochen, um mögliche Engpässe zu koordinieren.

Nicht zu vermeidende Abwesenheitszeiten in der Dienstwoche außerhalb des Einsatzgebietes sind im weiteren Kollegenkreis zu organisieren. Dies ist möglich durch die Dienstgemeinschaft der Seelsorger.

## 4.3 Übergabe

In der Regel *übergeben* die diensthabenden Notfall-Seelsorger ihren Dienst nach einer Woche dem Nachfolger. Dazu wird dieser besucht, um den sog. Einsatzkoffer, den Funkmeldeempfänger und das Mobiltelefon weiterzugeben. Auch wenn durch die technische Entwicklung die Übergabe unterbleiben könnte, so ermöglicht gerade der Besuch die persönliche Absprache und gegenseitige Würdigung des gemeinsamen Dienstes. Ggf. findet dadurch ein Stück Nachbereitung gemeinsam statt. Durch den gemeinsamen Dienst und das *Vor- bzw. Nacharbeiten* rücken die Seelsorger eng zusammen. Die Schwierigkeiten des Nachbarn bei speziellen Einsätzen sind bekannt. Der gemein-

---

[445] In anderen Kirchenkreisen bzw. Landeskirchen werden kleinteiligere Modelle (wie z.B. monatliche Besprechungen) praktiziert. Ebenso werden andere Kommunikationsformen genutzt, die die veränderte Kommunikationstechnik inzwischen bietet. Eine besondere Hilfe stellt eine Koordinierungsperson dar, bei der alle Fäden der organisatorischen und inhaltlichen Gestaltung der Arbeit zusammenlaufen. Werden die Bereitschaften nicht nur von kirchlichen Trägern übernommen, sind besondere Absprachen nötig.

same Dienst in der Notfall-Seelsorge hat die Kollegialität spürbar verstärkt und den Fortbildungsbedarf gezielter fokussiert.

### 4.4 Erreichbarkeit

Die Kolleginnen und Kollegen nehmen zudem wahr, dass durch die Notfall-Seelsorge vereinbarte Zusagen eingehalten werden. Die Erreichbarkeit ist gewährleistet. Das Miteinander vertieft sich, gerade auch durch die erlebte Verlässlichkeit. Durch den gemeinsamen Dienst nahezu aller Kolleginnen und Kollegen in der Notfall-Seelsorge ist der einzelne Pfarrer außerhalb seiner Einsatzwochen spürbar entlastet. Er weiß, dass z. B. sein Nachbarpfarramt sicher anzutreffen ist für den *Fall des Falles* und, sollte er abwesend sein, zunächst für ihn *übernimmt*.

# VI. Die Not der Notfall-Seelsorge

## 1. Die Fülle von Material und Schriften durch konsequente Praxisorientierung

Die Arbeit der Notfall-Seelsorge ist, wie beschrieben, aus einer Bewegung entstanden und das spürt man ihr bis heute ab. Die daraus folgende konsequente Praxisorientierung hat eine Fülle von Literatur (oftmals in Form von Material und Schrifttum) hervorgebracht, die der Einzelne nicht mehr vollständig erschließen kann. Hinzu kommt, dass vieles nicht so veröffentlicht wurde und wird, dass es allgemein zugänglich wäre.

Die vorliegende Arbeit stellt daher auch den Versuch dar, dem interessierten Leser Einblicke in die Fülle und Breite der vorhandenen Literatur zu gewähren, um einen Überblick zu ermöglichen, den die bisher erschienenen Handbücher nicht leisten.[446] Zugleich wird die vorhandene Literatur am Paradigma parochialer Notfall-Seelsorge gemessen und eingeordnet.

Jedoch muss auch der Verfasser mit Blick auf die Fülle der Literatur deutlich seine Not mit der Notfall-Seelsorge benennen und seine eigenen Grenzen anerkennen. So sehr er sich bemüht hat, über Jahre hinweg vorhandenes Material zu sichten und zu ordnen, so ist ihm die Wahrnehmung in Gänze verwehrt. Die notwendige Aktualisierung dieser Arbeit ist durch die ständig anwachsende Literaturflut (auch bedingt durch notwendige Kooperationen) nicht mehr vollständig gegeben.

Die Entwicklungen des Internets haben diese Grenze nur noch deutlicher zu Tage treten lassen und werden die Unübersichtlichkeit weiter för-

---

[446] Vgl. dazu die Rezension des Werkes von Müller-Lange, J. (Hg.), Handbuch Notfallseelsorge, Edewecht, Wien 2001, durch Sadowski, S., in: PTh 90 (2001), 513–515, und in: DtPfrBl 104 (2004), 385–386. Die Rezension erfolgte für die 1. Auflage.

dern, auch mit Blick auf die Recherchetätigkeit in älteren Quellen. Allerdings muss festgestellt werden, dass das weltweite Netz auch Möglichkeiten der Vernetzung und Kommunikation im Bereich der konkreten Arbeit bereitstellt, die zuvor undenkbar waren.

Mit Blick auf statistische Zahlen, die die Einsatzhäufigkeit und -art betreffen, gibt es leider bis heute nur Annahmen und keine gesicherten, d.h. repräsentativen Angaben. Es liegen auch keine (bundesweiten) Informationen darüber vor, wie Notfall-Seelsorge in Gänze (innerkirchlich) organisiert ist und mit wem sie ggf. zusammenarbeitet. Es fehlt darüber hinaus z.B. eine Stadt-Land-Betrachtung der Notfall-Seelsorge, die sicher mit Blick auf das in der Arbeit beschriebene parochiale Modell zu weiterführenden Wahrnehmungen geführt hätte. Sicher scheint, dass die Arbeit sehr unterschiedlich organisiert ist und von daher auch in jeweils andere Begründungszusammenhänge eingeordnet wird.

## 2. Das Auf und Ab der (notwendigen) Kooperationsbemühungen

Durch die großen, auch medial wirksamen Notfälle (als Beispiel habe ich die Zugkatastrophe von Eschede 1998 genannt) ist die gesamte Arbeit wesentlich befördert und strukturiert worden, hat jedoch auch den anfänglichen Elan der Bewegung auf dem Weg zur Institution eingebüßt. Unter anderem ist eine konfessionelle Profilierung (zwischen den Kasseler Thesen 1997 und den Hamburger Thesen 2007) zu beobachten.

Darüber hinaus lässt sich m.E. eine Assimilierung der (freien) Träger an staatliche Rahmenvorgaben beobachten, wie sie z.B. durch das Bundesamt für Bevölkerungsschutz und Katastrophenhilfe in langjähriger Kooperation (oder wie man dort sagt: im Konsensus) mit den Trägern als Psychosoziale Notfallversorgung (PSNV) mit Qualitätsstandards und Leitlinien koordiniert, erarbeitet und veröffentlicht wurden.[447] Unter diesem profilierenden Be-

---

[447] Vgl. dazu das im November 2010 verabschiedete Abschlusspapier des Konsensus-Prozesses 2007–2010: Bundesamt für Bevölkerungsschutz und Katastrophenhilfe (Hg.), Psychosoziale Notfallversorgung. Qualitätsstandards und Leitlinien – Teil I und II, Bonn 2011, das von 45 mitwirkenden Organisationen und Einrichtungen mit 120 Delegierten erarbeitet und außer von der Bundespsychotherapeutenkammer unterschrieben wurde. Einen guten Überblick über den Konsensus-Prozess bietet ein Bericht von Blank-Gorki, V., Psychosoziale Notfallversorgung: Gemeinsame Grundlagen für ein vielseitiges Feld,

griff und dem entsprechenden politischen Prozess verbirgt sich sicherlich einerseits die notwendige Aufgabe der Schaffung allgemeinverbindlicher Anforderungs- und Qualifikationsprofile zur langfristigen Sicherstellung der Arbeit auf Bundes- und europäischer Ebene.[448] Man bemüht sich dabei um einheitliche Terminologie zur Vermeidung von Reibungsverlusten und sog. Schnittstellenproblemen[449] und einheitliche Grundlagen zur Evaluation von PSNV-Einsätzen.[450] Zudem reinigt dieses Verfahren den Markt der zahlreichen Anbieter. An anderer Stelle wird pointiert formuliert:

> »Zur Qualitätssicherung und um eine vergleichende Erfassung von PSNV-Angeboten zu ermöglichen, sind bundeseinheitliche Qualitätsmindeststandards für die Aus- und Fortbildung unumgänglich.«[451]

Andererseits besteht verstärkt die Gefahr einer Normierung und damit langfristig einer Verarmung der Bemühungen um Menschen in Not.[452] Die-

---

in: Rettungsdienst 34 (2011), 822–825. Die inzwischen fortgeschrittenen Überlegungen und Maßnahmen stellt das Themenheft *Psychosoziale Notfallversorgung* der Zeitschrift *Rettungsdienst. Zeitschrift für präklinische Notfallmedizin* Nr. 9 vom September 2011, 34. Jahrgang, Edewecht 2011, dar.

448 Vgl. Bundesamt für Bevölkerungsschutz und Katastrophenhilfe (Hg.), Psychosoziale Notfallversorgung. Qualitätsstandards und Leitlinien – Teil I und II, Bonn 2011, 44. Das Amt berichtet dort zudem, dass die Erstellung von einheitlichen Aus- und Fortbildungsstandards im Zuge des Prozesses vorerst noch nicht erreicht werden konnte und als Aufgabe noch aussteht.

449 Vgl. Bundesamt für Bevölkerungsschutz und Katastrophenhilfe (Hg.), Psychosoziale Notfallversorgung. Qualitätsstandards und Leitlinien – Teil I und II, Bonn 2011, 19.

450 Vgl. Bundesamt für Bevölkerungsschutz und Katastrophenhilfe (Hg.), Psychosoziale Notfallversorgung. Qualitätsstandards und Leitlinien – Teil I und II, Bonn 2011, 63f.

451 Helmerichs, J./Blanck-Gorki, V., Voraussetzungen für Ausbildungscurricula, Speyer 2012, 94, vgl. zur Diskussion um die Standardisierung auch Karutz, H., Standardisierung in der PSNV: Entwicklung einer Stärke- und Ausstattungsnachweisung, in: Rettungsdienst 34 (2011), 826–831.

452 Schon Th. Zippert merkt kritisch an, dass die Definition des Notfalls bisher lediglich staatlichen Kräften überlassen worden sei, so dass Begriffe der Notfallseelsorge und Themen der Theologie bzw. Frömmigkeitsgeschichte, wie z.B. Not, Leiden oder Trost nicht hinreichend auf die Kontexte eines sog. Notfalls bezogen worden seien. Zudem führten die (innerkirchlichen) Begründungszusammenhänge notfallseelsorgerlichen Handelns zu sehr unterschiedlichen Antworten, wessen Aufgabe Notfallseelsorge sei, vgl. Zippert, Th., Notfallseelsorge, Heidelberg 2006, 11f. Das Buch wurde rezensiert von Sadowski, S., in: PthI 27 (2007), 180–181.

se Bemühungen werden ggf. durch Akkreditierungs- und Refinanzierungsverfahren forciert werden. So formuliert z. B. das Auswärtige Amt als am Konsensus-Prozess beteiligte Institution einschränkend:

> »Die Tätigkeits- und Kompetenzprofile der PSNV-Akteure bedürfen einer weiteren Schärfung und – in Anbetracht der europäischen Entwicklung – auch einer weiteren Vereinheitlichung, insbesondere im Hinblick auf die Mindestqualifikationen und die Frage der heilkundlichen Befugnis. Daraus ergibt sich aus Sicht des Auswärtigen Amts die Notwendigkeit bundeseinheitlicher Ausbildungs-Curricula, um die erforderlichen Qualitätsstandards auch bundesweit umsetzen zu können.«[453]

Und weiter fordert das Amt:

> »Die gutachterliche Expertise muss um die Perspektive: ›PSNV ist heilkundliche Tätigkeit‹ erweitert werden [...]. In einer anschließenden Synopse ist dann festzulegen, welche der PSNV-Akteure über heilkundliche Kenntnisse verfügen müssen und welche nicht.«[454]

Es steht zu fragen, ob solche Vereinheitlichungsbemühungen das Vertrauen der in Not geratenen Menschen und die notwendige Nähe zu ihnen fördern oder nur ordnungspolitisch abarbeiten und einordnen. Steckt hinter diesem Bemühen gar eine politische Strategie, die dazu eingesetzt wird, den Zugang zu Menschen im Notfall lobbyistisch zu kanalisieren?[455]

Auch von Seiten der katholischen und evangelischen Notfallseelsorge wurde der in den Jahren 2007–2010 tagende Konsensus-Prozess unterstützt, in dem Wunsch und der Annahme, das Gemeinsame und Unterscheidende zwischen Seelsorge und säkularen Akteuren klarer benennen zu können. Beide Konferenzen kommen über ihre Sprecher zu dem Fazit:

---

[453] Bundesamt für Bevölkerungsschutz und Katastrophenhilfe (Hg.), Psychosoziale Notfallversorgung. Qualitätsstandards und Leitlinien – Teil I und II, Bonn 2011, 84. Schon Th. Zippert hat auf das ungeklärte Verhältnis von Psychologen bzw. Notfallpsychologen oder Psychotraumatologen in diesem Bereich verwiesen und die Frage gestellt, wie eine Kooperation bei z. T. überschneidenden Aufgabenbereichen gelingen kann, vgl. Zippert, Th., Notfallseelsorge, Heidelberg 2006, 13.

[454] Bundesamt für Bevölkerungsschutz und Katastrophenhilfe (Hg.), Psychosoziale Notfallversorgung. Qualitätsstandards und Leitlinien – Teil I und II, Bonn 2011, 84.

[455] Durch diese und andere Entwicklungen wird es voraussichtlich zu Leitlinien und Empfehlungen für die PSNV kommen, die z. B. zu (Ausbildungs-)Curricula zur Qualifizierung in Führungspositionen des PSNV (sog. Fachberater, Leiter und Führungsassistenten) führen werden.

»In den Städten und Landkreisen wird es in Zukunft nicht mehr vorrangig eine ›Notfallseelsorge‹ oder ›Krisenintervention‹ geben. Es gibt zunächst eine fachlich verantwortete und strukturell verlässliche Psychosoziale Notfallversorgung (PSNV) für die Menschen der Stadt oder Region.«[456]

Im Zuge vernetzter Notfallhilfe (ggf. durch Kooperationsverträge der Städte und Landkreise im Rahmen bestehender oder neuer Katastrophenschutzgesetze o. Ä.) ist es sicher von Vorteil, koordinierende Dachorganisationen oder Arbeitsgemeinschaften eingerichtet zu haben. Ob diese jedoch nicht schnell das Stadium der Arbeitsgemeinschaften verlassen und eigene Organisationen bilden, die ihr Gewicht (innerhalb der Arbeitsgemeinschaften) zugunsten nahestehender Anbieter der Arbeit verschieben, um z. B. die Deutungshoheit über die Frage von notwendigen Qualifikationen in letzter Instanz festzulegen? Ist so das Proprium seelsorgerlicher Arbeit sicherzustellen oder wird die kirchliche Arbeit damit faktisch nur operativ funktionalisiert?

Auf diesem Hintergrund ist es darum ausdrücklich zu begrüßen, dass die Notfallseelsorge ihrerseits Kooperationen im kirchlichen Bereich anstrebt und vereinbart. So haben die Konferenz Evangelische Notfallseelsorge in der EKD und die Johanniter-Unfall-Hilfe e.V. am 16. November 2009 einen Kooperationsvertrag zur strategischen Partnerschaft abgeschlossen. Beide Partner sehen sich in der Tradition gelebten christlichen Glaubens evangelischer Prägung und wollen gemeinsam für eine flächendeckende und qualitativ hochwertige psychosoziale Notfallversorgung einstehen. Dabei beschreibt die Notfallseelsorge ihre Kernaufgabe gemäß der Hamburger Thesen vom 12. September 2007. Sie liegt im Angebot psychosozialer Begleitung von Opfern und Angehörigen in akuten Notsituationen.[457]

---

[456] Bundesamt für Bevölkerungsschutz und Katastrophenhilfe (Hg.), Psychosoziale Notfallversorgung. Qualitätsstandards und Leitlinien – Teil I und II, Bonn 2011, 83.

[457] Vgl. Konferenz Evangelische Notfallseelsorge/Johanniter-Unfall-Hilfe e.V., Kooperationsvereinbarung zur Strategischen Partnerschaft zwischen der Konferenz Evangelische Notfallseelsorge in der EKD, vertreten durch den Vorstand, und der Johanniter-Unfall-Hilfe e.V., vertreten durch den Bundesvorstand (Link 29). Ein konkretes Kooperationsprojekt ist bereits mit der gemeinsamen Nachsorge-Arbeit der Tsunami-Katastrophe durch die Notfall-Seelsorge und das Deutsche Rote Kreuz beschrieben worden. Rieske, U., Von der Annahme des Unfassbaren, Würzburg 2011, folgert aus diesen Erfahrungen zusammenfassend eine vernetzte Nachsorge, 172: »Die Arbeit der evangelischen Notfallseelsorge und der Kriseninterventionsteams der Hilfsverbände muss sich darauf einstellen, dass das Konzept der konzertierten Sofortversorgung ergänzt werden muss um Angebote zur

Angemerkt werden sollte zudem, dass das Bemühen um die *Seele in Not*[458] von verschiedenen Seiten Früchte trägt, die zu Beginn der Arbeit in den späten 1980er Jahren nicht einmal ansatzweise ersichtlich waren. Dies ist sicher einerseits einem inzwischen weit verbreiteten Wissen um psychosoziale Notfallversorgung zu verdanken, aber andererseits auch dem Bemühen um den Konsensus. So bieten z. B. die Hilfsdienste als Ergänzung und Unterstützung ihres rettungsdienstlichen Wirkens an, mit ehrenamtlichen sog. Helfern vor Ort[459] die Zeit bis zum Eintreffen des Arztes deutlich zu reduzieren. Der Helfer vor Ort wird mit dem Notarzt und dem Rettungsdienst zusammen alarmiert und ist erster Helfer am Einsatzort, da er z. B. in der Nachbarschaft wohnt.

Dadurch ist auch dem Notfall-Seelsorger ein wichtiger Helfer erwachsen, der bei seinem Eintreffen bereits vor Ort ist und die Lage einschätzt, der aber auch nach der Arbeit des Rettungsdienstes noch vor Ort bleibt und ggf. zusammen mit dem Notfall-Seelsorger Menschen am Ort des Geschehens weiter begleitet.

Die Erfahrungen aus Notfall-, aber auch Krankenhausseelsorge nehmen verstärkt einen Platz in der interreligiösen Diskussion ein, um z. B. islamische Notfall- und Krankenhausseelsorge einzurichten, damit die oftmals eigenen Formen psychosozialer und seelsorgerlicher Betreuung über die Familien hinaus ausgebaut und gefördert werden, weil sich in einem stark verändernden Lebensumfeld zunehmend Bedürfnisse muslimischer Patienten und Angehöriger entwickeln. Die Notfall-Seelsorge ist darum bemüht, in Kooperation Projekte zur Ausbildung Ehrenamtlicher und zum partnerschaftlichen Dienst für den Mitmenschen anzustoßen.[460] Gerade der Umgang mit Leid, Sterben und Tod muss kultur- und religionssensibel bearbeitet werden.

---

mittel- und langfristigen Nachsorge – nicht allein für Betroffene von Katastrophen und Unglücksfällen, sondern auch für Angehörige von Opfern von individuellen Unglücksfällen oder plötzlichen Todesfällen, die in der Öffentlichkeit kaum Beachtung finden – sie brauchen einen besonderen Beistand.«

458 Vgl. dazu Tarnow, B. S./Gladisch, K. M., Seele in Not, Gütersloh, 2007.

459 Dieser Begriff kommt aus dem amerikanisch-angelsächsischen Sprachraum und geht auf die zunächst durch die Feuerwehren eingeführten First Responder-Systeme zurück. Durch die inzwischen auch von anderen Hilfsorganisationen übernommene Überlegung einer ortsnahen Hilfe in Form von geregelt ausgebildetem Personal (mindestens Erste Hilfe) als Ergänzung der Rettungskette bis zum Eintreffen des damit beauftragten Rettungspersonals ist die deutsche Begrifflichkeit des Helfers/Sanitäters vor Ort, der Notfallhilfe oder des Notfallhelfers übernommen worden.

460 Vgl. Lemmen, Th./Yardim, N./Müller-Lange, J. (Hg.), Notfallbegleitung für Muslime und mit Muslimen. Ein Kursbuch zur Ausbildung Ehrenamtlicher, Gütersloh 2011. Das

# 3. Seelsorge in der Volkskirche

Aufgrund der Fülle vorhandener Profile war und ist es ein langer und schwieriger Weg, die kirchliche Arbeit der Notfall-Seelsorge im Sinne der in Not geratenen Menschen stark zu machen. Denn die Gefahr einer Unübersichtlichkeit und inhaltlichen Zerstreuung lief und läuft im Hintergrund der konkreten Arbeit immer mit.

Die Frage der Arbeit war, wie Menschen im Fall der Not seelsorgerlich begleitet werden können. Die vorliegende Arbeit setzt ihren Akzent auf das volkskirchliche Parochialmodell.[461] Sinnvolle seelsorgerliche Hilfe in Krisen und Notlagen wird den betroffenen Menschen in ihren vertrauten regionalen Strukturen zuteil. Auf diese Weise kann sie den Betroffenen so nahe kommen, dass sie trotz ihrer leidvollen Erfahrungen am Leben reifen und Lebensgewissheit erlangen. Dieser Zustand kann nicht verordnet werden, sondern nur empfangen werden. Den Weg dahin kann ein Seelsorger mitgehen, der selbst als Suchender unterwegs ist, dabei jedoch von Voraussetzungen ausgeht, die nicht in den menschlichen Potentialen begründet sind. Der Pfarrer vertritt eine Thematik, die durch ihre Andersartigkeit den Kern der Not angeht. Sie

---

Buch wurde rezensiert von Sadowski, S., in: WzM 64 (2012), 318–320. Das Thema wird aus staatlicher und religiöser (d. h. islamischer, jüdischer und christlicher) Perspektive aufgenommen durch den Aufsatzband von Wenz, G./Kamran, T. (Hg.), Seelsorge und Islam in Deutschland. Herausforderungen, Entwicklungen und Chancen, Speyer 2012, v. a. Kremer, R., Ausbildung und Einbeziehung islamischer Seelsorgerinnen und Seelsorger, Speyer 2012, 97–105, vgl. auch Krausen, H., Seelsorge im Islam, Hamburg 1999, 233–242, und Grünhagen, C., »Allahu akbar«, Würzburg 2011, 67–81. Notfall-Seelsorge in multikultureller Gesellschaft nimmt der Aufsatzband von Brandt, H./Fiedler, J./Fränkert-Fechter, H./Tuncay, I. (Hg.), Wenn das Unfassbare eintritt. Erste Hilfe für die Seele in multikultureller und multireligiöser Gesellschaft, Würzburg 2012, wahr und widmet sich der Interkulturellen Notfallseelsorge in Berlin. Zudem sei exemplarisch auf die Bemühungen des Grünen Halbmondes e.V. verwiesen, der sich um eine islamische Seelsorgeausbildung bemüht und in Kooperation mit dem Zentrum Seelsorge und Beratung der Evangelischen Kirche in Hessen und Nassau eine Ausbildung für ehrenamtliche Mitarbeiterinnen und Mitarbeiter und Imame in Islamischer Notfall-Seelsorge anbietet (Link 30). Bereits beim Grubenunglück in Borken wurde 1988 die erste gemeinsame christlich-islamische Gedenkfeier für die verunglückten Bergleute angeboten. In den Jahren darauf folgten weitere Gedenkfeiern. Vgl. dazu Arbeitsgruppe Stolzenbachhilfe (Hg.), Nach der Katastrophe, Göttingen 1992, 33 f., 78 f., 105 f.

[461] Mit Fechtner, K., Volkskirche als zeitgemäße Kirche, in: Ders., Späte Zeit der Volkskirche, Stuttgart 2010, 20, ist Kirche wesentlich »[...] der Ort, an dem Kommunikation des Evangeliums stattfindet und Gestalt gewinnt.«

entfaltet sich unter dem Vorzeichen des Vorläufigen und öffnet damit einen weiten Raum für Möglichkeiten der Vertrauensbildung, die durch räumliche Nähe entscheidend begünstigt wird. Die Thematik vollzieht sich durch die Begleitung in der Notfallsituation und danach, weil es keine fertigen Antworten darauf geben kann. Aber Notfall-Seelsorge weiß sich durch die Zusage getragen, in der Aufgabe der Begleitung selbst begleitet und getragen zu sein.

Notfall-Seelsorge ist ein diakonisch-seelsorgerlicher Dienst, der in Krisen- und Grenzsituationen Orientierung bietet. Notfall-Seelsorge buchstabiert durch ihre Begleitung das Evangelium in den konkreten Alltag der Menschen hinein. Diese Aufgabe braucht Zeit und kann im Fall der Not nur begonnen werden, um in weiteren Bezügen weiterentwickelt zu werden. Das regional-verortete Gemeindepfarramt hat dazu in der wiederkehrenden Lebensbegleitung der Menschen zahlreiche Gelegenheiten, die sich ergeben und nicht erst hergestellt werden müssen.

Diese Form der umfassenden Begleitung ist durch das gemeindliche Pfarramt möglich, weil in ihm die Nähe zu den Menschen strukturell verankert ist. Im Fall der Not kann in der Parochie orts- und zeitnah ein Geschehen begleitet und weitergeführt werden. Begegnungen werden im Gemeindepfarramt zu Lebensbezügen, die nicht mit dem Not-Fall enden, aber möglicherweise mit ihm auch nicht erst beginnen.

Dieser Denk- und Handlungsansatz lässt Kontakte entstehen, die kirchliches Wirken in der Breite verstärken. Auf diese Weise wird Volkskirche gefestigt und ausgebaut. Pfarrer erleben in der Notfall-Seelsorge den tiefen Sinn ihrer seelsorgerlichen Ausbildung bzw. Tätigkeit.

> »Es sind dies Begegnungen, die man niemals vergisst. Sie schaffen eine Nähe zu Menschen [...] und man findet Zugang zu einem Leben, das sich öffnet wie ein Buch. Hier ist Vertrauen, gegen alle Zerstörung und den Verlust, gegen und in allem Schmerz ein Vertrauen, das öffnet und trägt und tiefe, gelebte Menschlichkeit ermöglicht, die alles hinter sich lässt, was unwesentlich ist.«[462]

Es bleibt zu hoffen, »dass die Notfallseelsorge selbstverständlicher Teil des pfarramtlichen Dienstes und der pastoralen Arbeit bleiben bzw. immer mehr werden wird.«[463] Denn in der Notfall-Seelsorge »[...] kehrt Seelsorge [...] zu

---

462 Rieske, U., Predigt im Gottesdienst zum Ausklang des Projektes, in: »hoffen bis zuletzt«, Frankfurt 2006, 251.

463 Zippert, Th., Notfallseelsorge, Heidelberg 2006, 13.

einem *alten Aufgabengebiet* zurück: Dem Geleit für Sterbende und dem Trost für Angehörige.«[464]

Abschließend stehen darum Forderungen, deren Umsetzung im kirchlichen Bereich sinnvoll erscheint, um Notfall-Seelsorge insgesamt zu stärken und im pfarramtlichen Dienst gut zu verankern:

a) Pfarrer müssen auf ihre notfall-seelsorgerliche Arbeit als zentrale seelsorgerliche Tätigkeit in ihrer Ausbildung umfassend vorbereitet werden. Notfall-Seelsorge muss in der theoretischen und praktischen Vorbereitung auf den Dienst thematisiert und erprobt werden und dann von Anfang an einen Teil des Dienstes darstellen.
b) Dieser Dienst kann nur durch das Angebot einer regelmäßigen Supervision zur eigenen Bearbeitung des Erlebten geleistet werden. Dazu gehören ebenso Fort- und Weiterbildungsangebote, die auf den konkreten Dienst bezogen sind.
c) Ein Grundauftrag ist regelmäßiges Thema im Sinne eines Tagesordnungspunktes bei pfarramtlichen Treffen und Zusammenkünften (z. B. Pfarrkonferenzen). Im kollegialen Austausch werden scheinbar singuläre Fragen zur Aufgabe Vieler und bringen Klärungen für alle Beteiligten mit sich.
d) Zentrale kirchliche Arbeitsfelder sind Themen der Gemeinde. Gottesdienste, Themenabende, Diskussionsforen oder auch Berichte in (kirchlichen) Presseorganen sollten sich regelmäßig mit der Notfall-Seelsorge als Dienst der Gemeinde beschäftigen.
e) Die Pflege notfall-seelsorgerlicher Bezüge als einer parochialen Kernaufgabe volkskirchlicher Arbeit muss stets gefestigt und ausgebaut werden. Dazu benötigt der Seelsorger Zeit, auch jenseits des konkreten Einsatzes. Er muss darum von dem Gemeindepfarramt zugewachsenen sachfremden Aufgaben entlastet werden, um seinem eigentlichen Dienst mit Sorgfalt und Umsicht nachkommen zu können. Auf diese Weise wird die kirchliche Seelsorgepraxis insgesamt als theologische Kompetenz methodisch umgesetzt und anerkannt.
f) Die Anerkennung theologischer Kompetenz beginnt damit, den notfallseelsorgerlichen Dienst der Pfarrer so zu regeln, dass einheitlich und generell für geleisteten Dienst freie Zeit gewährt wird, die auch mit anderen freien Zeiten zu kombinieren ist.

---

464 Bobert, S., »Erste Hilfe für die Seele« – Notfallseelsorge (Link 35, Seite 10) [Hervorhebung im Original].

g) Sie setzt sich fort im Diskurs mit anderen Angeboten zur Hilfe in der Not, indem Begriffe und Themen der Theologie im Bemühen um Menschen in Not zentrale Themen werden, weil sie existenzbestimmend sind, etwa das Erleben von Ohnmacht oder Schuld, die Verstrickung in beides u. Ä. Diese Fragen können nicht gelöst werden, sondern müssen durchlitten werden.[465] Ein Verständnis dafür wächst durch den Dialog.

465 Vgl. dazu auch Zippert, Th., Indikationen für Seelsorge, in: PTh 93 (2004), 312–332.

# VII. Liturgie-Anhang

## 1. Liturgie zum Gottesdienst für Einsatzkräfte *Gott sei Dank! – Einsatzkräfte*

(9. Mai 2009, 16.00 Uhr, Innenhof des Amtsgerichtes Melsungen)

**Instrumentalstück zum Einzug**
(alle am Gottesdienst Beteiligten ziehen ein, bauen das Puzzlekreuz auf, schmücken den Altar und setzen sich anschließend in die erste Reihe)

**Begrüßung**
*Wir feiern Gottesdienst im Namen des Vaters und des Sohnes und des Heiligen Geistes.*

Ich begrüße Sie alle sehr herzlich hier auf dem Innenhof des Amtsgerichtes Melsungen. Wir feiern Einsatzkräfte-Gottesdienst – schon zum 6. Mal im Schwalm-Eder-Kreis und in diesem Jahr im Altkreis Melsungen.

Ein Team von Einsatzkräften aus verschiedensten Organisationen hat sich vorbereitet auf diesen Tag. Wir wollen Gott danken für unseren Dienst als Einsatzkräfte, für unser Miteinander im Dienst für den Mitmenschen – und das z. T. schon über sehr lange Zeit. Wir wollen aber auch aussprechen, was an diesem Dienst schwer fällt, was uns auch belastet.

Ich danke an dieser Stelle sehr herzlich allen Beteiligten an diesem Gottesdienst, allen, die vor und nach dem Gottesdienst im Dienst waren und sind, um uns mit geistlichen und leiblichen Gaben zu versorgen.

Besonders ergeht mein Dank an das Ensemble der Harmonie-Musik Melsungen und die Gesangsgruppe des Kreisfeuerwehrverbandes des Altkreises Melsungen für ihre musikalische Begleitung.

**Lied:** Danke (EG 334, 1–6)
**Psalmgebet** (Ps 139 in Auszügen)

**Erfahrungen der Einsatzkräfte als Klage und Lobpreis**
Als Einsatzkräfte sind wir oft unterwegs, wenn die Not groß ist. Wir kommen, wenn es höchste Zeit wird. Dabei erleben und sehen wir Dinge, die nicht alltäglich sind, die uns manchmal auch nicht so schnell loslassen.

Und doch erleben wir gerade im Einsatz auch, was es bedeutet, in einer Organisation mit anderen zusammen zu arbeiten und Kollegen und Kolleginnen aus anderen Einheiten zur Hilfe zu haben. Darum haben Klage und Lob nun gleichermaßen hier ihren Ort.

Wir hören Berichte von Einsatzkräften aus dem Rettungsdienst, des THW und der Polizei aus ihrem Alltag.

Die Berichte werden begleitet und unterbrochen durch musikalische Beiträge.

**Evangelium:** Joh 10,11–15
**Glaubensbekenntnis**
**Lied: Befiehl du deine Wege** (EG 361, 1–2.4.7–8)
**Predigt**
**Lied: Nun danket alle Gott** (EG 321, 1–3)

**Fürbitten**[466]
*Mit Zuversicht und Vertrauen rufen wir gemeinsam zu Gott und halten Fürbitte; dazu erheben wir uns nach Möglichkeit. Nach jeder Bitte singen wir gemeinsam: Herr, erbarme Dich! (EG 178.11)*

*Polizei*
(1) Herr, unser Gott.
Vor dich bringen wir unsere Gedanken an uns Einsatzkräfte. Von uns wird erwartet, dass wir dort helfen, wo oftmals Entsetzliches geschehen ist, wo Menschen verletzt wurden, wo sie Unersetzliches verloren haben. Wir werden mit Leid und Trauer konfrontiert. Und manchmal brennen sich die Bilder in unsere Seele ein.
Wir bitten Dich:
Hilf, dass die Belastungen nicht zu groß werden. Lass uns erkennen, wie hilfreich die Gabe des Gespräches ist. Gib uns Menschen an die Seite, die Ver-

---

466 Vgl. v. Wietersheim, H., Bundeskongress Notfallseelsorge und Krisenintervention 2003. »An Grenzen begleiten«. Ökumenischer Gottesdienst am 22. Mai 2003 in der Evangelischen Kirche in Bochum-Werne (Link 31).

ständnis für die Belastungen unseres Dienstes haben, die Vertrauen schaffen können und Wege zur Entlastung weisen.

Gemeinsam rufen wir zu dir:
Gemeinde/Liedruf: Herr, erbarme dich.

*DRK, Rettungsdienst*
(2) Herr, unser Gott.
Vor dich bringen wir unsere Gedanken an uns Menschen, die wir in unterschiedlichen Hilfsorganisationen arbeiten. Wir werden gerufen, wenn Menschen in großer Gefahr, oft Lebensgefahr sind. Wir sehen Menschen leiden unter Krankheiten und Verletzungen. Von uns wird Hilfe erwartet, doch manchmal können wir nicht helfen.
Hilf, dass wir dann aber sehen, was wir zusammen dennoch leisten konnten, was miteinander möglich war durch gegenseitiges Vertrauen und das Zutrauen in die Fähigkeiten der Kolleginnen und Kollegen.

Gemeinsam rufen wir zu dir:
Gemeinde/Liedruf: Herr, erbarme dich.

*THW*
(3) Herr, unser Gott.
Vor dich bringen wir unsere Gedanken an die Menschen, die Opfer von großen und kleinen Katastrophen geworden sind, denen Liebgewesenes zerstört wurde, die verletzt wurden, denen eine schwere Last auf Herz und Seele liegt. Hilf, dass sie ihre Last tragen können. Gib ihnen Menschen an die Seite, die Klagen aushalten und Schweigen verstehen, die das rechte Wort zur rechten Zeit finden und zu helfen wissen.

Gemeinsam rufen wir zu dir:
Gemeinde/Liedruf: Herr, erbarme dich.

*DRK, Bereitschaft*
(4) Herr, unser Gott.
Vor dich bringen wir unsere Gedanken an diejenigen, die den Opfern nahestehen – Angehörige, Freunde und Kolleginnen. Sie sorgen sich um einen Menschen, der verletzt ins Krankenhaus gebracht werden musste, der Opfer von Gewalt geworden ist, der unauffindbar ist. Sie trauern nach dem Verlust eines nahestehenden Menschen und versuchen, ihr Leben in den Griff zu bekommen.

Wir bitten dich:
Schenke ihnen Kraft. Gib ihnen Menschen an die Seite, die das rechte Maß von Distanz und Nähe wahren, die wissen, wie sie begleiten können, die zu trösten verstehen.

Gemeinsam rufen wir zu dir:
Gemeinde/Liedruf: Herr, erbarme dich.

*Feuerwehr*
(5) Herr, unser Gott.
Vor dich bringen wir unsere Gedanken an alle, die die Aufgabe übernommen haben, den Menschen nahe zu sein, die als Opfer, als Angehörige, als Einsatzkräfte unter großer seelischer Belastung leiden. Sie müssen mit Erfahrungen umgehen, die sie selbst an den Rand des Tragbaren führt.
Wir bitten dich:
Lass sie die Sorge um sich selbst nicht vergessen. Hilf ihnen, auch für sich selbst das zu tun, was sie für andere tun wollen. Gib ihnen Menschen an die Seite, die es verstehen, hinzuweisen und aufzurichten.

Gemeinsam rufen wir zu dir:
Gemeinde/Liedruf: Herr, erbarme dich.

**Stilles Gebet**
Herr, unser Gott. Du hast unsere Gedanken, unsere Klage und unseren Dank gehört. In der Stille bringen wir nun zu dir und vor dich, was uns persönlich belastet und Sorgen bereitet, aber ebenso das, worüber wir froh sind und was uns erfreut.

**Vaterunser**
**Gesangsgruppe des Kreisfeuerwehrverbandes**
(Großer Gott, wir loben Dich)

**Segen**[467]

Wir wollen diesen Gottesdienst nun mit der Bitte um den Segen unseres Gottes beenden. Wir bitten Sie, sich zu erheben.

*Polizei*

Herr, segne unsere **Füße**,
dass sie uns dorthin führen, wo wir gebraucht werden,
dass sie Wege des Friedens und der Versöhnung gehen,
dass sie sich auf den Weg machen zu Menschen in Not,
dass sie festen Boden finden in dir.

*Feuerwehr*

Herr, segne unsere **Hände**,
dass sie behutsam sind,
dass sie halten können, ohne zur Fessel zu werden,
dass sie geben können, ohne Berechnung,
dass ihnen innewohne die Kraft, zu trösten und zu segnen.

*DLRG*

Herr, segne unsere **Augen**,
dass sie Bedürftigkeit wahrnehmen,
dass sie das Unscheinbare nicht übersehen,
dass sie hindurchschauen durch das Vordergründige,
dass andere sich wohl fühlen können unter unserem Blick.

*THW*

Herr, segne unsere **Ohren**,
dass sie deine Stimme zu erhorchen vermögen,
dass sie hellhörig seien für die Stimme der Not,
dass sie verschlossen seien für den Lärm und das Geschwätz,
dass sie das Unbequeme nicht überhören.

---

467 Vgl. Gundalin, J./Müller-Lange, J., Was trägt – Gottesdienst Bundeskongress 2008, 20. Mai 2008, Gottesdienst in der Florinskirche Koblenz. Segen (gesprochen durch Weihbischof Jörg Michael Peters und Vizepräses Pfarrerin Petra Bosse-Huber im Wechsel), in: Müller-Lange, J./Schüssler, P. (Hg.), unter Mitarbeit von Unruh, J. und Sadowski, S., Spiritualität und Trauma. Referateband des 11. Bundeskongresses für Notfallseelsorge und Krisenintervention vom 19.–21. Mai 2008 in Koblenz, Frankfurt 2009, 19f.

*DRK, Rettungsdienst*
Herr, segne unseren **Mund**,
dass er dich bezeuge,
dass nichts von ihm ausgehe, was verletzt und zerstört,
dass er heilende Worte spreche,
dass er Anvertrautes bewahre.

*DRK, Bereitschaft*
Herr, segne unser **Herz**,
dass es Wohnstatt sei deinem Geist,
dass es Wärme schenken und bergen kann,
dass es reich sei an Verzeihung,
dass es Leid und Freude teilen kann.

*Pfarrer*
So segne und behüte Euch der allmächtige und barmherzige Gott, der Vater, der Sohn und der Heilige Geist. Amen.

**Einladung**
**Verteilung einer kleinen Segenskarte**

**Auszug**
(musikalische Begleitung durch das Ensemble der Harmonie-Musik Melsungen)

## 2. PREDIGT ÜBER 1 KOR 12,12-27[468]

*Gnade sei mit Euch und Friede von dem, der da ist und der da war und der da kommt! Amen.*

Liebe Gemeinde der Einsatzkräfte!
An ungewohnter Stelle feiern wir Gottesdienst – mitten drin und doch etwas abgeschirmt, um zu danken:

Denn in Melsungen und Umgebung konnte vielen Menschen in den letzten Jahrzehnten durch Ihren Einsatz und den Einsatz Ihrer Kolleginnen und Kollegen, durch den Einsatz vieler engagierter Menschen, geholfen werden. Und das war nicht immer einfach. Bis heute gibt es trotz der technischen Verbesserungen und Hilfen viele Hürden, um die kontinuierliche Dienstbereitschaft für den Nächsten aufrechtzuerhalten, ja, um selbst mit alledem klarzukommen.

Letzten Endes ist es Ihr Engagement, liebe Einsatzkräfte, liebe Kollegen, abgesehen von Wissen und Technik. Der Dienst am Nächsten ist nur darum möglich, weil Sie sich als Menschen für andere Menschen engagiert haben und engagieren.

Das Einsatzgeschehen ist letztlich ein Teil des Lebens, v.a. Ihres Lebens. In diesem Leben sind sie zusammen unterwegs: Es geht nur miteinander, nur, indem in aller Ruhe, aber doch konsequent und strukturiert, gearbeitet und aufeinander gehört wird. Einsatzgeschehen ist immer Teamwork.

Bereits die Bibel greift diese menschlichen Grundeigenschaften auf. Nicht umsonst redet der Apostel Paulus an vielen Stellen in seinen Briefen im Plural, in der Sprache des Teamgeistes und Miteinanders.

Als er seine Gemeinde in Korinth gründet, wird ihm das in besonderer Weise klar. Da kommen viele Leute mit guten Ideen zusammen. Sie kommen aus den verschiedensten Berufen, sind sehr unterschiedlich geprägt und damit auch interessiert. Und nun soll ein neues Experiment starten in Korinth: Eine Einheit, eine Einsatzgruppe soll gebildet werden, eine Einheit, ein Team soll antreten. Paulus hatte damit eine Mammutaufgabe vor sich. Er fühlte sich sicher an mancher Stelle wie ein geistlicher Einsatzleiter, der immer wieder Ruhe bewahren musste, der einen langen Atem brauchte, der den Blick für den Einzelnen im Sinne aller nicht verlieren durfte, der die

---

468 Vgl. dazu Kirchenamt der Evangelischen Kirche in Deutschland (Hg.), Ein starkes Stück Leben. Ideen und Entwürfe für die kirchliche Arbeit anlässlich der FIFA Fußball-Weltmeisterschaft 2006™, Hannover 2005, 18–24.

Strukturen im Blick halten musste und dabei eine klare Sprache brauchte. Hören wir darum eine Übertragung der Worte aus dem 1. Korintherbrief im 12. Kapitel:

**Eine Einheit** (nach 1. Kor 12)

**12** Wie die Einheit eine ist und doch viele Einsatzkräfte hat, alle Einsatzkräfte aber, obwohl sie viele sind, doch eine Einheit bilden: so auch wir.
**13** Denn wir sind durch einen Auftrag alle zu einer Einheit verbunden, wir seien Feuerwehrleute, Rettungskräfte, Bereitschaften, Polizisten, THWler, DLRGler, Notärzte oder Notfall-Seelsorger, und wir sind alle von einer Vision durchdrungen.
**14** Denn auch die Einheit ist nicht nur eine Einsatzkraft, sondern das sind viele.
**15** Wenn aber der Wassertrupp spräche: Ich bin kein Retter, darum bin ich nicht Mitglied der Einheit, sollte er deshalb nicht Mitglied dieser sein?
**16** Und wenn der Techniker spräche: Ich bin nicht der Gruppenführer mit der speziellen Kennung, darum bin ich nicht Mitglied der Einheit, sollte er deshalb nicht Mitglied derselben sein?
**17** Wenn die ganze Einheit der Organisatorische Leiter Rettungsdienst wäre, wo bliebe dann der Rettungsassistent? Wenn sie aber ganz Polizist wäre, wo bliebe dann der Betreuer?
**18** Nun aber hat der Einsatzleiter die Kräfte eingesetzt, einen jeden von ihnen in der Einheit, so wie er gewollt hat.
**19** Wenn aber alle Kräfte nur eine Einsatzkraft wären, wo bliebe dann die Einheit?
**20** Nun aber sind es viele Einsatzkräfte, aber die Einheit ist eine.
**21** Die erste eintreffende Feuerwehr kann nicht sagen zum Rettungsdienst: Ich brauch' dich nicht; oder auch die Polizei zu den Tauchern: Ich brauche euch nicht.
**22** Vielmehr sind die Einsatzkräfte der Einheit, die uns die schwächsten zu sein scheinen, die nötigsten;
**23** und die uns am wenigsten glanzvoll zu sein scheinen, die bekleiden wir mit einer besonderen Einsatzjacke; und bei den ganz Schnellen achten wir besonders auf Umsichtigkeit;
**24** denn die Behutsamen brauchen's nicht. Aber der Einsatzleiter hat die Mannschaft zusammengestellt und der unscheinbaren Einsatzkraft höheres Ansehen gegeben,

25 damit in der Einheit keine Streitigkeiten seien, sondern die Helfer in gleicher Weise füreinander arbeiten.
26 Wenn eine Einsatzkraft leidet, so leiden alle anderen Kräfte mit, und wenn eine Kraft geehrt wird, so freuen sich alle Kolleginnen und Kollegen mit.
27 Ihr aber seid die Einheit des Einsatzleiters und jeder von euch ist einer seiner Kräfte. Amen.[469]

So sah es also aus in Korinth, liebe Gemeinde der Einsatzkräfte. Es scheint eine Rede nötig, gleichsam eine Lagebesprechung nach schwierigen ersten Rettungsversuchen.

Die ersteintreffenden Kräfte sind zu schnell in ihre Aufgabe eingebunden, ohne die Notwenigkeit des Sichtens zu beachten.

Sie kennen das vielleicht. So kann es auch beim Einsatz laufen. Meistens, so habe ich gehört und selbst festgestellt, ist es jedoch anders. Und dafür danke ich Ihnen im Namen aller Opfer und Betroffenen. Dafür danke ich Gott, unserem Schöpfer, der gerade Menschen in der Not in seiner Hand hält. Aber dennoch passieren diese Dinge, die einen erst danach erkennen lassen: Mensch, wo war denn die Koordination? An welchen Stellen hakte es? Wo war eigentlich unsere Einheit?

So kann es nicht nur im Einsatz laufen. So kann es auch im Einsatz unseres Lebens laufen. Wenn auf die Leute um einen herum kein Verlass ist, wenn im Kollegium einer gegen den anderen steht, weil angeblich die Konkurrenz so groß wird, wenn in der Schule die Kameraden in Grüppchen gegen Einzelne schlechte Stimmung machen und einen Neuen nach unten ziehen, wenn Eheleute nicht mehr einander vertrauen und ihr eigenes Ding zu leben beginnen. Und am Ende heißt es: Wir haben uns einfach auseinander gelebt, wir bleiben aber Freunde.

In Korinth war die Gemeinde sicher zur Lagebesprechung beordert worden. Da wollte einer besser sein als der andere. Das Ergebnis war ein heilloses Durcheinander, ein Einzelkämpfertum, das zu gar nichts führte. Jeder übersah: Mensch, ich brauche doch den anderen. Wenn wir vorankommen wollen – im Sinne unseres gemeinsamen Auftrages, geht es doch nicht, wenn ich mich nur selbst sehe.

---

[469] Übertragung durch Pfarrer Sigurd Sadowski für den Gottesdienst für Einsatzkräfte in Melsungen am 9. Mai 2009 im Innenhof des Amtsgerichtes Melsungen, Idee nach Ulrichs, H.-G., Ein starkes Stück Leben, Hannover 2005, 24.

Bei etwas Großem, bei einem gemeinsamen Ziel, müssen wir aufeinander setzen, wir müssen einander vertrauen, wir müssen das Konkurrenzdenken mit einem Geist des gegenseitigen Vertrauens verknüpfen.

Der Gemeinde in Korinth konnte ihr Einstand nur gelingen, wenn sie alle ihre Gaben gleichwertig achtete und sorgsam einsetzte. Die Gemeinde konnte nur die Achtung der Menschen um sie herum erhalten, wenn sie versuchte anders zu leben, als es allgemein üblich war.

Der Einsatz von Menschen für Menschen, wie Sie alle das hier tun, verdient viel Respekt und Dank, den ich an dieser Stelle stellvertretend für viele aussprechen will. Es ist Ihr Einsatz für das Leben, ein Einsatz, der gerade in unserer Zeit oftmals nicht gesehen, geschweige denn gewürdigt wird. Er wird erst dann ernst genommen, wenn die Not groß ist. Die meisten von Ihnen opfern ihre Freizeit, setzen Geld und Sachmittel für die gemeinsame Sache ein. Sie kennen oftmals keine festen Wochenenden oder klar geregelte Feiertage. Der Schichtdienst tut sein Übriges. Und das belastet.

Bei den meisten von Ihnen stehen Familien und Angehörige hinter Ihnen, die Sie trotz alledem ziehen lassen, die Sie aber immer auch wieder aufnehmen nach den Einsätzen, wenn die Luft raus ist, wenn Sie Schweres erlebt haben, wenn Ihnen da Bilder im Kopfe sind, die eben nicht so schnell verschwinden, weil Entsetzliches passiert ist, weil Leid und Trauer vorherrschen. Besonders Ihren Angehörigen gilt darum an dieser Stelle auch mein Dank.

Ihre Arbeit, egal in welcher Organisation, ob nun haupt- oder ehrenamtlich, lebt aber trotz der Schwere, trotz der Gefahr, auch von der Faszination und Begeisterung. Diese Begeisterung hat ihren Grund in Ihrem gemeinsamen Tun und Handeln für Andere. Denn das macht Sinn. Man ist ganz dicht dran an den Menschen. Das erfüllt einen letzten Endes. Das überzeugt. Sie erleben dabei ein wertvolles Miteinander, es läuft *Hand in Hand*, wie wir gehört haben.

Im Einsatzgeschehen kann man erleben, dass die einen die anderen stärken, ja man selber plötzlich durch die vertrauensvolle Zusammenarbeit der anderen mehr kann, als man gedacht hat, über sich hinauswächst. Als Rettungssanitäter und später als Notfall-Seelsorger ist es mir so oft so gegangen und ich erlebe es bis heute dank Ihrer Arbeit immer wieder neu. Es erwachsen einem ungeahnte Kräfte. Und das vermittelt einem das Gefühl, hier wirklich richtig zu sein. Menschen im Einsatzteam müssen darum jedem einzelnen Helfer im Rahmen seiner Fähigkeiten helfen, damit er dem gemeinsamen Auftrag folgen kann. Wenn dann der eine mal durchhängt, dann müssen die anderen für ihn mitarbeiten, und das gemeinsame Wirken erträgt auch eine vorübergehende Schwäche der anderen. Letzten Endes, liebe Einsatzkräfte, ist es vielleicht oftmals eben keine Schwäche, sondern nur der stumme Ruf nach einer Pause, die jeder verdient. Bleiben Sie gerade dann an Ihren Kameraden dran, gehen sie nicht weg, sorgen Sie dann auch mal für sich, indem sie den Ruf des anderen ernstnehmen. Holen Sie sich Menschen herbei, die Ihnen gut tun, wenn Sie mögen, auch uns als Notfall-Seelsorger.

Als christlicher Gemeinde geht es uns letztlich genauso im Einsatz unseres Lebens: Kein Christ kann allein nur seinen eigenen Glauben leben, sondern Jesus Christus verbindet uns: Er ist der Einsatzleiter und wir sind seine vereinten Helfer. Wir sind eine Einheit, verbunden durch die Taufe. Sie befreit uns vor Alleingängen und öffnet die Augen für das, was um uns herum vor sich geht. Sicher sind durch die Taufe unsere Alleingänge nicht weg, sie gehören zum Leben. Aber wir wissen durch die Taufe auch, dass wir eigentlich nicht nur für uns und unsere Organisation arbeiten können, auch wenn es uns immer wieder passiert. Aber dann ist es danach wichtig, mit diesem Fehler ehrlich umzugehen. Im Einsatz spricht man in diesem Zusammenhang dann vielleicht von organisationsübergreifenden Maßnahmen, im Leben von Ehrlichkeit, im Glauben von aufrichtiger Gemeinschaft. Wir werden dann stark, gemeinsam das Leben (neu) anzugehen. Im Glaubensleben gibt es das ebenso, weil dort viele zusammenkommen und doch auch immer wieder viele Einzelne unterwegs sind. Das ist einerseits förderlich und andererseits spannungsreich. Jeder von uns glaubt nämlich immer auch etwas anders. Und jeder von uns hat zugleich unterschiedliche Fähigkeiten. Alleine wären wir da ebenso verloren wie eine einzelne Einsatzkraft, die keine Organisation im Rücken hat und v. a. Kollegen, die mit rausgehen.

Liebe Einsatzkräfte. Wenn die Arbeit unter solchen Vorzeichen steht, dann bekommt sie ein anderes Gesicht: ob im Einsatz, im Beruf, in der Familie oder im Leben. Denn dann kann sich etwas verändern. Dann bekommt die Einheit als ein Team wieder einen neuen Wert. In der Erschöpfung kann auch ein neuer Weg zum nächsten Einsatz angelegt sein. Mancher erfolgreiche Einsatz ist, jedenfalls im Kopf, in einen Fehleinsatz verwoben – so wie das Kreuz Christi Sieg und Niederlage eng miteinander verbindet.

Und so kann es in die nächsten Einsätze gehen: ... *denn Ihr seid die Einheit des Einsatzleiters und jeder von euch ist eine seiner Kräfte.* Gebe uns Gott diese Einsicht und innere Gewissheit für unsere Einsätze, für unser Leben. Amen.

*Und der Friede Gottes, welcher höher ist als alle Vernunft, bewahre eure Herzen und Sinne in Christus Jesus.* *A m e n*

# VIII. Verzeichnis der verwendeten Literatur

## 1. Quellen

ALAND, K. (Hg.), Luther Deutsch Bd. 7 (Der Christ in der Welt). Die Werke Martin Luthers in neuer Auswahl für die Gegenwart, Stuttgart 1967.
DEUTSCHE BIBELGESELLSCHAFT STUTTGART (Hg.), Lutherbibel 1912. Die Bibel oder die ganze Heilige Schrift des Alten und Neuen Testaments nach der deutschen Übersetzung Martin Luthers, Stuttgart 1912.
DEUTSCHE BIBELGESELLSCHAFT STUTTGART (Hg.), Die Bibel. Nach der Übersetzung Martin Luthers, Stuttgart 1984.
DIE BEKENNTNISSCHRIFTEN DER EVANGELISCH-LUTHERISCHEN KIRCHE, hg. vom Deutschen Evangelischen Kirchenausschuss im Gedenkjahr der Augsburgischen Konfession 1930 (BSLK), Göttingen, 11. Auflage 1992.
KATHOLISCHE BIBELANSTALT STUTTGART (Hg.), Die Bibel. Altes und Neues Testament. Einheitsübersetzung, Stuttgart 1980.
LUTHER, MARTIN, Werke. Kritische Gesamtausgabe (WA), Weimar 1883 ff.
DERS., Briefwechsel. Kritische Gesamtausgabe (WA.B), Weimar 1883 ff.
DERS., Tischreden. Kritische Gesamtausgabe (WA.TR), Weimar 1883 ff.
TERTULLIAN, Apologeticum. Verteidigung des Christentums (Tert.apol.), lat. und dt., hg., übersetzt und erläutert von Carl Becker, München, 3. Auflage 1984.
[Tert.apol., München 1984]

## 2. Lexikonartikel

ACHELIS, E. CHR., Art. »Seelsorge«, in: $RE^3$, 132–145.
BEYER, H. W., Art. »διακονέω, διακονία, διάκονος«, in: ThWNT II, Sp. 81–93.
BROCKHAUS ENZYKLOPÄDIE, Art. »Krise, Krisis«, Bd. 10, Wiesbaden, 17., völlig neubearbeitete Auflage 1970, 670–671.
GENEST, H., Art. »Schuld III. Praktisch-theologisch«, in: TRE 30, 586–591.

GRETHLEIN, C., Art. »Krise II. Praktisch-theologisch«, in: RGG$^4$, Bd. 4, Sp. 1777.
HAUSCHILDT, E., Art. »Seelsorge II. Praktisch-theologisch«, in: TRE 31, 31–54.
HUXEL, K., Art. »Krise I. Ethisch«, in: RGG$^4$, Bd. 4, Sp. 1777.
MEYER-BLANCK, M., Art. »Liebe VIII. Praktisch-theologisch«, in: RGG$^4$, Bd. 5, Sp. 347–348.
NIEBERGALL, F., Art. »Kasualien«, in: RGG, Bd. 3, Sp. 949–957.
SCHMIDT-ROST, R., Art. »Seelsorge«, in: WdC, 1136–1138.
DERS., Art. »Trost«, in: WdC, 1284–1285.
SCHNURR, G., Art. »Krise«, in: TRE 20, 61–65.
SCHRÖER, H., Art. »Praktische Theologie«, in: TRE 27, 190–220.
STÄNDIGE KONFERENZ FÜR KATASTROPHENVORSORGE UND KATASTROPHENSCHUTZ/GESCHÄFTSSTELLE c/o Arbeiter-Samariter-Bund Deutschland e.V. (Hg.), Art. »Großschadensereignis«, in: Wörterbuch des Zivil- und Katastrophenschutzes, Köln 2003, 26.
STOCK, K., Art. »Seele VI. Theologisch«, in: TRE 30, 759–773.
STOLLBERG, D., Art. »Seelsorge«, in: EKL, Sp. 173–188.
VIERTEL, M., Art. »Pfarrer/Pastor«, in: Ders. (Hg.), Grundbegriffe der Theologie, München 2005, 369–370.
WESTERMANN, C., Art. נֶפֶשׁ, in: ThWAT II, 71–96.
ZIPPERT, TH., Art. »Notfallseelsorge«, in: RGG$^4$, Bd. 6, Sp. 397–398.

## 3. Monographien und Aufsatzsammlungen

AMMER, H. u.a. (Bearb.), Handbuch der Praktischen Theologie I. Die Praktische Theologie. Gestalt, Aufbau und Ordnung der Kirche. Zur Person des kirchlichen Amtsträgers (HPTh[B]), Berlin 1975.
ARBEITSGRUPPE STOLZENBACHHILFE (Hg.), Nach der Katastrophe. Das Grubenunglück von Borken. Ein Erfahrungsbericht über drei Jahre psychosoziale Hilfe, Göttingen 1992.
[Nach der Katastrophe, Göttingen 1992]
BAUMGARTNER, I., Pastoralpsychologie. Einführung in die Praxis heilender Seelsorge, Düsseldorf 1990.
[Pastoralpsychologie, Düsseldorf 1990]
BEESE, D. (Hg.), Tatverdächtiger: David. Biblische Geschichten aus polizeilicher Sicht, Bielefeld 1997.

BENEDICT, H.-J., Barmherzigkeit und Diakonie. Von der rettenden Liebe zum gelingenden Leben (Diakonie Bd. 7), Stuttgart 2008 (Aufsatzband aus den Jahren 1995–2008).
[Von der rettenden Liebe zum gelingenden Leben, Stuttgart 2008]

BENGEL, J. (Hg.), Psychologie in Notfallmedizin und Rettungsdienst, Berlin, Heidelberg, New York u. a. 1997.

BERCELI, D., Körperübungen für die Traumaheilung, hg. v. Norddeutschen Institut für Bionergische Analyse e.V., übersetzt von Peter Brandenburg, Elsfleth 2007.
[Körperübungen, Elsfleth 2007]

BONHOEFFER, D., Widerstand und Ergebung. Briefe und Aufzeichnungen aus der Haft, hg. v. Bethge, E., München 1952.
[Widerstand und Ergebung, München 1952]

BRANDT, H./FIEDLER, J./FRÄNKERT-FECHTER, H./TUNCAY, I. (Hg.), Wenn das Unfassbare eintritt. Erste Hilfe für die Seele in multikultureller und multireligiöser Gesellschaft, Würzburg 2012.

BRANDT, W., Dienst und Dienen im Neuen Testament (NTF 2, 5. Heft), Gütersloh 1931.
[Dienst und Dienen im Neuen Testament, Gütersloh 1931]

BREITSAMETER, CHR., Notfallseelsorge. Ein Handbuch, Münster 2012.

COLLINS, J. N., Diakonia. Re-interpreting the Ancient Sources, New York, Oxford, 1990.
[Diakonia, New York, Oxford 1990]

CORNEHL, P./DUTZMANN, M./STRAUCH, A. (Hg.), In der Schar derer, die da feiern. Feste als Gegenstand praktisch-theologischer Reflexion. FS für Friedrich Wintzer zum 60. Geburtstag, Göttingen 1993.

DASCHNER, C.-H., Krisenintervention im Rettungsdienst, Edewecht, Wien 2001.
[Krisenintervention, Edewecht, Wien 2001]

DEGEN, J., Freiheit und Profil. Wandlungen der Hilfekultur – Plädoyer für eine zukunftsfähige Diakonie, Gütersloh 2003.

EBELING, G., Luthers Seelsorge. Theologie in der Vielfalt der Lebenssituationen an seinen Briefen dargestellt, Tübingen 1997.
[Luthers Seelsorge, Tübingen 1997]

DERS., Lutherstudien Bd. I, Tübingen 1971.

DERS., Lutherstudien Bd. II: Disputatio de homine. 3. Teil, Die theologische Definition des Menschen, Kommentar zu These 20–40, Tübingen 1989.
[Lutherstudien Bd. II/3, Tübingen 1989]

DERS., Lutherstudien Bd. III: Begriffsuntersuchungen – Textinterpretationen – Wirkungsgeschichtliches, Tübingen 1985.
[Lutherstudien Bd. III, Tübingen 1985]

EBERT, A./GODZIK, P. (Hg. im Auftrag der Vereinigten Evangelischen Lutherischen Kirche Deutschlands), Verlaß mich nicht, wenn ich schwach werde. Handbuch zur Begleitung Schwerkranker und Sterbender im Rahmen des Projekts »Sterbende begleiten – Seelsorge der Gemeinde«, Hamburg 1993.
[Verlaß mich nicht, wenn ich schwach werde, Hamburg 1993]

ENGELHARDT, K./V. LOEWENICH, H./STEINACKER, P. (Hg.), Fremde Heimat Kirche. Die dritte EKD-Erhebung über Kirchenmitgliedschaft, Gütersloh 1997.
[Fremde Heimat Kirche, Gütersloh 1997]

EULENBERGER, K./FRIEDRICHS, L./WAGNER-RAU, U. (Hg. im Auftrag der liturgischen Konferenz), Gott ins Spiel bringen. Handbuch zum Neuen Evangelischen Pastorale, Gütersloh 2007.

FÄSSLER-WEIBEL, P. (Hg.), Wie ein Blitz aus heiterem Himmel. Vom plötzlichen Tod und seinen Folgen, Winterthur 1999.

FECHTNER, K., Kirche von Fall zu Fall. Kasualien wahrnehmen und gestalten, Gütersloh, 2., überarbeitete Auflage 2011.
[Kirche von Fall zu Fall, Gütersloh 2011]

DERS., Späte Zeit der Volkskirche. Praktisch-theologische Erkundungen (PTHe 101), Stuttgart 2010.
[Späte Zeit der Volkskirche, Stuttgart 2010]

DERS./KLIE, TH. (Hg.), Riskante Liturgien. Gottesdienste in der gesellschaftlichen Öffentlichkeit, Stuttgart 2011.
[Riskante Liturgien, Stuttgart 2011]

FEDLER-RAUPP, M., Der Gemeindepfarrdienst als Zentrum kirchenleitenden Handelns. Grundlagen des Kirchendienstes bei Schleiermacher, Frankfurt 2008.
[Gemeindepfarrdienst, Frankfurt 2008]

FERTIG, B./V. WIETERSHEIM, H. (Hg.), Menschliche Begleitung und Krisenintervention im Rettungsdienst. Ein Arbeitsbuch für Ausbildung und Praxis, Edewecht, Wien, 2., überarbeitete und erweiterte Auflage 1997.
[Menschliche Begleitung und Krisenintervention im Rettungsdienst, Edewecht, Wien, 2., überarbeitete und erweiterte Auflage 1997]

FISCHER, G./RIEDESSER P., Lehrbuch der Psychotraumatologie, München, Basel 1998.
[Lehrbuch der Psychotraumatologie, München, Basel 1998]

DIES., Lehrbuch der Psychotraumatologie, München, Basel, 4., aktualisierte und erweiterte Auflage 2009.

FRIEDRICHS, L., Kasualpraxis in der Spätmoderne. Studien zu einer Praktischen Theologie der Übergänge (APrTh 37), Leipzig 2008.
[Kasualpraxis der Spätmoderne, Leipzig 2008]

V. D. GEEST, H., Unter vier Augen. Beispiele gelungener Seelsorge, Zürich, 7. Auflage 2002.

V. GENNEP, A., Übergangsriten (Übersetzung des französischen Originals Les rites de passage durch Schomburg-Scherff, S.), Frankfurt 1986.

GÖTZELMANN, A./DRESCHER-PFEIFFER, K.-H./SCHWARTZ, W., Diakonische Seelsorge im 21. Jahrhundert. Zur Bedeutung seelsorgerlicher Aufgaben für die diakonische Praxis (VDWI 27) Heidelberg 2006.

GRETHLEIN, CHR., Grundinformation Kasualien. Kommunikation des Evangeliums an Übergängen des Lebens (UTB M), Göttingen 2007.

GRÜTZNER, K./GRÖGER, W./KIEHN, C./SCHIEWEK, W. (Hg.), Handbuch Polizeiseelsorge, Göttingen 2006.

HÄRLE, W., Dogmatik, Berlin, New York, 2., überarbeitete Auflage 2000.
[Härle, W., Dogmatik, Berlin, New York 2000, 187]

HAUSCHILDT, E., Alltagsseelsorge. Eine sozio-linguistische Analyse des pastoralen Geburtstagsbesuches (APTh 29), Göttingen 1996.
[Alltagsseelsorge, Göttingen 1996]

DERS./LAUBE, M./ROTH, U. (Hg.), Praktische Theologie als Topographie des Christentums. Eine phänomenologische Wissenschaft und ihre hermeneutische Dimension. FS für Wolfgang Steck zum 60. Geburtstag am 20. Februar 2000 (Hermeneutica 10), Rheinbach 2000.

HENKE, TH., Seelsorge und Alltagswelt. Auf dem Weg zu einer Seelsorgetheorie in Auseinandersetzung mit soziologischen und sozialphilosophischen Lebensweltkonzeptionen (STPS 14), Würzburg 1994.
[Seelsorge und Alltagswelt, Würzburg 1994]

HENTSCHEL, A., Diakonia im Neuen Testament. Studien zur Semantik unter besonderer Berücksichtigung der Rolle von Frauen (WUNT 2. Reihe 226), Tübingen 2007.
[Diakonia im Neuen Testament, Tübingen 2007]

HERRMANN, V./MERZ, R./SCHMIDT, H. (Hg.), Diakonische Konturen. Theologie im Kontext sozialer Arbeit (VDWI 18), Heidelberg 2003.
[Diakonische Konturen, Heidelberg 2003]

HERRMANN, V./SCHMIDT, H. (Hg.), Diakonische Konturen im Neuen Testament (DWI-Info. Forum, Materialien, Informationen Sonderausgabe 9), Heidelberg 2007.

HERMELINK, J./LUKATIS, I./WOHLRAB-SAHR, M. (Hg.), Kirche in der Vielfalt der Lebensbezüge. Die vierte EKD-Erhebung über Kirchenmitgliedschaft. Analysen zu Gruppendiskussionen und Erzählinterviews (Band 2), Gütersloh 2006.

HUBER, W./FRIEDRICH, J./STEINACKER, P. (Hg.), Kirche in der Vielfalt der Lebensbezüge. Die vierte EKD-Erhebung über Kirchenmitgliedschaft, Gütersloh 2006.
[Kirche in der Vielfalt der Lebensbezüge, Gütersloh 2006]

HÜLS, E./OESTERN, H.-J. (Hg.), Die ICE-Katastrophe von Eschede. Erfahrungen und Lehren. Eine interdisziplinäre Analyse, Berlin 1999.

JATZKO, H./JATZKO, S./SEIDLITZ, H., Das durchstoßene Herz, Ramstein 1988. Beispiel einer Katastrophen-Nachsorge, Edewecht 1995.

DIES., Katastrophen-Nachsorge. Am Beispiel der Aufarbeitung der Flugkatastrophe von Ramstein 1988, Edewecht, 2. überarbeitete und erweiterte Auflage 2001.

JATZKO, S./HITZFELDER, F. (Hg.)., Hinterbliebenen-Nachsorge. Absturz der Birgenair-Maschine in der Dominikanischen Republik 1996, Edewecht 2007.
[Hinterbliebenen-Nachsorge, Edewecht 2007]

JOSUTTIS, M., Der Pfarrer ist anders. Aspekte einer zeitgenössischen Pastoraltheologie (KT 20), München, 4. Auflage 1991.
[Der Pfarrer ist anders, München 1991]

KACHLER, R., Meine Trauer wird dich finden. Ein neuer Ansatz in der Trauerarbeit, Stuttgart 2005.

KARLE, I., Seelsorge in der Moderne. Eine Kritik der psychoanalytisch orientierten Seelsorgelehre. Mit einem Geleitwort von Joachim Scharfenberg, Neukirchen-Vluyn 1996.
[Seelsorge in der Moderne, Neukirchen-Vluyn 1996]

DIES., Der Pfarrberuf als Profession. Eine Berufstheorie im Kontext der modernen Gesellschaft (PThK 3), Gütersloh, 2. Auflage 2001.
[Der Pfarrberuf als Profession, Gütersloh 2001]

KARUTZ, H., Psychische Erste Hilfe bei unverletzt-betroffenen Kindern in Notfallsituationen (Ethik in der Praxis 19), Münster 2004.

DERS./LASOGGA, F., Kinder in Notfällen. Psychische Erste Hilfe und Nachsorge, Edewecht 2008.

KAST, V., Trauern. Phasen und Chancen des psychischen Prozesses, Stuttgart, 25. Auflage 2002.
[Trauern. Phasen und Chancen des psychischen Prozesses, Stuttgart 2002.]

KINZIG, W./RHEINDORF, TH. (Hg.), Katastrophen – und die Antworten der Religionen (Studien des Bonner Zentrums für Religion und Gesellschaft 7), Würzburg 2011.

KLESSMANN, M. (Hg.), Handbuch der Krankenhausseelsorge, Göttingen 1996, dritte, überarbeitete und erweiterte Auflage 2008.
[Handbuch der Krankenhausseelsorge, Göttingen 2008]

KLUMBIES, P.-G., Diakonie und moderne Lebenswelt. Neutestamentliche Perspektiven, Karlsruhe 1998.

KOORDINIERUNGSSTELLE EINSATZNACHSORGE (Hg.), Hilfe für Helfer. Einsatznachsorge nach dem ICE-Unglück in Eschede. 4. Juli 1998 bis 31. Dezember 1999. Dokumentation – Modelle – Konsequenzen, Hannover 2002.

KÖPF, U./ZIMMERLING, P. (Hg.), Martin Luther. Wie man beten soll. Für Meister Peter den Barbier, Göttingen 2011.

KRABS-HÖHLER, H./MÜLLER-LANGE, J. (Hg.), »hoffen bis zuletzt«. Seelsorgerliche Begleitung und psychosoziale Unterstützung nach dem Tsunami vom 26.12.2004, Frankfurt 2006.
[»hoffen bis zuletzt«, Frankfurt 2006]

KRAMER, A./RUDDAT, G./SCHIRRMACHER F., Ambivalenzen der Seelsorge. FS für Michael Klessmann zum 65. Geburtstag, Neukirchen-Vluyn 2009.

KRAMER, A./SCHIRRMACHER, F. (Hg.), Seelsorgerliche Kirche im 21. Jahrhundert. Modelle, Konzepte, Perspektiven. FS für Michael Klessmann zum 60. Geburtstag, Neukirchen-Vluyn 2005.

KREMER, R./LUTZI, J./NAGEL, B., Unfall als Krise. Beratung von Menschen nach einem traumatisierten Erlebnis (Täglich leben – Beratung und Seelsorge), Göttingen 2011.
[Unfall als Krise, Göttingen 2011]

KRESS, H./DAIBER, K.-F., Theologische Ethik – Pastoralsoziologie (GKT 7, UB 427), Stuttgart, Berlin, Köln 1996.
[Theologische Ethik – Pastoralsoziologie, Stuttgart, Berlin, Köln 1996]

LASSOGA, F./GASCH, B., Psychische Erste Hilfe bei Unfällen. Kompensation eines Defizits, Edewecht, Wien 1997.

DIES., Notfallpsychologie, Edewecht, Wien 2002.

LEMMEN, TH./YARDIM, N./MÜLLER-LANGE, J. (Hg.), Notfallbegleitung für Muslime und mit Muslimen. Ein Kursbuch zur Ausbildung Ehrenamtlicher, Gütersloh 2011.

LUZ, U., Das Evangelium nach Matthäus (EKK I/1), Zürich u.a., Neukirchen-Vluyn, 2., durchgesehene Auflage 1989.

MANTEY, V./SADOWSKI, S./SCHMIDT-ROPERTZ, H.-U. (Hg.), Menschen gewinnen. Evangelisch sein im ländlichen Raum. FS für Rudolf Schulze zum 65. Geburtstag, Leipzig 2013.

MENNECKE-HAUSTEIN, U., Luthers Trostbriefe (QFRG 56), Gütersloh 1989. [Luthers Trostbriefe, Gütersloh 1989]

MITCHELL, J. T./EVERLY, G. S., Critical incident stress debriefing, the basic course workbook, Ellicott City 1994.

DIES., Human elements training for emergency services, public safety and disaster personnel: an instructional guide to teaching debriefing, crisis intervention and stress management programs, Ellicott City 1994.

DIES. (IGL, A./MÜLLER-LANGE, J. [Hg. der deutschen Ausgabe]), Streßbearbeitung nach belastenden Ereignissen. Zur Prävention psychischer Traumatisierung, Edewecht 1998.

DIES. (MÜLLER-LANGE, J. [Hg. der deutschen Ausgabe]), Critical Incident Stress Management. Handbuch Einsatznachsorge. Psychosoziale Unterstützung nach der Mitchell-Methode, Edewecht, Wien, 2., völlig neu bearbeitete und erweiterte Auflage 2005.

MOHR, M./KETTLER, D. (Hg.), Ethik in der Notfallmedizin. Präklinische Herz-Lungen-Wiederbelebung, Berlin u. a. 1997.

MÖLLER, CHR. (Hg.), Geschichte der Seelsorge in Einzelporträts, Bd. 2: Von Martin Luther bis Matthias Claudius, Göttingen, Zürich 1995. [Geschichte der Seelsorge in Einzelporträts, Göttingen 1995]

DERS., Kirche, die bei Trost ist. Plädoyer für eine seelsorgerliche Kirche, Göttingen, 2., durchgesehene Auflage 2007. [Kirche, die bei Trost ist, Göttingen 2007]

MOLTMANN, J., Diakonie im Horizont des Reiches Gottes, Stuttgart 1984.

MORGENTHALER, CHR., Seelsorge. Lehrbuch Praktische Theologie, Bd. 3, Gütersloh 2009.

DERS., Systemische Seelsorge. Impulse der Familien- und Systemtherapie für die kirchliche Praxis, Stuttgart, Berlin, Köln, 2., durchgesehene und ergänzte Auflage 2000.

MÜLLER, TH., Konfirmation-Hochzeit-Taufe-Bestattung. Sinn und Aufgabe der Kasualgottesdienste, Stuttgart, Berlin, Köln, Mainz 1988. [Konfirmation-Hochzeit-Taufe-Bestattung, Stuttgart, Berlin, Köln, Mainz 1988]

MÜLLER-LANGE, J. (Hg.), Handbuch Notfallseelsorge, Edewecht, Wien 2001. [Handbuch Notfallseelsorge, Edewecht, Wien 2001]

DERS. (Hg.), Handbuch Notfallseelsorge, Edewecht, 2. überarbeitete Auflage 2006. [Handbuch Notfallseelsorge, Edewecht 2006]

DERS./RIESKE, U./UNRUH, J., Handbuch Notfallseelsorge, Edewecht, 3. vollständig überarbeitete Auflage 2013.

NAUER, D., Seelsorgekonzepte im Widerstreit. Ein Kompendium (PTHe 55), Stuttgart, Berlin, Köln 2001.
[Seelsorgekonzepte im Widerstreit, Stuttgart, Berlin, Köln 2001]

NESTELE, E., Die Aussegnung Verstorbener. Liturgische Feier unter seelsorgerlichem Aspekt. Mit einer ausformulierten Liturgie, Stuttgart 1999.
[Die Aussegnung Verstorbener, Stuttgart 1999]

NITZSCH, C. I., Praktische Theologie, Bd. 3. Erste Abteilung: Die eigenthümliche Seelenpflege des evangelischen Hirtenamtes mit Rücksicht auf die Innere Mission, Bonn, 2. Auflage 1868.

PENIUK, A., Mit Sterbenden beten. Ein Leitfaden zur Sterbebegleitung, Neukirchen 1997.

PETER, H. (Hg.), Der Betreuungseinsatz. Grundlagen und Praxis, Edewecht 1995.

POHL-PATALONG, U., Ortsgemeinde und übergemeindliche Arbeit im Konflikt. Eine Analyse der Argumentationen und ein alternatives Modell, Göttingen 2003.
[Ortsgemeinde und übergemeindliche Arbeit im Konflikt, Göttingen 2003]

DIES., Seelsorge zwischen Individuum und Gesellschaft. Elemente zu einer Neukonzeption der Seelsorgetheorie (PTHe 27), Stuttgart, Berlin, Köln 1996.
[Seelsorge zwischen Individuum und Gesellschaft, Stuttgart, Berlin, Köln 1996]

DIES./MUCHLINSKY, F. (Hg.), Seelsorge im Plural. Perspektiven für ein neues Jahrhundert, Hamburg 1999.

POMPEY, H./ROSS, P.-S., Kirche für andere. Handbuch für die diakonische Praxis, Ostfildern 1998.
[Kirche für andere, Ostfildern 1998]

PREUL, R., Die soziale Gestalt des Glaubens. Aufsätze zur Kirchentheorie (MThSt 102), Leipzig 2008.
[Die soziale Gestalt des Glaubens, Leipzig 2008]

DERS., Kirchentheorie. Wesen, Gestalt und Funktionen der Evangelischen Kirche, Berlin, New York 1997.
[Kirchentheorie, Berlin, New York 1997]

PUZICHA, K. J./HANSEN, D./WEBER, W. W. (Hg.), Psychologie für Einsatz und Notfall. Internationale truppenpsychologische Erfahrungen mit Auslandseinsätzen, Unglücksfällen, Katastrophen, Bonn 2001.

RADIX, R., Wenn die Seele streikt. Vermeidung psychischer Gesundheitsschäden nach schweren Arbeitsunfällen, Bochum 2007.

RÖSSLER, D., Der »ganze« Mensch. Das Menschenbild der neueren Seelsorgelehre und des modernen medizinischen Denkens im Zusammenhang der allgemeinen Anthropologie, Göttingen 1962.

DERS., Grundriß der Praktischen Theologie, Berlin, New York, 2., erweiterte Auflage 1994.
[Grundriß der Praktischen Theologie, Berlin, New York 1994]

RUHBACH, G., Theologie und Spiritualität. Beiträge zur Gestaltwerdung des christlichen Glaubens, Göttingen 1987.

RUPP, M., Notfall Seele. Methodik und Praxis der ambulanten psychotherapeutischen Notfall- und Krisenintervention, Stuttgart, New York 1996.

SCHÄFER, D./KNUBBEN, W., ... in meinen Armen sterben? Vom Umgang der Polizei mit Trauer und Tod, Hilden/Rhld. 1996.

SCHIBILSKY, M., Trauerwege. Beratung für helfende Berufe, Düsseldorf, 5. Auflage 1996.
[Trauerwege, Düsseldorf 1996]

SCHIRRMACHER, F., Seelsorge als Beziehungsgeschehen. Perspektiven zur Weiterentwicklung der Seelsorgepraxis, Neukirchen-Vluyn 2012.
[Seelsorge als Beziehungsgeschehen, Neukirchen-Vluyn 2012]

SCHLEIERMACHER, F. D. E., Die praktische Theologie nach den Grundsätzen der evangelischen Kirche im Zusammenhange dargestellt. Aus Schleiermachers handschriftlichem Nachlasse und nachgeschriebenen Vorlesungen, J. Frerichs (Hg.), (Friedrich Schleiermacher's sämmtliche Werke. 1. Abtheilung. Zur Theologie. Dreizehnter Band. Friedrich Schleiermacher's literarischer Nachlaß. Zur Theologie. Achter Band), Berlin 1850 (Nachdruck: Berlin 1983).

SCHMIDT-ROST, R., Massenmedium Evangelium: Das »andere« Programm, Hannover 2011.
[Massenmedium Evangelium, Hannover 2011]

DERS., Seelsorge zwischen Amt und Beruf. Studien zur Entwicklung einer modernen evangelischen Seelsorgelehre seit dem 19. Jahrhundert (APTh 22), Göttingen 1988.
[Seelsorge zwischen Amt und Beruf, Göttingen 1988]

DERS./BITTER, ST./DUTZMANN, M. (Hg.), Theologie als Vermittlung. Bonner evangelische Theologen des 19. Jahrhunderts im Porträt. FS für Friedrich Wintzer zum 70. Geburtstag (AThG 6), Rheinbach 2003.

DERS./DENNERLEIN, N./HAHN, U. (Hg.), Profilierte Bildung – Der Beitrag der christlichen Kirchen zu den Bildungsaufgaben der Gegenwart, Hannover 2006.

SCHRÖER, H. (Hg.), Einführung in das Studium der evangelischen Theologie, Gütersloh 1982.
[Einführung, Gütersloh 1982]

SCHUCHARDT, E., Warum gerade ich? Leben lernen in Krisen – Leiden und Glaube. Schritte mit Betroffenen und Begleitenden, Göttingen, 12. Auflage 2005.

SEHLING, E. (Hg.), Die evangelischen Kirchenordnungen des XVI. Jahrhunderts, bearbeitet von G. Franz, Bd. XV: Württemberg I. Grafschaft Hohenlohe (EKO), Tübingen 1977.

SEITZ, M., Praxis des Glaubens. Gottesdienst, Seelsorge und Spiritualität, Göttingen, 3., durchgesehene Auflage 1998.
[Was ist Seelsorge, Göttingen, 3. Auflage 1998]
[Die evangelischen Kirchenordnungen, Tübingen 1977]

SONNECK, G. (Hg.), Krisenintervention und Suizidverhütung, Wien, 4. Auflage 1997.
[Krisenintervention, Wien 1997]

SONS, R., Seelsorge zwischen Bibel und Psychotherapie. Die Entwicklung der evangelischen Seelsorge in der Gegenwart (CThM.PT 24), Stuttgart 1995.

SPIEGEL, Y., Der Prozeß des Trauerns. Analyse und Beratung (KT 60), Gütersloh, 8. Auflage 1995.
[Der Prozeß des Trauerns, Gütersloh 1995]

STARNITZKE, D., Diakonie als soziales System. Eine theologische Grundlegung diakonischer Praxis in Auseinandersetzung mit Niklas Luhmann, Stuttgart, Berlin, Köln 1996.

DERS., Diakonie in biblischer Orientierung. Biblische Grundlagen. Ethische Konkretionen. Diakonisches Leitungshandeln, Stuttgart 2011.
[Diakonie in biblischer Orientierung, Stuttgart 2011]

STEINKAMP, H., Diakonie – Kennzeichen der Gemeinde, Freiburg i. Br. 1985.

STEPAN, TH. (Hg.), Zwischen Blaulicht, Leib und Seele. Psychologie in der Notfallmedizin, Edewecht 1998.

STOLLBERG, D., Mein Auftrag – Deine Freiheit. Thesen zur Seelsorge (Claudius Thesen Heft 5), München 1972.

TACKE, H., Glaubenshilfe als Lebenshilfe. Probleme und Chancen heutiger Seelsorge, Neukirchen-Vluyn 1975, 3., erweiterte Auflage 1996.
[Glaubenshilfe als Lebenshilfe, Neukirchen-Vluyn 1975]

DERS., Mit den Müden reden zur rechten Zeit. Beiträge zu einer bibelorientierten Seelsorge, Neukirchen 1989.

TARNOW, B. S./GLADISCH, K. M., Seele in Not. Notfall-Seelsorge als Hilfe in Grenzsituationen, Gütersloh, 2007.
[Seele in Not, Gütersloh, 2007]

TEUFFEL, J., Im Angesicht der Katastrophe. Öffentliche Trauer- und Bittgottesdienste. Elemente, Modelle, Materialien, Gütersloh 2012.

WAGNER-RAU, U., Segensraum, Kasualpraxis in der modernen Gesellschaft, Stuttgart 2000.

WATERSTRAAT, F., Einsatz: Notfallseelsorge. Grundlagen, Inhalte, Arbeitsformen, Hannover 2004.
[Einsatz: Notfallseelsorge, Hannover 2004]

WENZ, G./KAMRAN, T. (Hg.), Seelsorge und Islam in Deutschland. Herausforderungen, Entwicklungen und Chancen, Speyer 2012.

WINKLER, E., Impulse Luthers für die heutige Gemeindepraxis (AVTRW 78), Berlin 1983.
[Impulse Luthers, Berlin 1983]

DERS., Praktische Theologie elementar. Ein Lehr- und Arbeitsbuch, Neukirchen-Vluyn 1997.

DERS., Tore zum Leben. Taufe-Konfirmation-Trauung-Bestattung, Neukirchen-Vluyn 1995.

WINKLER, K., Seelsorge, Berlin, New York, 2., verbesserte und erweiterte Auflage 2000.

WINTZER, F., Die Homiletik seit Schleiermacher bis in die Anfänge der ›dialektischen Theologie‹ in Grundzügen (APTh 6), Göttingen 1969.

DERS./JOSUTTIS, M./RÖSSLER, D./STECK, W. (Hg.), Praktische Theologie, Neukirchen-Vluyn, 5., überarbeitete und erweiterte Auflage 1997.

DERS. (Hg.), Seelsorge. Texte zum gewandelten Verständnis und zur Praxis der Seelsorge in der Neuzeit (TB 61), München 1978, 3. Auflage 1988.
[Seelsorge, München 1978]

ZELLFELDER-HELD, P.-H., Solidarische Gemeinde. Ein Praxisbuch für diakonische Gemeindeentwicklung, Neuendettelsau 2002.

ZIEMER, J., Seelsorgelehre. Eine Einführung für Studium und Praxis, Göttingen 2000.
[Seelsorgelehre, Göttingen 2000]

ZIPPERT, TH., Notfallseelsorge. Grundlegungen, Orientierungen, Erfahrungen (VDWI 25), Heidelberg 2006.
[Notfallseelsorge, Heidelberg 2006]

ZIRFAS, J., Vom Zauber der Rituale. Der Alltag und seine Regeln, Leipzig 2004.
[Vom Zauber der Rituale, Leipzig 2004]

## 4. AUFSÄTZE

AMMERMANN, N., Fremde Heimat Kirche – oder: kirchenfremde Heimat. Fragen und Anmerkungen zur dritten Erhebung der EKD über Kirchenmitgliedschaft, in: DtPfrBl 98 (1998), 190–192.

BALDAUF, R., Gespräch mit Sterbenden, in: Rettungsdienst 11 (1987), 628–629.

BARTH, H.-M., »Pecca fortiter, sed fortius fide ...«, Martin Luther als Seelsorger, in: EvTh 44 (1984), 12–25.

BASTIAN, H.-D., Seelsorge in Extremsituationen, in: Berichte aus der Ev. Militärseelsorge I/1995, 50–71.

BAYER, O., Das Herz ist ein trotzig Ding. Mit Luther in der Gegenwart: Die diagnostische Kraft reformatorischer Theologie, in: Zeitzeichen 2/2005, 20–23.

BEETZ, D., Der Kriseninterventionsdienst Marburg-Biedenkopf, in: Unfallkasse Hessen, Band 1 (Hg.), Nachbereitung extrem belastender Einsätze bei der Feuerwehr, Frankfurt 1999, 81–83.
[Der Kriseninterventionsdienst Marburg-Biedenkopf, Frankfurt 1999]

BENEDICT, H.-J., Beruht der Anspruch der evangelischen Diakonie auf einer Mißinterpretation der antiken Quellen. John N. Collins Untersuchung »Diakonia«, in: PTh 89 (2000), 349–364, auch abgedruckt in: Ders. Barmherzigkeit und Diakonie. Von der rettenden Liebe zum gelingenden Leben (Diakonie Bd. 7), Stuttgart 2008 (Aufsatzband aus den Jahren 1995–2008), 114–128.

DERS., Die größere Diakonie. Versuch einer Neubestimmung im Anschluss an J. W. [sic] Collins, in: WzM 53 (2001), 349–358.

BERCELI, D, Spiritualität nach dem Trauma – Erfahrungen aus der Bioenergetik, in: Müller-Lange, J./Schüssler, P. (Hrsg.), unter Mitarbeit von Unruh, J. und Sadowski, S., Spiritualität und Trauma. Referateband des 11. Bundeskongresses für Notfallseelsorge und Krisenintervention vom 19.–21. Mai 2008 in Koblenz, Frankfurt 2009, 25–34.

BERGHAUS, S., Von der Initiative zur Institution – ein Ausblick. Gemeinsam handeln und helfen, in: Die Akademie Bruderhilfe-Pax-Familienfürsorge in Zusammenarbeit mit der Konferenz Evangelische Notfallseelsorge in der EKD und der Zusammenkunft der Diözesanbeauftragten für Notfallseelsorge (Hg.), Notfallseelsorge. Von der Initiative zur Institution, Kassel 2009, 19–20.

BERZEWSKI, H., Furcht, Angst, Phobie, Panik: Psychiatrische Notfälle im Rettungsdienst, in: Rettungsdienst 25 (2002), 358–365.

BIEGE, B., Retter als Opfer – Verhalten bei Extremsituationen, in: Rettungsdienst 8 (1994), 17–25.

BLANK-GORKI, V., Psychosoziale Notfallversorgung: Gemeinsame Grundlagen für ein vielseitiges Feld, in: Rettungsdienst 34 (2011), 822–825.

BOBERT-STÜTZEL, S., »Wir blicken jetzt in einem Spiegel ...«. Begräbnisliturgie und neue Bestattungskultur, in: ThBeitr 32 (2001), 199–210.

BRANDT, R., »Ich bin viele«. Jugendliche und christliche Spiritualität, in: DtPfrBl 109 (2009), 322–324.

BRAUN, R., Sterben und Tod. Übersicht über die gegenwärtigen Gesangbücher, in: ThBeitr 32 (2001), 211–213.

BRINKMANN, H., Anmerkungen zur Institutionengeschichte des Rettungswesens: Kollektivierung der Barmherzigkeit, in: Rettungsdienst 25 (2002), 444–448.

BRUMMER, A., Einsatzbezogene und strukturierte Öffentlichkeitsarbeit, in: Müller-Lange, J./Schüssler, P. (Hrsg.), unter Mitarbeit von Unruh, J. und Sadowski, S., Spiritualität und Trauma. Referateband des 11. Bundeskongresses für Notfallseelsorge und Krisenintervention vom 19.–21. Mai 2008 in Koblenz, Frankfurt 2009, 127–130.
[Einsatzbezogene und strukturierte Öffentlichkeitsarbeit, Frankfurt 2009]

BRÜNE, H.-A./LAUDIEN F., Das Zugunglück im »Bundesbahnhof Brühl« am 6. Februar 2000, in: Rettungsdienst 23 (2000), 270–272.

BURBACH, CHR., Seelsorge aus der Kraft der Weisheit. Perspektiven der Re-Vision der Konzeptualisierung von Poimenik, in: WzM 52 (2000), 51–68.

BUSCHMANN, U., Wenn die Seele Schaden nimmt, in: Feuerwehr. Retten, Löschen, Bergen 57 (9/2007), 6–8.

BUSS, H., Distanzierte Kirchlichkeit. Religion zwischen individueller Plausibilität und nicht gekündigter Mitgliedschaft, in: PTh 87 (1998) [Themenheft: »Fremde Heimat Kirche« – was nun? Analysen, Kritik und Anregungen zu den Ergebnissen der dritten EKD-Erhebung über Kirchenmitgliedschaft], 330–338.

CRÜSEMANN, F., Traumaintegration in den Psalmen, in: Radix, R. (Hg.), An Grenzen begleiten. Nachlese zum 6. Bundeskongress Notfallseelsorge und Krisenintervention, 21.–23. Mai 2003 in Bochum (Ethik in der Praxis 9), Münster 2004, 83–102.

DAIBER, K.-F., Was sprachlos macht zur Sprache bringen. Gottesdienst und Predigt angesichts des vielfachen Todes, in: Gemeinsame Arbeitsstelle für gottesdienstliche Fragen der EKD (Hg.), Öffentliche Klage und Trauer (Arbeitsstelle Gottesdienst 19 [1–2005]), Hannover 2005, 4–12.
[Was sprachlos macht zur Sprache bringen, Hannover 2005]

DASCHNER, C.-H., Organisation und Durchführung der Stressbearbeitung bei Großschadenslagen, in: Rettungsdienst 25 (2002), 76–79.

DIEZ, R., Der Großschadensfall im kleinen Landkreis: Drei Seiten einer Medaille, in: Martens, E./Gusek, K., »Ans rettende Ufer«. Referateband des 5. Bundeskongresses für Notfallseelsorge & Krisenintervention, 24.–26.04.2002 in Hamburg, Frankfurt 2003, 267–270.

DINKEL, CHR., Facetime – Chancen direkter Begegnung. Die Unverzichtbarkeit der Pfarrerin und des Pfarrers vor Ort, in: DtPfrBl 107 (2007), 77–81.

DIÖZESANBEAUFTRAGTE FÜR NOTFALLSEELSORGE IN DEN DT. BISTÜMERN, Botschafter des Lebens an der Grenze des Todes. Zur theologischen Orientierung der katholischen Notfallseelsorge, in: Die Akademie Bruderhilfe-Pax-Familienfürsorge in Zusammenarbeit mit der Konferenz Evangelische Notfallseelsorge in der EKD und der Zusammenkunft der Diözesanbeauftragten für Notfallseelsorge (Hg.), Notfallseelsorge. Von der Initiative zur Institution, Kassel 2009, 21–23.

DIRSCHAUER, K., Initiations- und Passagerituale in Judentum, Christentum und Islam, in: DtPfrBl 109 (2009), 156–159.

DREHSEN, V., Kirche für die Welt und andere Indigenisationen, in: PTh 86 (1997), 483–497.

EBELING, G., Kirchengeschichte als Geschichte der Auslegung der Heiligen Schrift, in: Ders., Wort Gottes und Tradition. Studien zu einer Hermeneutik der Konfessionen (KiKonf 7), Göttingen, 2. Auflage 1966, 9–27.
[Kirchengeschichte als Geschichte der Auslegung der Heiligen Schrift, Göttingen 1966, 12 f.]

DERS., Luthers Verständnis von Freiheit, in: Ders., Lutherstudien Bd. I, Tübingen 1971, 314–324.

DERS., Das Gewissen in Luthers Verständnis. Leitsätze, in: Ders., Lutherstudien Bd. III: Begriffsuntersuchungen – Textinterpretationen – Wirkungsgeschichtliches, Tübingen 1985, 108–125.

ENZNER-PROBST, B., Schreien lernen oder: Von der heilsamen Kraft des Klagens. Klageliturgien als Raum seelsorgerlicher Begleitung, in: PrTh 37 (2002), 188–195.

FALK, B./DANKERT, D./DÖHLER, G./GEIER, W., Ethische, psychologische und theologische Aspekte aus Sicht der Hilfsorganisationen, in: Bengel, J. (Hg.), Psychologie in Notfallmedizin und Rettungsdienst, Berlin, Heidelberg, New York 1997, 357–373.
[Ethische, psychologische und theologische Aspekte, Berlin, Heidelberg, New York 1997]

FECHTNER, K., Der »gewöhnliche« Sonntagsgottesdienst. Herausforderungen und Perspektiven, in: DtPfrBl 110 (2010), 464–467.

DERS., Dem Tod begegnen. Praktisch-Theologische Erwägungen zur spätmodernen Bestattungskultur, in: DtPfrBl 102 (2002), 317–320.

DERS., Herausforderungen und Perspektiven einer zeitgenössischen Kirche, in: Ders., Späte Zeit der Volkskirche. Praktisch-theologische Erkundungen (PTHe 101), Stuttgart 2010, 22–34.
[Späte Zeit der Volkskirche, Stuttgart 2010]

DERS., Trauerkultur und kirchliche Bestattung, in: Ders., Späte Zeit der Volkskirche. Praktisch-theologische Erkundungen (PTHe 101), Stuttgart 2010, 129–144.
[Späte Zeit der Volkskirche, Stuttgart 2010]

DERS., Volkskirche als zeitgemäße Kirche?, in: Ders., Späte Zeit der Volkskirche. Praktisch-theologische Erkundungen (PTHe 101), Stuttgart 2010, 11–21.
[Späte Zeit der Volkskirche, Stuttgart 2010]

FERTIG, B., Krisenintervention und Notfallnachsorge im Rettungsdienst. Ein neues Glied in der Rettungskette, in: Ders./v. Wietersheim, H. (Hg.), Menschliche Begleitung und Krisenintervention im Rettungsdienst. Ein Arbeitsbuch für Ausbildung und Praxis, Edewecht, Wien, 2., überarbeitete und erweiterte Auflage 1997, 129–137.
[Krisenintervention und Notfallnachsorge im Rettungsdienst, Edewecht, Wien 1997]

DERS., Stummer Schrei der Seele, in: Rettungsdienst 11 (1987), 602–608.

FRIEDRICHS, L., »Auff dem Felde, inn der Kirchen, oder auff dem meer«. Gottesdienste an anderen Orten feiern, in: DtPfrBl 111 (2011), 357–361.

FUNKE, J. G., Notfallseelsorge – ein junges kirchliches Arbeitsfeld, in: DtPfrBl 98 (1998), 661–663.

DERS., Quo vadis Notfallseelsorge. Plädoyer für eine umfassende seelsorgerliche Trauerbegleitung, in: DtPfrBl 102 (2002), 456–458.

DERS., Seelische Erste Hilfe, in: Nachrichten des Ev. Pfarrvereins in Westfalen 03/95, 2–8.

FÜRST, W., Seelsorge zwischen Resignation und Hoffnung, in: Ders./Baumgartner, I. (Hg.), Leben retten. Was Seelsorge zukunftsfähig macht, München 1990, 15–89.
[Seelsorge zwischen Resignation und Hoffnung, München 1990]

GENGENBACH, O., Kurzinformation zur SbE-Bundesvereinigung »Stressbearbeitung nach belastenden Ereignissen« e.V., in: Martens, E./Gusek, K., »Ans rettende Ufer«. Referateband des 5. Bundeskongresses für Notfallseelsorge & Krisenintervention, 24.-26.04.2002 in Hamburg, Frankfurt 2003, 221-226.

[Kurzinformation zur SbE-Bundesvereinigung, Frankfurt 2003]

DERS., Reisetagebuch Fire Department New York, 6.-11. November 2001, in: Martens, E./Gusek, K., »Ans rettende Ufer«. Referateband des 5. Bundeskongresses für Notfallseelsorge & Krisenintervention, 24.-26.04.2002 in Hamburg, Frankfurt 2003, 115-161.

GENGENBACH, O./ZIPPERT, TH., Vorbereitung auf den langen Atem. Notfallseelsorge auf dem Weg zu einem kirchlichen Arbeitsfeld neben anderen, in: Evangelisch-Katholische Aktionsgemeinschaft für Verkehrssicherheit/Akademie Bruderhilfe - Familienfürsorge (Hg.), »Notfallseelsorge«. Eine Handreichung: Grundlegendes - Modelle - Fortbildung - Erfahrungen (Texte und Materialien für Gottesdienst und Gemeindearbeit zum Thema Straßenverkehr, Sonderheft), Kassel, 2., erweiterte Auflage 1999, 7.

GESTRICH, R., »Jetzt bleibt nur noch beten«. Seelsorge an der Grenze, in: PrTh 30 (1995), 142-148.

GOHDE, J., Die Aufgabe der Diakonie im zukünftigen Europa, in: Herrmann, V. (Hg.), Diakoniewissenschaft im Dialog (DWI-Info. Forum, Materialien, Informationen 36), Heidelberg 2004, 280-294.

[Die Aufgabe der Diakonie im zukünftigen Europa, Heidelberg 2004]

GÖTSCHL, J., Das Problem des Todes unter Berücksichtigung der Wiederbelebung (Eine philosophische Abschätzung), in: Rettungsdienst 11 (1987), 636-638.

GOTTSCHLICH, M./KELLER, P. U. OPraem/MÜLLER-CYRAN, A./PIETRUSCHKA, L./SLATOSCH, U. (Zusammenkunft der Diözesanbeauftragten für Notfallseelsorge bei der deutschen Bischofskonferenz), Botschafter des Lebens an der Grenze des Todes. Zur theologischen Orientierung der katholischen Notfallseelsorge, in: Die Akademie Bruderhilfe-Pax-Familienfürsorge in Zusammenarbeit mit der Konferenz Evangelische Notfallseelsorge in der EKD und der Zusammenkunft der Diözesanbeauftragten für Notfallseelsorge (Hg.), Notfallseelsorge. Von der Initiative zur Institution, Kassel 2009, 21-23.

[Botschafter des Lebens an der Grenze des Todes, Kassel 2009]

GRÄB, W., Deutungsarbeit. Überlegungen zu einer Theologie therapeutischer Seelsorge, in: PTh 86 (1997), 325-340.

DERS., Kirche als Sinnstifterin. Bischofspredigten in Zeiten öffentlicher Trauer, in: Gemeinsame Arbeitsstelle für gottesdienstliche Fragen der EKD (Hg.), Öffentliche Klage und Trauer (Arbeitsstelle Gottesdienst 19 [1-2005]), Hannover 2005, 24-29.

GRAF-BAUMANN, T./GORGASS, B., Werte und Rahmenbedingungen im Rettungsdienst und in der Notfallmedizin, in: Bengel, J. (Hg.), Psychologie in Notfallmedizin und Rettungsdienst, Berlin, Heidelberg, New York 1997, 345–356.

GRETHLEIN, CHR., Kasualien als lebensweltbezogenes Konzept. Ein Beitrag zur Kontextualisierung des Evangeliums, in: DtPfrBl 108 (2008), 123–127.

GRÖZINGER, A., Seelsorge als Rekonstruktion von Lebensgeschichte, in: WzM 38 (1986), 178–188.

GRÜNHAGEN, C., »Allahu akbar« – die Deutung von Katastrophen im Gottesbild des Islam, in: Kinzig, W./Rheindorf, Th. (Hg.), Katastrophen – und die Antworten der Religionen (Studien des Bonner Zentrums für Religion und Gesellschaft 7), Würzburg 2011, 67–81.
[»Allahu akbar«, Würzburg 2011]

GUNDLACH, TH., Notfallseelsorge – Aspekte einer kirchlichen Kernkompetenz, in: Müller-Lange, J./Schüssler, P. (Hg.), unter Mitarbeit von Unruh, J. und Sadowski, S., Spiritualität und Trauma. Referateband des 11. Bundeskongresses für Notfallseelsorge und Krisenintervention vom 19.–21. Mai 2008 in Koblenz, Frankfurt 2009, 55–66.
[Notfallseelsorge, Frankfurt 2009]

HABERER, J., Öffentlich Trauern. Zur öffentlichen Inszenierung von Tod und Sterben, in: PrTh 37 (2002), 196–199.

HÄCKER, J., Die Stressbearbeitung nach belastenden Ereignissen als integraler Bestandteil der psychosozialen Unterstützung von Helfern und Betroffenen während und nach dem Katastrophenfall oder einem Großschadensereignis (KAT/GSE), in: Mitchell, J. T./Everly, G. S. (Müller-Lange, J. [Hg. der deutschen Ausgabe]), Critical Incident Stress Management. Handbuch Einsatznachsorge. Psychosoziale Unterstützung nach der Mitchell-Methode, Edewecht, Wien, 2., völlig neu bearbeitete und erweiterte Auflage 2005, 242–250.
[Die Stressbearbeitung nach belastenden Ereignissen, Edewecht, Wien, 2005]

DERS., ICE-Unfall Eschede: Einsatz- und Erfahrungsberichte: Psychologische Begleitung und Nachsorge der Einsatzkräfte von Eschede, in: Engelhardt, G. H. (Hg.), Der Rettungsdienst vor neuen Herausforderungen. Medizin, Ausbildung, Qualität. Referateband, 18. Bundeskongreß Rettungsdienst, Bremen 1998, Edewecht, Wien 1998, 479–483.

HÄRLE, W., Krise in theologischer Sicht, in: WzM 29 (1977), 408–416.

HAUPT-SCHERER, S./SCHERER, U., Einen Schritt voran folgen. Psychotraumatologische und konzeptionelle Überlegungen zu einer traumazentrierten Seelsorge, in: WzM 63 (2011), 561-571.

HAUSCHILDT, E., Alltagsseelsorge. Der Alltag der Seelsorge und die Seelsorge im Alltag, in: Pohl-Patalong, U./Muchlinsky, F. (Hg.), Seelsorge im Plural. Perspektiven für ein neues Jahrhundert, Hamburg 1999, 8-16.

HEINECKE, J. M., Erfahrungen als Seelsorger in der Notfallsituation, in: Evangelisch-Katholische Aktionsgemeinschaft für Verkehrssicherheit/Akademie Bruderhilfe - Familienfürsorge (Hg.), »Notfallseelsorge«. Eine Handreichung: Grundlegendes - Modelle - Fortbildung - Erfahrungen (Texte und Materialien für Gottesdienst und Gemeindearbeit zum Thema Straßenverkehr, Sonderheft), Kassel, 2., erweiterte Auflage 1999, 8-10.

DERS., Notfallseelsorge und Krisenintervention in Deutschland. Wohin geht der Weg? Tendenzen, Trends, Schlussfolgerungen, in: Institut für Notfallseelsorge und Krisenintervention (Hg.), »Hinter Blaulicht und Martinshorn«. 3. Bundeskongress Notfallseelsorge und Krisenintervention, 23.-25. Juni 2000 in Augsburg. Referate. Erste Hilfe für die Seele (Beiträge zur Notfallseelsorge und Krisenintervention 4/00), Jena 2000, 240-254.

DERS., Theologische Überlegungen zur Seelsorge in der akuten Notfallsituation, in: Institut für Notfallseelsorge und Krisenintervention (Hg.), Warum Notfallseelsorge? Beispiel Jena. Erste Hilfe für die Seele (Beiträge zur Notfallseelsorge und Krisenintervention 1/97), Jena 1997, 03-14.

HELMERICHS, J., Psychosoziale Notfallversorgung (PSNV) in komplexen Gefahren und Schadenslagen, in: Rettungsdienst 34 (2011), 814-821.

DIES./BLANCK-GORKI, V., Voraussetzungen für Ausbildungscurricula in der Psychosozialen Notfallversorgung (PSNV). Bundeseinheitliche Qualitätsstandards und Leitlinien, in: Wenz, G./Kamran, T. (Hg.), Seelsorge und Islam in Deutschland. Herausforderungen, Entwicklungen und Chancen, Speyer 2012, 86-96.
[Voraussetzungen für Ausbildungscurricula, Speyer 2012]

HENNIG, G., »Wir sollen Menschen sein ...« Luthers Seelsorge und unsere Seelsorge, in: ThBeitr 27 (1996), 6-21.

DERS., Wie redet die Bibel von der Seelsorge?, in: ThBeitr 32 (2001), 181-198.

HERMANUTZ, M./FIEDLER, H., Nachbereitung bei Einsätzen bei Großschadensereignissen, in: Bengel, J. (Hg.), Psychologie in Notfallmedizin und Rettungsdienst, Berlin, Heidelberg, New York 1997, 269-284.

HERMELINK, J., »Christlich, weltlich oder von allem ein wenig«. Gegenwärtige Bestattungsfeiern jenseits der kirchlichen Institution, in: PrTh 37 (2002), 206-209.

HERMS, E., Die ethische Struktur der Seelsorge, in: PTh 80 (1991),40-62.

DERS., Ganzheit als Geschick. Dogmatik als Begriff menschlicher Ganzheitserfahrung und Anleitung zu ihrer Wahrnehmung, in: Drehsen, V./Henke, D./Schmidt-Rost, R./Steck, W. (Hg.), Der »ganze Mensch«. Perspektiven lebensgeschichtlicher Individualität. FS für Dietrich Rössler zum siebzigsten Geburtstag (APrTh 10), Berlin, New York 1997, 396-405.
[Ganzheit als Geschick, Berlin, New York 1997]

HEUBÜLT, CHR., Theologische Erwägungen zum Problem Leiden, in: WzM 20 (1977), 168-171.

HEYL V., A., Die Burnout-Erfahrung als Krise und Chance, in: DtPfrBl 104 (2004), 312-316.

HILPERT, K., »Das Leben wird nie wieder so sein wie zuvor.« Interview mit einem Notfallseelsorger, in: rhs 42 (1999), 109-113.

HOFFMANN, V., Krisenintervention: »Hilfe für die Helfer«, in: Notfallvorsorge 4/1996, 10-12.

HÖCKER, B., Brücke zur Welt. Erste Überlegungen zu Musik in Gottesdiensten anlässlich gesellschaftlicher Krisen, in: Gemeinsame Arbeitsstelle für gottesdienstliche Fragen der EKD (Hg.), Öffentliche Klage und Trauer (Arbeitsstelle Gottesdienst 19 [1-2005]), Hannover 2005, 67-70.

HÖLSCHER, L., Katastrophe als Katalysator - das Erdbeben von Lissabon und die Folgen, in: Kinzig, W./Rheindorf, Th. (Hg.), Katastrophen - und die Antworten der Religionen (Studien des Bonner Zentrums für Religion und Gesellschaft 7), Würzburg 2011, 109-120.
[Katastrophe als Katalysator, Würzburg 2011]

JATZKO, A., Spiritualität und Trauma in der Hirnforschung, in: Müller-Lange, J./Schüssler, P. (Hg.), unter Mitarbeit von Unruh, J. und Sadowski, S., Spiritualität und Trauma. Referateband des 11. Bundeskongresses für Notfallseelsorge und Krisenintervention vom 19.-21. Mai 2008 in Koblenz, Frankfurt 2009, 35-54.

JATZKO, S., Bei Großschadensfällen: Wer hilft den Helfern?, in: SEG - Zeitschrift für Schnell-Einsatz-Gruppen und erweiterten Rettungsdienst 7 (2000), 134-135.

DIES., Katastrophennachsorge, in: Müller-Lange, J./Schüssler, P. (Hg.), unter Mitarbeit von Unruh, J. und Sadowski, S., Spiritualität und Trauma. Referateband des 11. Bundeskongresses für Notfallseelsorge und Krisenintervention vom 19.-21. Mai 2008 in Koblenz, Frankfurt 2009, 183-196.

JOCHHEIM, M., Die Anfänge der Seelsorgebewegung in Deutschland. Ein Beitrag zur neueren Geschichte der Pastoralpsychologie, in: ZThK 90 (1993), 462–493.

JÖRNS, K.-P., Luther als Seelsorger, in: WzM 37 (1985), 489–498.

JUNGBLUTH, R. H. CHR., Kirchen(Wieder)eintritt: Motive, Biographische Kontexte und Sensibilisierungen für die kirchliche Praxis. Exemplarische Erkenntnisse aus der aktuellen Studie der EKD 2009, in: Landeskirchenamt der Evangelischen Kirche von Kurhessen-Waldeck (Hg.), Kircheneintritt. Eine Handreichung rund um das Thema Mitgliedergewinnung. In Zusammenarbeit zwischen dem Landeskirchenamt der Evangelischen Kirche von Kurhessen-Waldeck und der Akademie Hofgeismar, Kassel 2011, 22–32.
[Kirchen(Wieder)eintritt: Motive, Biographische Kontexte und Sensibilisierungen für die kirchliche Praxis, Kassel 2011]

JÜTTING, M./MANN, A., Notfallseelsorge und Krisenintervention in Wiesbaden. Neues aus dem Rheinland, in: Rettungsdienst 18 (1995), 56–57.

KAHLE, R. W., Notfallversorgung von Zeugen Jehovas: Ein Sonderfall im Rettungsdienst?, in: Rettungsdienst 26 (2003), 337–338.

KARLE, I., Pastorale Kompetenz, in: PTh 89 (2000), 508–523.

DIES., Pfarrerinnen und Pfarrer in der Spannung zwischen Professionalisierung und Professionalität, in: DtPfrBl 103 (2003), 629–634.

DIES., Seelsorge in der modernen Gesellschaft. Spezifische Chancen, Ressourcen und Sinnformen der seelsorgerlichen Kommunikation, in: EvTh 59 (1999), 203–219.

DIES., Was heißt Professionalität im Pfarrberuf?, in: DtPfrBl 99 (1999), 5–9.

DIES., Was ist Seelsorge. Eine professionstheoretische Betrachtung, in: U. Pohl-Patalong/Muchlinsky, F. (Hg.), Seelsorge im Plural. Perspektiven für ein neues Jahrhundert, Hamburg 1999, 36–50.

DIES., Volkskirche ist Kasualien- und Pastorenkirche!, in: DtPfrBl 104 (2004), 625–630.

DIES., Wozu Pfarrerinnen und Pfarrer, wenn doch alle Priester sind? Zur Professionalität des Pfarrberufs, in: DtPfrBl 109 (2009), 3–9.

DIES./STOLLBERG, D., Über den Pfarrberuf. Ein Briefwechsel zwischen Dietrich Stollberg und Isolde Karle, in: PTh 89 (2000), 524–528.

KARUTZ, H., Einsatznachsorge durch strukturierte Gruppengespräche: Debriefing – Pro und Contra, in: Rettungsdienst 31 (2008), 352–360.

DERS., Psychische Erste Hilfe bei Kindern. Teil 1: Die psychische Situation von Kindern im Notfallgeschehen, in: Rettungsdienst 25 (2002), 450–454.

DERS., Psychische Erste Hilfe bei Kindern. Teil 2: Regeln für die Einsatzpraxis, in: Rettungsdienst 25 (2002), 556–561.

DERS., Psychische Erste Hilfe bei Kindern, Teil 3: Systematik. KASPERLE 2001 und Diskussion, in: Rettungsdienst 25 (2002), 650–652.

DERS., Standardisierung in der PSNV: Entwicklung einer Stärke- und Ausstattungsnachweisung, in: Rettungsdienst 34 (2011), 826–831.

KELLER, P. U. OPraem, Qualität & Konzeption in der Seelsorge in Notfällen. Menschen und Situationen richtig wahrnehmen, in: Die Akademie Bruder-hilfe-Pax-Familienfürsorge in Zusammenarbeit mit der Konferenz Evangelische Notfallseelsorge in der EKD und der Zusammenkunft der Diözesanbeauftragten für Notfallseelsorge (Hg.), Notfallseelsorge. Von der Initiative zur Institution, Kassel 2009, 15–16.

DERS., Zum Profil der Notfallseelsorge. Not und Tod kennen keine Konfession, in: Die Akademie Bruderhilfe-Pax-Familienfürsorge in Zusammenarbeit mit der Konferenz Evangelische Notfallseelsorge in der EKD und der Zusammenkunft der Diözesanbeauftragten für Notfallseelsorge (Hg.), Notfallseelsorge. Von der Initiative zur Institution, Kassel 2009, 13–14.

DERS., Zur Geschichte der Notfallseelsorge. Von der Initiative zur Institution, in: Die Akademie Bruderhilfe-Pax-Familienfürsorge in Zusammenarbeit mit der Konferenz Evangelische Notfallseelsorge in der EKD und der Zusammenkunft der Diözesanbeauftragten für Notfallseelsorge (Hg.), Notfallseelsorge. Von der Initiative zur Institution, Kassel 2009, 5–6.
[Zur Geschichte der Notfallseelsorge. Von der Initiative zur Institution, Kassel 2009]

KINZIG, W./RHEINDORF, TH., Einleitung, in: Dies (Hg.), Katastrophen – und die Antworten der Religionen (Studien des Bonner Zentrums für Religion und Gesellschaft 7), Würzburg 2011, 7–17.
[Einleitung, Würzburg 2011]

KOCH, T., Der Notfall, provoziert durch den Tod, als Ernstfall. Theologische Überlegungen zur Notfallseelsorge, in: Martens, E./Gusek, K., »Ans rettende Ufer«. Referateband des 5. Bundeskongresses für Notfallseelsorge & Krisenintervention, 24.–26.04.2002 in Hamburg, Frankfurt 2003, 165–175, auch abgedruckt in: PTh 92 (2003), 119–126.

KONFERENZ DER EVANGELISCHEN NOTFALLSEELSORGERINNEN UND NOTFALLSEELSORGER IN DER EKD, Kasseler Thesen, in: Evangelisch-Katholische Aktionsgemeinschaft für Verkehrssicherheit/Akademie Bruderhilfe – Familienfürsorge (Hg.), »Notfallseelsorge«. Eine Handreichung: Grundlegendes – Modelle – Fortbildung – Erfahrungen (Texte und Mate-

rialien für Gottesdienst und Gemeindearbeit zum Thema Straßenverkehr, Sonderheft), Kassel, 2., erweiterte Auflage 1999, 21–22.
[Kasseler Thesen, Kassel, 2., erweiterte Auflage 1999]

KONFERENZ EVANGELISCHE NOTFALLSEELSORGE, Hamburger Thesen 2007. Evangelische Notfallseelsorge in Deutschland. Aktualisierung der Kasseler Thesen von 1997, in: Die Akademie Bruderhilfe-Pax-Familienfürsorge in Zusammenarbeit mit der Konferenz Evangelische Notfallseelsorge in der EKD und der Zusammenkunft der Diözesanbeauftragten für Notfallseelsorge (Hg.), Notfallseelsorge. Von der Initiative zur Institution, Kassel 2009, 24–26.
[Hamburger Thesen 2007, Kassel 2009]

KLEFFMANN, T., Heil und Heilung. Systematisch-Theologische Überlegungen, in: HPB 2012, 10–15.

KLESSMANN, M., Die Bedeutung der Seelsorge für die Diakonie, in: Götzelmann, A./Drescher-Pfeiffer, K.-H./Schwartz, W., Diakonische Seelsorge im 21. Jahrhundert. Zur Bedeutung seelsorgerlicher Aufgaben für die diakonische Praxis (VDWI 27) Heidelberg 2006, 51–67.
[Die Bedeutung der Seelsorge für die Diakonie, Heidelberg 2006]

DERS., Seelsorge zwischen Energetik und Hermeneutik. Ein Literaturbericht, in: PTh 90 (2001), 39–54.

DERS., Seelsorge im Zwischenraum/im Möglichkeitsraum. Pastoralpsychologische De- und Rekonstruktionen, in: WzM 55 (2003), 411–426.

KNOBLING, F., ICE-Unfall Eschede: Einsatz- und Erfahrungsberichte: Bericht aus Sicht des ersteintreffenden Rettungsteams, in: Engelhardt, G.H. (Hg.), Der Rettungsdienst vor neuen Herausforderungen. Medizin, Ausbildung, Qualität. Referateband. 18. Bundeskongreß Rettungsdienst Bremen 1998, Edewecht 1998, 487–491.

KRAUS, L., Notfallseelsorge und Krisenintervention – eine Differenzierung aus Sicht der Notfallseelsorge, in: Radix, R. (Hg.), An Grenzen begleiten. Nachlese zum 6. Bundeskongress Notfallseelsorge und Krisenintervention, 21.–23. Mai 2003 in Bochum (Ethik in der Praxis 9), Münster 2004, 61–82.

KRAUSE, B., Statut der Notfallseelsorge, in: Müller-Lange, J. (Hg.), Handbuch Notfallseelsorge, Edewecht, 2. überarbeitete Auflage 2006, 383–394.
[Statut der Notfallseelsorge, Edewecht 2006]

KRAUSEN, H., Seelsorge im Islam, in: Pohl-Patalong, U./Muchlinsky, F. (Hg.), Seelsorge im Plural. Perspektiven für ein neues Jahrhundert, Hamburg 1999, 233–242.
[Seelsorge im Islam, Hamburg 1999]

KREMER, R., Ausbildung und Einbeziehung islamischer Seelsorgerinnen und Seelsorger in bestehende Notfallseelsorge-Strukturen der Kirchen, in: Wenz, G./Kamran, T. (Hg.), Seelsorge und Islam in Deutschland. Herausforderungen, Entwicklungen und Chancen, Speyer 2012, 97–105.
[Ausbildung und Einbeziehung islamischer Seelsorgerinnen und Seelsorger, Speyer 2012]

KRESS, H., Menschliches Leiden, zwischen technischer Weltbewältigung und theologischer Deutung, in: PTh 82 (1993), 12–31.

KUHNERT, G., Versorgung moslemischer Patienten: Was hat das RD-Team zu beachten?, in: Rettungsdienst 26 (2003), 334–336.

LADENTHIN, V., Katastrophen und Bildung, in: Kinzig, W./Rheindorf, Th. (Hg.), Katastrophen – und die Antworten der Religionen (Studien des Bonner Zentrums für Religion und Gesellschaft 7), Würzburg 2011, 173–189.
[Katastrophen und Bildung, Würzburg 2011]

LAMMER, K., Kalter Schweiß auf dem Rücken. Seelsorge nach traumatischen Erlebnissen, in: DtPfrBl 109 (2009), 179–183.

LÄMMERMANN, G., Vom Trösten Trauernder. Mutmaßungen über ein pastoralpsychologisches Problem, in: PTh 86 (1997), 103–124.

LANGE, E., Chancen des Alltags. Überlegungen zur Funktion des christlichen Gottesdienstes in der Gegenwart, Stuttgart, Gelnhausen 1965, 51–56.
[Chancen des Alltags, Stuttgart, Gelnhausen 1965]

DERS., Kirche für andere, in: Kirche für die Welt. Aufsätze zur Theorie kirchlichen Handelns (Edition Ernst Lange, Bd. 2), hg. und eingeleitet v. Schloz, R. in Zusammenarbeit mit Butenuth, A., München, Gelnhausen 1981, 19–62.
[Kirche für andere, München, Gelnhausen 1981]

DERS., Überlegungen zu einer Theorie kirchlichen Handelns, in: Kirche für die Welt. Aufsätze zur Theorie kirchlichen Handelns (Edition Ernst Lange, Bd. 2), hg. und eingeleitet v. Schloz, R. in Zusammenarbeit mit Butenuth, A., München, Gelnhausen 1981, 197–214.
[Überlegungen zu einer Theorie kirchlichen Handelns, München, Gelnhausen 1981]

DERS., Was nützt uns der Gottesdienst. Referat auf dem Düsseldorfer Kirchentag 1973, in: Schloz, R. (Hg.) Predigen als Beruf. Aufsätze, Stuttgart, Berlin 1976, 83–95.
[Was nützt uns der Gottesdienst, Stuttgart, Berlin 1976]

LASSOGA, F., Das Überbringen von Todesnachrichten, in: Rupprecht, H. (Hg.), Forum Rettungsdienst 2001. Beiträge zu aktuellen Fragen in Rettungsdienst und Notfallmedizin, Edewecht, Wien 2001, 178–182.

DERS./GASCH, B., Psychische Erste Hilfe, in: Bengel, J. (Hg.), Psychologie in Notfallmedizin und Rettungsdienst, Berlin, Heidelberg, New York 1997, 67–87.

DERS., Psychische Erste Hilfe beim Überbringen von Todesnachrichten, in: Rettungsdienst 24 (2001), 341–345.

LÖBLE, M. u.a., Tod und Sterben in der Vorstellung von Kindern und Jugendlichen, in: Rettungsdienst 23 (2000), 977–981.

LOEST, J., Trost und Freude in den Chorälen Paul Gerhardts. Annäherung aus der Sicht eines Notfallseelsorgers und Traumafachberaters, in: DtPfrBl 2010 (110), 481–485.

LUEGER-SCHUSTER, B., Notfallseelsorge und Krisenintervention – eine Differenzierung aus Sicht der Krisenintervention, in: Radix, R. (Hg.), An Grenzen begleiten. Nachlese zum 6. Bundeskongress Notfallseelsorge und Krisenintervention, 21.–23. Mai 2003 in Bochum (Ethik in der Praxis, Bd. 9), Münster 2004, 51–60.

LUSZEIT, K., »Helferhilfe« Notfallseelsorge in Berlin. Wirkungsvolle Hilfe vor Ort, in: Rettungsdienst 18 (1995), 284–285.

LUTHER, H., Alltagssorge und Seelsorge: Zur Kritik am Defizitmodell des Helfens, in: WzM 38 (1986), 2–17.

DERS., Diakonische Seelsorge, in: WzM 40 (1988), 475–484.

DERS., Leben als Fragment. Der Mythos von der Ganzheit, in: WzM 43 (1991), 262–273.

DERS., Tod und Praxis. Die Toten als Herausforderung kirchlichen Handelns. Eine Rede, in: ZThK 88 (1991), 407–426.

LUTHER, M., Ob Kriegsleute auch in seligem Stande sein können (1526), in: Aland, K. (Hg.), Luther Deutsch Bd. 7 (Der Christ in der Welt). Die Werke Martin Luthers in neuer Auswahl für die Gegenwart, Stuttgart 1967, 52–86.

MARHOLD, W., Kirchenmitglieder und Pfarrerbild, in: DtPfrBl 99 (1999), 644–645.

MARTENS, E., An Grenzen begleiten – Gedenkgottesdienste nach Unfällen, in: Radix, R. (Hg.), An Grenzen begleiten. Nachlese zum 6. Bundeskongress Notfallseelsorge und Krisenintervention, 21.–23. Mai 2003 in Bochum (Ethik in der Praxis 9), Münster 2004, 115–122.

DIES., Das Unglück in der eigenen Gemeinde, in: Evangelisch-Katholische Aktionsgemeinschaft für Verkehrssicherheit/Bruderhilfe Akademie für Verkehrssicherheit (Hg.), »Notfallseelsorge« (Texte und Materialien für Gottesdienst und Gemeindearbeit zum Thema Straßenverkehr, Heft 33), Kassel 2006, 20.

DIES., Notfallseelsorge als Gemeinde-Thema, in: Evangelisch-Katholische Aktionsgemeinschaft für Verkehrssicherheit/Bruderhilfe Akademie für Verkehrssicherheit (Hg.), »Notfallseelsorge« (Texte und Materialien für Gottesdienst und Gemeindearbeit zum Thema Straßenverkehr, Heft 33), Kassel 2006, 21–23.

MEIER, M., Katastrophen und ihre Bewältigung in der Antike: Zwei Fallbeispiele (Pompeji und Herculaneum 79 n. Chr. – Antiocheia 525–528 n. Chr.), in: Kinzig, W./Rheindorf, Th. (Hg.), Katastrophen – und die Antworten der Religionen (Studien des Bonner Zentrums für Religion und Gesellschaft 7), Würzburg 2011, 83–108.
[Katastrophen und ihre Bewältigung in der Antike, Würzburg 2011]

MEYER, I., Das teuflische Warum, in: Gemeinsame Arbeitsstelle für gottesdienstliche Fragen der EKD (Hg.), Öffentliche Klage und Trauer (Arbeitsstelle Gottesdienst 19 [1–2005]), Hannover 2005, 30–41.

MÖLLER, CHR., Seelsorge im Alltag, in: PTh 90 (2001), 409–419.

MORGENSTERN, A., Nicht zur Welt kommen. Zur Bestattung von früh- und totgeborenen Kindern, in: PrTh (2002), 180–184.

MORGENTHALER, CHR., Kirche und Gesellschaft, in: Kramer, A./Ruddat, G./ Schirrmacher F., Ambivalenzen der Seelsorge. FS für Michael Klessmann zum 65. Geburtstag, Neukirchen-Vluyn 2009, 145–158.

DERS., Trauer und Familie. Eine familiendynamische Sicht der Seelsorge an Trauernden, in: WzM 46 (1994), 310–329.

MÜLLER-CYRAN, A., Notfallseelsorge und Krisenintervention: Ein Spannungsfeld, in: Institut für Notfallseelsorge und Krisenintervention (Hg.), »Horizonte«. 1. Bundeskongress Notfallseelsorge, Krisenintervention, Einsatznachsorge. Referate. Erste Hilfe für die Seele, 27.–29. April 1998 in Jena (Beiträge zur Notfallseelsorge und Krisenintervention 2–3/98), Jena 1998, 27–34.

MÜLLER-LANGE, J., Die christliche Botschaft und die Kraft der Rituale, in: Krabs-Höhler, H./Müller-Lange, J. (Hg.), »hoffen bis zuletzt«. Seelsorgliche Begleitung und psychosoziale Unterstützung für Angehörige nach dem Tsunami vom 26.12.2004, Frankfurt 2006, 56–61.
[Die christliche Botschaft und die Kraft der Rituale, Frankfurt 2006]

DERS., Einführung in die Notfallseelsorge, in: Ders. (Hg.), Handbuch Notfallseelsorge, Edewecht 2001, 15–23, und 2. überarbeitete Auflage, Edewecht 2006, 17–23.

DERS., »Erste Hilfe für die Seele« – die Notfallseelsorge im Kontext von Psychotraumatologie und Notfallpsychologie, in: Deutsche Arbeitsgemeinschaft für Jugend – und Eheberatung e.V. – DAJEB (Hg.), Beratung an den

Lebensgrenzen. Informationsrundschreiben Nr. 214, München 2007, 81–93.

DERS., Jahrhundertflut in Sachsen: S 7 hat seine Bewährungsprobe bestanden, in: Rettungsdienst 25 (2002), 1100–1105.

DERS., Notfallseelsorge – für den Notarzt ein hilfreiches Glied in der Rettungskette, in: ZME 47 (2001), 165–172.

DERS., Scientologen verstärken Missionstätigkeit bei Großschadenlagen, in: Rettungsdienst 26 (2003), 330.

DERS./SCHIRRMACHER, F., Notfallseelsorge – Impulse zu einer seelsorgerlichen Kirche, in: Kramer, A./Schirrmacher, F. (Hg.), Seelsorgerliche Kirche im 21. Jahrhundert. Modelle, Konzepte, Perspektiven. FS für Michael Klessmann zum 60. Geburtstag, Neukirchen-Vluyn 2005, 158–169.
[Notfallseelsorge – Impulse zu einer seelsorgerlichen Kirche, Neukirchen-Vluyn 2005]

NAURATH, E., »Die Seele spüren«. Herausforderungen an die gegenwärtige Seelsorge, in: PTh 92 (2003), 98–113.

NEIJENHUIS, J., Auf dem Weg zu Gott Sprache finden, in: Gemeinsame Arbeitsstelle für gottesdienstliche Fragen der EKD (Hg.), Öffentliche Klage und Trauer (Arbeitsstelle Gottesdienst 19 [1–2005]), Hannover 2005, 50–61.
[Auf dem Weg zu Gott Sprache finden, Hannover 2005]

NOLLER, A., Pfarrer/innen und Diakon/innen. Versuch einer professionellen Verhältnisbestimmung, in: DtPfrBl 104 (2004), 632–636.

NORDSTOKKE, K., Der theoretische Rahmen der Diakoniewissenschaft, in: Strohm, Th. u. a. (Hg.), Diakonie an der Schwelle zum Neuen Jahrtausend. Ökumenische Beiträge zur weltweiten und interdisziplinären Verständigung (VDWI 12), Heidelberg 2000, 394–406.

NÜCHTERN, M., Kirchliche Bestattungskultur im Umbruch. Herausforderungen und Perspektiven, in: PrTh 37 (2002), 167–175.

OHST, M., Seelsorge in Krisensituationen in kirchengeschichtlicher Perspektive, in: Petzold K./Raschzok, K. (Hg.), Vertraut den neuen Wegen. Praktische Theologie zwischen Ost und West. FS für Klaus-Peter Hertzsch zum 70. Geburtstag, Leipzig 2000, 325–341, und in: Institut für Notfallseelsorge und Krisenintervention (Hg.), »Horizonte«. 1. Bundeskongress Notfallseelsorge, Krisenintervention, Einsatznachsorge. Referate. Erste Hilfe für die Seele, 27.–29. April 1998 in Jena (Beiträge zur Notfallseelsorge und Krisenintervention 2–3/98), Jena 1998, 05–18.
[Seelsorge in Krisensituationen, Leipzig 2000]

OTTO, G., Tod und Trauer brauchen Sprache, in: PrTh 37 (2002), 164–167.

POGUNTKE, P., »Bilder, die sich tief einprägen«. Andreas Müller-Cyran, KIT München, im Gespräch mit Rettungsdienst, in: Rettungsdienst 24 (2001), 1178–1180.

POHL-PATALONG, U., Individuum und Gesellschaft in der Seelsorge, in: Dies./Muchlinsky, F. (Hg.), Seelsorge im Plural. Perspektiven für ein neues Jahrhundert, Hamburg 1999, 113–126.

DIES., Regionalisierung – das Modell der Zukunft? Plädoyer für eine ebenso grundlegende wie kreative Debatte, in: PTh 92 (2003), 66–80.

DIES., Zwischen Unendlichkeit und klarer Entscheidung. Die Kommunikation des Evangeliums als Ausgangspunkt des Nachdenkens über den Pfarrberuf, in: DtPfrBl 111 (2011), 460–465.

PREUL, R., Der Tod des ganzen Menschen. Luthers Sermon von der Bereitung zum Sterben, in: Drehsen, V./Henke, D./Schmidt-Rost, R./Steck, W. (Hg.), Der »ganze Mensch«. Perspektiven lebensgeschichtlicher Individualität. FS für Dietrich Rössler zum siebzigsten Geburtstag (APrTh 10), Berlin, New York 1997, 111–130.
[Der Tod des ganzen Menschen, Berlin, New York 1997]

DERS., Die evangelische Kirche als Bildungsinstitution, in: Schmidt-Rost, R./Dennerlein, N./Hahn, U. (Hg.), Profilierte Bildung – Der Beitrag der christlichen Kirchen zu den Bildungsaufgaben der Gegenwart, Hannover 2006, 47–73.
[Die evangelische Kirche als Bildungsinstitution, Hannover 2006]

DERS., Wurzel und Wachstum christlicher Freiheit, in: ZThK 92 (1995), 251–277.

PREUSS, H. D., Die Frage nach dem Leid des Menschen – ein Versuch biblischer Theologie, in: Oeming, M./Graupner, A. (Hg.), Altes Testament und christliche Verkündigung. FS Antonius H. J. Gunneweg zum 65. Geburtstag, Stuttgart 1987, 52–80.

REIN, M., Die Kirche muss im Dorf bleiben. Chancen und Möglichkeiten kirchlicher Arbeit in ländlichen Räumen, in: DtPfrBl 107 (2007), 362–364.

RIESKE, U., Das »Loveparade«-Unglück: Folgen einer Katastrophe aus Sicht der Notfallseelsorge, in: Rettungsdienst 34 (2011), 859–863.

DERS., Humor und Notfallseelsorge: Gegensatz oder Geschwisterpaar?, in: Rettungsdienst 36 (2013), 140–141.

DERS., Predigt im Gottesdienst zum Ausklang des Projektes, in: Krabs-Höhler-H./Müller-Lange. J. (Hg.), »hoffen bis zuletzt«. Seelsorgerliche Begleitung und psychosoziale Unterstützung für Angehörige nach dem Tsunami vom 26.12.2004, Frankfurt 2006, 248–251.
[hoffen bis zuletzt, Frankfurt 2006]

DERS., Von der Annahme des Unfassbaren. Seelsorgerliche Erfahrungen im Projekt »hoffen bis zuletzt« nach dem Tsunami 2004, in: Kinzig, W./Rheindorf, Th. (Hg.), Katastrophen – und die Antworten der Religionen (Studien des Bonner Zentrums für Religion und Gesellschaft 7), Würzburg 2011, 157–172.
[Von der Annahme des Unfassbaren, Würzburg 2011]

ROSER, T., Auch ein totes Kind hat einen Namen. Konsequenzen bioethischer Stellungnahmen für seelsorgerliches Handeln bei Fehlgeburt, Totgeburt und plötzlichem Säuglingstod, in: PrTh 37 (2002), 185–187.

RÖSSLER, D., Unterbrechungen des Lebens. Zur Theorie des Festes bei Schleiermacher, in: Cornehl, P./Dutzmann, M./Strauch, A. (Hg.)., In der Schar derer, die da feiern. Feste als Gegenstand praktisch-theologischer Reflexion. FS für Friedrich Wintzer zum 60. Geburtstag, Göttingen 1993, 33–40.

ROTH, M., Die Rede vom verborgenen Gott, in: Kinzig, W./Rheindorf, Th. (Hg.), Katastrophen – und die Antworten der Religionen (Studien des Bonner Zentrums für Religion und Gesellschaft 7), Würzburg 2011, 49–66.
[Die Rede vom verborgenen Gott, Würzburg 2011]

RÜCKERT, H.-E., Beruf oder Job? Zum »professionsethischen Verhalten« im konkreten Notfall, in: DtPfrBl 99 (1999), 208–210.

SADOWSKI, S., Bewahren und Erneuern oder Riskieren? Funktion und Aufgabe besonderer Gottesdienste am Beispiel der Notfall-Seelsorge, in: Mantey, V./Sadowski, S./Schmidt-Ropertz, H.-U. (Hg.), Menschen gewinnen. Evangelisch sein im ländlichen Raum. FS für Rudolf Schulze zum 65. Geburtstag, Leipzig 2013, 69–77.

DERS., Franz Karl Ludwig Steinmeyer (1811–1900), in: Schmidt-Rost, R./Bitter, St./Dutzmann, M. (Hg.), Theologie als Vermittlung. Bonner evangelische Theologen des 19. Jahrhunderts im Porträt. FS für Friedrich Wintzer zum 70. Geburtstag (AThG 6), Rheinbach 2003, 88–93.

DERS., Kirchliche Arbeit in der Notfallseelsorge: Interpretationsarbeit des Glaubens im 21. Jahrhundert, in: Evangelische Verantwortung 11/2001, 12–14.

DERS., Notfallseelsorge, in: PTh 88 (1999), 422–434.

DERS., Notfallseelsorge. »Ohne zu zögern« oder »Zwischen Angebot und Nachfrage«, in: PThI 23 (2003), 190–200.

DERS., Theologische Existenz und Predigt heute, in: zur Mühlen, K.-H./Ritter, A. (Hg.), 100 Jahre Evangelisch-theologisches Studienhaus Adolf Clarenbach 1897–1997 (SVRKG 125), Köln 1997, 122–124.

DERS., Warum arbeiten Theologen in der Notfallseelsorge?, in: Rettungsdienst 23 (2000), 534-538.

SCHÄFER, D., Der Mitarbeiterberatungsdienst als mögliches Modell auch zur Hilfe nach Situationen mit posttraumatischer Relevanz, in: Gemeinschaftswerk der Evangelischen Publizistik e.V. (Hg.), Da wurden wir nie drauf vorbereitet. Die innere Not der Retter und Helfer bei Katastrophen. Texte einer Tagung der Ev. Akademie Bad Boll vom 5. bis zum 7. September 1994 (EpdD 2/95, 9. Januar 1995), Frankfurt 1995, 69-70.
[Der Mitarbeiterberatungsdienst, Frankfurt 1995]

DERS., »Leiden, Sterben, Tod und Trauer - wie gehen wir damit um?«, in: Gemeinschaftswerk der Evangelischen Publizistik e.V. (Hg.), Da wurden wir nie drauf vorbereitet. Die innere Not der Retter und Helfer bei Katastrophen. Texte einer Tagung der Ev. Akademie Bad Boll vom 5. bis zum 7. September 1994 (EpdD 2/95, 9. Januar 1995), Frankfurt 1995, 29-40.

DERS., Reaktion auf Karle, I., Volkskirche ist Kasualien- und Pastorenkirche! im DtPfrBl 104 (2004), 625-630, in: DtPfrBl 105 (2005), 89.

SCHAPER, O./SCHANZMANN, A. UND K.H., Erinnern und Gedenken - Nachsorge im Katastrophenfall, in: Müller-Lange, J. (Hg.), Trauma und Spiritualität. 4. Bundeskongress Notfallseelsorge, Krisenintervention. Einsatznachsorge, 9.-11. Mai 2001 in Mülheim an der Ruhr (zu beziehen über das Landespfarramt für Notfallseelsorge der Ev. Kirche im Rheinland), 151-153.

SCHIBILSKY, M., Lebensbegleitung und Lebenskunst. Gute Theologie muss im Alltag und bei der Biographie der Menschen ansetzen, in: Zeitzeichen 02/2003, 38-40.

DERS., MitMenschen aktiv - mehr wert als alles andere. Theologie als Lebenskunst, in: Herrmann, V. (Hg.), Diakonische Existenz im Wandel. »Hephata - öffne Dich« (DWI-Info. Forum, Materialien, Informationen 39), Heidelberg 2007, 194-208.
[MitMenschen aktiv - mehr wert als alles andere. Theologie als Lebenskunst, Heidelberg 2007]

SCHIEDER, R., Seelsorge in der Postmoderne, in: WzM 46 (1994), 26-43.

SCHMIDT-LAUBER, H.-CHR., Diakonie und Seelsorge - Gemeinsames, Proprium und Grenzen, in: KuD 30 (1984), 213-226.

SCHMIDT-ROST, R., Arzt und Seelsorger. Sinn und Grenze der Professionalisierung zweier alter Berufe, in: PTh 79 (1990), 208-222.

DERS., Der Pfarrer als Seelsorger – Fachmann oder professioneller Nachbar? Lehrmittel in der Ausbildung zum Pfarrer als Indikatoren geltender Berufsauffassung, in: WzM 31 (1979), 284–296.

DERS., Die Bedeutung der »Kunstregeln« für die Praktische Theologie, in: PThI 12 (1992), 195–210.

DERS., Probleme der Professionalisierung der Seelsorge, in: WzM 41 (1989), 31–42.

SCHNEIDER-FLUME, G., Kirche und Theologie im Osten Deutschlands aus evangelischer Sicht, in: BThZ 20 (2003), 111–126.

SCHNEIDER-HARPPRECHT, CHR., Seelsorge als systemische Praxis. Der soziale und politische Auftrag der Seelsorge, in: WzM 55 (2003), 427–443.

SCHULZ, H., Der Mensch im Ethos der Feuerwehr. Gedanken zu christlicher Ethik als Sinnhorizont in der Feuerwehr, in: Dienststellen für Feuerwehrwesen und Katastrophenschutz bei den Innenministern der Bundesländer, dem Deutschen Feuerwehrverband (DFW), der Arbeitsgemeinschaft betrieblicher Brandschutz (AGBB), dem Werkfeuerwehrverband (WFV), dem Fachnormenausschuss Feuerwehrwesen (FNFW) und der Arbeitsgemeinschaft der Leiter der Berufsfeuerwehren (AGBF) (Hg.), Brandschutz. Deutsche Feuerwehr-Zeitung. Zeitschrift für das gesamte Feuerwehrwesen, für Rettungsdienst und Umweltschutz 48 (März 1994), Stuttgart 1994, 148–152.

SCHULZ, M., Katastrophen als Anklage – oder: Wie bekommt Gott einen gnädigen Menschen? Überlegungen zur Theodizee, in: Kinzig, W./Rheindorf, Th. (Hg.), Katastrophen – und die Antworten der Religionen (Studien des Bonner Zentrums für Religion und Gesellschaft 7), Würzburg 2011, 27–47.
[Katastrophen als Anklage, Würzburg 2011]

SEIDLITZ, H., »Die Seuche des Jahrhunderts«: Stress und Stressmanagement im Berufsalltag, in: Rettungsdienst 24 (2001), 246–249.

SEIDT, M., Fachberater Seelsorge, in: Gemeinschaftswerk der Evangelischen Publizistik e.V. (Hg.), Da wurden wir nie drauf vorbereitet. Die innere Not der Retter und Helfer bei Katastrophen. Texte einer Tagung der Ev. Akademie Bad Boll vom 5. bis zum 7. September 1994 (EpdD 2/95, 9. Januar 1995), Frankfurt 1995, 63–65.

SEITZ, M., Was ist Seelsorge – und wie geschieht sie durch Gemeindeglieder?, in: Praxis des Glaubens. Gottesdienst, Seelsorge und Spiritualität, Göttingen, 3. Auflage 1998, 73–83.
[Was ist Seelsorge, Göttingen, 3. Auflage 1998]

SPANGENBERG, E., Gewalt macht Frauen krank - und kann überwunden werden. Traumabewältigung nach häuslicher und sexualisierter Gewalt, in: International Police Association (IPA), Deutsche Sektion e.V. (Hg.), 19. Nationaler Kongress der International Police Association, Deutsche Sektion e.V. vom 27.09.-02.10.2011 in Lübeck, Werlte 2011, 52-56.

SPRINGHART, H., Trauer um ungelebtes Leben. Der Volkstrauertag als Kasualie kollektiver Trauer, in: DtPfrBl 109 (2009), 589-600.

STADLER, W., Der Unfall-Folgedienst, in: Peter, H. (Hg.), Der Betreuungseinsatz. Grundlagen und Praxis, Edewecht 1995, 243-246
[Der Unfall-Folgedienst, Edewecht 1995]

STEPAN, TH./JATZKO, S., »Schweigen ist Gold - Reden ist Blech?«. Traumatherapie in der Diskussion, in: Rettungsdienst 23 (2000), 546-548.

STOLLBERG, D., Helfen heißt herrschen, in: PTh 77 (1988), 473-484.

THEUER, F.-M., Inszenierte Bewältigung. Fernsehübertragung von Gottesdiensten bei gesellschaftlichen Krisen und Katastrophen, in: Gemeinsame Arbeitsstelle für gottesdienstliche Fragen der EKD (Hg.), Öffentliche Klage und Trauer (Arbeitsstelle Gottesdienst 19 [1-2005]), Hannover 2005, 42-49.
[Inszenierte Bewältigung, Hannover 2005]

UDEN, R., Trauerrituale als öffentliche Seelsorge. Wie die Kirche in der Medienwelt richtig mit Katastrophen und Terror umgeht, in: PTh 92 (2003), 445-457.

VERTRETER VON NOTFALLSEELSORGEDIENSTEN AUS VERSCHIEDENEN LANDESKIRCHEN UND BISTÜMERN, Thesenreihe zur Notfallseelsorge, in: Evangelisch-Katholische Aktionsgemeinschaft für Verkehrssicherheit/Bruderhilfe Akademie für Verkehrssicherheit (Hg.), »Notfallseelsorge«. Eine Handreichung: Grundlegendes - Modelle - Fortbildung (Texte und Materialien für Gottesdienst und Gemeindearbeit zum Thema Straßenverkehr, Sonderheft), Kassel 1997, 21-22.
[Thesenreihe zur Notfallseelsorge, Kassel 1997]

WATERSTRAAT, F., Abschnittsleiter Jenseits. Von den Aufgaben eines Feuerwehrseelsorgers, in: LM 8 (1993), 12-13.

DERS., Die Arbeitsgemeinschaft Seelsorge in Feuerwehr und Rettungsdienst, in: Gemeinschaftswerk der Evangelischen Publizistik e.V. (Hg.), Da wurden wir nie drauf vorbereitet. Die innere Not der Retter und Helfer bei Katastrophen. Texte einer Tagung der Ev. Akademie Bad Boll vom 5. bis zum 7. September 1994 (EpdD 2/95, 9. Januar 1995), Frankfurt 1995, 65-69.

WEGNER, G., »Kirche, wo Not ist - wo Kirche not ist.« Heil und Wohl in einer diakonischen Kirche, in: Herrmann, V. (Hg.), Diakonische Existenz im

Wandel. »Hephata – öffne Dich« (DWI-Info. Forum, Materialien, Informationen 39), Heidelberg 2007, 170–191.

WIEFEL-JENNER, K., An den Rändern des Todes. Beobachtungen und Überlegungen zur liturgischen Gestaltung von Trauerfeiern, in: PTh 86 (1997), 414–428.

V. WIETERSHEIM, H., Fortbildung in der Notfallseelsorge, in: Müller-Lange, J. (Hg.), Handbuch Notfallseelsorge, Edewecht, Wien 2001, 285–302.
[Fortbildung in der Notfallseelsorge, Edewecht, Wien 2001]

DERS., Fortbildung in der Notfallseelsorge, in: Müller-Lange, J. (Hg.), Handbuch Notfallseelsorge, Edewecht, 2., überarbeitete Auflage 2006, 350–366.
[Fortbildung in der Notfallseelsorge, Edewecht, 2., überarbeitete Auflage 2006]

DERS., Rückmeldung: »Notfallseelsorge alarmieren«, in: Rettungsdienst Journal 11 (3/1994), 98–101.

DERS., Seelsorge in Feuerwehr und Rettungsdienst, in: Fertig B./v. Wietersheim, H., (Hg.), Menschliche Begleitung und Krisenintervention im Rettungsdienst, Edewecht, Wien, 2. überarbeitete und erweitere Auflage 1997, 156–160.
[Seelsorge in Feuerwehr und Rettungsdienst, Edewecht, Wien 1997]

WEISSENBERG, J./ZYDIAK, J., Haben wir aus Eschede gelernt? Symposium und Großübung, in: Rettungsdienst 23 (2000), 912–913.

WINTZER, F., Einführung in die wissenschafts- und problemgeschichtlichen Fragen der Seelsorge, in: Ders. (Hg.), Seelsorge. Texte zum gewandelten Verständnis und zur Praxis der Seelsorge in der Neuzeit (TB 61), München, 3. Auflage 1988, XI-L.
[Seelsorge, München 1978]

WILD, E., Die Aufarbeitung dienstlicher Erlebnisse bei Polizeibeamten, in: Evangelisch-Katholische Aktionsgemeinschaft für Verkehrssicherheit (Hg.), Im Gespräch: Notfallhelfer und Seelsorger, Kassel 1997, 11–12.
[Die Aufarbeitung dienstlicher Erlebnisse bei Polizeibeamten, Kassel 1997]

ZIMMERLING, P., Gebet und Salbung für Kranke. Überlegungen zu einem neuen liturgischen Angebot der evangelischen Kirche, in: PrTh (2002), 218–238.

ZIMMERMANN, P., Den Totensonntag erleben. Zur liturgischen Gestaltung und seelsorgerlichen Bedeutung eines Gottesdienstes, in: PrTh 37 (2002), 209–214.

ZIPPERT, TH., »Beten wir zum selben Gott?« Religiöse und theologische Erwägungen zur Notfallseelsorge in multireligiösen Kontexten, in: Martens, E. (Hg.), in Zusammenarbeit mit Gusek, K., »Ans rettende Ufer«. Referateband des 5. Bundeskongresses für Notfallseelsorge & Krisenintervention, 24.-26.04.2002 in Hamburg, Frankfurt 2003, 37-60. 281-287.

DERS., Indikationen für Seelsorge. Versuch einer Grundlegung zu ihren genuinen Themen in Auseinandersetzung mit der Psychotraumatologie, in: PTh 93 (2004) 312-332.
[Indikationen für Seelsorge, in: PTh 93 (2004)]

DERS., Notfälle und Katastrophen begleiten. Das Phänomen Notfallseelsorge, in: Hauschildt, E./Laube, M./Roth, U. (Hg.), Praktische Theologie als Topographie des Christentums. Eine phänomenologische Wissenschaft und ihre hermeneutische Dimension. FS für Wolfgang Steck zum 60. Geburtstag (Hermeneutica 10), Rheinbach 2000, 228-254.
[Notfälle und Katastrophen begleiten, Rheinbach 2000]

DERS., Organisationsmodelle von Notfallseelsorge. Notfallseelsorge und Gemeinde, in: Evangelisch-Katholische Aktionsgemeinschaft für Verkehrssicherheit/Akademie Bruderhilfe - Familienfürsorge (Hg.), »Notfallseelsorge« Eine Handreichung: Grundlegendes - Modelle - Fortbildung - Erfahrungen (Texte und Materialien für Gottesdienst und Gemeindearbeit zum Thema Straßenverkehr, Sonderheft), Kassel, 2., erweiterte Auflage 1999, 13-16.
[Organisationsmodelle von Notfallseelsorge, Kassel, 2., erweiterte Auflage 1999]

DERS., Spiritualität und Theologie in der Notfallseelsorge, in: Müller-Lange, J. (Hg.), Trauma und Spiritualität. 4. Bundeskongress Notfallseelsorge, Krisenintervention, Einsatznachsorge, 9.-11. Mai 2001 in Mülheim an der Ruhr (zu beziehen über das Landespfarramt für Notfallseelsorge der Ev. Kirche im Rheinland), 10-23.
[Spiritualität und Theologie in der Notfallseelsorge, Niederkassel 2002]

DERS., Therapeutische Ansätze theologisch betrachten, in: Müller-Lange, J. (Hg.), Trauma und Spiritualität. 4. Bundeskongress Notfallseelsorge, Krisenintervention, Einsatznachsorge, 9.-11. Mai 2001 in Mülheim an der Ruhr (zu beziehen über das Landespfarramt für Notfallseelsorge der Ev. Kirche im Rheinland), 39-57.

DERS., Traumatische Wahrheiten. Zum gegenwärtigen Umgang mit traumatischen Erfahrungen, in: Härle, W./Heesch, M./Preul, R. (Hg.), Befreiende Wahrheit. FS für Eilert Herms zum 60. Geburtstag (MThSt 60), Marburg 2000, 395-426.
[Traumatische Wahrheiten. Marburg 2000, 395-426]

DERS., Zehn Argumente für die Notfallseelsorge, in: DtPfrBl 101 (2001), 648-655.

ZITT, R., Erinnern als Aufgabe. Zur Diskussion um den Pfarrberuf, in: DtPfrBl 103 (2003), 132–135.

ZYDIAK, J., Erste Hilfe für die Seele. Notfallseelsorge immer wichtiger, in: Rettungsdienst 26 (2003), 426.

## 5. INTERNET

(Aufsätze, Artikel, Berichte und sonstige Veröffentlichungen)

Die täglich wachsende Literatur zum Thema wird v.a. im Internet publiziert und zunehmend diskutiert. Exemplarisch sei die bundesweite Internetseite http://www.notfallseelsorge.de benannt, auf der eine Liste der vorhandenen Systeme, Termine, Informationen, Änderungen, Materialien, Links u.a. versammelt sind. Die folgende Auflistung kann daher nur exemplarische Hinweise versammeln bzw. verwendete Adressen darstellen.

ART. »Katastrophe«, abgerufen unter:
http://de.wikipedia.org/wiki/Katastrophe
am 03.06.2008.
(Link 11)

BOBERT, S., »Erste Hilfe für die Seele« – Notfallseelsorge. Gastvortrag an der Theologischen Fakultät Rostock, # 2002, abgerufen unter:
http://www.theol.uni-kiel.de/de/einrichtungen/institute/pt/bobert/publikationen-1/Notfallseelsorge.PDF/view
am 16.04.2012.
(Link 35)
[»Erste Hilfe für die Seele« – Notfallseelsorge (Link 35, Seite 1)]

BÜTTNER, F., Kirchliche Notfallseelsorge. Pastoralpsychologische Begründung, praktische Möglichkeiten und Modelle der Begleitung und Seelsorge in Notfallsituationen. Wissenschaftliche Hausarbeit zum 2. Theologischen Examen, abgerufen unter:
http://www.notfallseelsorge.de/Materialien/diplbuettner.pdf
am 07.02.2003.

DIÖZESE ROTTENBURG-STUTTGART, ERZDIÖZESE FREIBURG, EVANGELISCHE LANDESKIRCHE IN BADEN UND EVANGELISCHE LANDESKIRCHE IN WÜRTTEMBERG (Hg.), Notfallseelsorge. Gemeinsame Konzeption der Diözese Rottenburg-Stuttgart, der Erzdiözese Freiburg, der Evangelischen Landeskirche in Baden und der Evangelischen Landeskirche in Württemberg, abgerufen unter:

http://www.notfallseelsorge.de/Infos/Konzeption_Wuerttemberg.pdf
am 29.11.2010.
(Link 18)

EVANGELISCHE KIRCHE IM RHEINLAND, Notfallseelsorge. Notfallseelsorge hilft in Extremsituationen, abgerufen unter:
http://www.ekir.de/ekir/ekir_seelsorge_ekir_notfallseelsorge.php
am 29.11.2010.
(Link 20)

DIES., Seelsorgefelder (Drucksache 18). Beschlussvorlage des Innerkirchlichen Ausschusses (IV), abgerufen unter:
http://www.ekir.de/www/downloads/TO6-P22.pdf
am 16.04.2012.
(Link 34)

DIES., Vorlage der Kirchenleitung an die Landessynode, Seelsorgefelder (LS 2012 Drucksache 18), abgerufen unter:
http://www.ekir.de/www/downloads/ls2012DS18Seelsorgefelder.pdf
am 16.04.2012.
(Link 32)
[Vorlage der Kirchenleitung an die Landessynode, Seelsorgefelder (Link 32)]

EVANGELISCHER KIRCHENKREIS BONN, Bonner Protestanten für eine Stelle zur Koordinierung der Notfallseelsorge in der Region, abgerufen unter:
http://www.bonn-evangelisch.de/aktuell/archiv-2012-synode1206-1827.php
am 11.06.2012.
(Link 37)

EVANGELISCHER OBERKIRCHENRAT, Ordnung für die kirchliche Notfallseelsorge im Bereich der Evangelischen Landeskirche in Baden vom 4. Februar 2003, abgerufen unter:
http://www.nfs-bw.de/fileadmin/materialien/OrdnungFuerBaden_2003.pdf
am 02.07.2008.
(Link 17)

GENGENBACH, O., Beraten, begleiten, bezeugen, beten. Der Auftrag der Seelsorge in der Notfallsituation, abgerufen unter:
http://www.notfallseelsorge.de/Materialien/vortr01.htm
am 30.06.2001.
(Link 2)

DERS., Leserbrief am 31.08.2001 auf Paulus, J., Wenn die Helfer Hilfe brauchen. Nach Katastrophen fällt es den Einsatzkräften schwer, den Schrecken seelisch zu verarbeiten. Ein US-Psychologe entwickelte eine Methode, die

dabei helfen kann. Doch die Zweifel häufen sich: Schadet »Debriefing« mehr als es nützt?, in: Die Zeit 33 (9. August 2001), 24, abgerufen unter:
http://www.sbe-ev.de
am 10.03.2008.
(Link 25)

GOTTSCHLICH, M./KELLER, P.U. OPRAEM/MÜLLER-CYRAN, A./PIETRUSCHKA, L./SLATOSCH, U. (Zusammenkunft der Diözesanbeauftragten für Notfallseelsorge bei der deutschen Bischofskonferenz), Botschafter des Lebens an der Grenze des Todes. Zur theologischen Orientierung der katholischen Notfallseelsorge, abgerufen unter:
http://www.notfallseelsorge.de/Infos/info.pdf
am 27.10.2010.
(Link 27)

GRÜNER HALBMOND, Kultur- und religionssensible Soziale Dienste. Islamische Notfall-Seelsorge für ehrenamtliche Mitarbeiterinnen und Mitarbeiter und Imame, abgerufen unter:
http://ghmev.de/index.php?option=com_content&view=article&id=86&Itemid=504
am 16.08.2011.
(Link 30)

GUNDALIN, J./MÜLLER-LANGE, J., Was trägt – Gottesdienst Bundeskongress 2008, 20. Mai 2008, Gottesdienst in der Florinskirche Koblenz. Segen (gesprochen durch Weihbischof Jörg Michael Peters und Vizepräses Pfarrerin Petra Bosse-Huber im Wechsel), abgerufen unter:
http://www.notfallseelsorge.de/Gottesdienste/Gottesdienst%2011%20Buko%20Segen.doc
am 19.10.2010.

HEINECKE, J. M., Theologische Überlegungen zur Seelsorge in der akuten Notfallsituation, abgerufen unter:
http://www.notfallseelsorge.de/Materialien/theolnfs.htm
am 22.05.1998 und am 01.07.2011.

KAISER, C., Notfallseelsorge. Beistand in Extremsituationen. Diplomarbeit an der Evangelischen Fachhochschule Nürnberg. Fachbereich Religionspädagogik und kirchliche Bildungsarbeit München; abgerufen unter:
http://www.notfallseelsorge.de/Materialien/kaiser.pdf
am 22.05.1998 und am 01.07.2011.

KATHOLISCHE NOTFALLSEELSORGE MÜNCHEN IM ERZBISTUM MÜNCHEN UND FREISING, Botschafter des Lebens an der Grenze des Todes.

Zum theologischen Selbstverständnis der katholischen Notfallseelsorge, abgerufen unter:
http://www.katholische-notfallseelsorge-muenchen.de/materialien/botschafter-des-lebens-der-grenze-des-todes-0
am 27.10.2010.
(Link 28)

KONFERENZ DER EVANGELISCHEN NOTFALLSEELSORGERINNEN UND NOTFALLSEELSORGER, Empfehlung zur Aus-, Fort- und Weiterbildung für Mitarbeitende in der Notfallseelsorge (NFS) und der Seelsorge für Einsatzkräfte in der EKD, beschlossen durch die Konferenz der evangelischen Notfallseelsorgerinnen und Notfallseelsorger am 22. April 2002, abgerufen unter:
http://www.feuerwehrseelsorge.de/Ausbild.pdf
am 17.01.2007.
(Link 12)
[Empfehlung zur Aus-, Fort- und Weiterbildung für Mitarbeitende in der Notfallseelsorge (NFS) und der Seelsorge für Einsatzkräfte in der EKD (Link 12)]

KONFERENZ EVANGELISCHE NOTFALLSEELSORGE IN DEUTSCHLAND, Hamburger Thesen 2007. Aktualisierung der Kasseler Thesen von 1997, abgerufen unter:
http://www.notfallseelsorge-ekvw.de/Downloads%20PDF/Hamburger%20Thesen%20Langfassung12092007.pdf
am 21.04.2011.

KONFERENZ EVANGELISCHE NOTFALLSEELSORGE/JOHANNITER-UNFALL-HILFE e.V., Kooperationsvereinbarung zur Strategischen Partnerschaft zwischen der Konferenz Evangelische Notfallseelsorge in der EKD, vertreten durch den Vorstand und der Johanniter-Unfall-Hilfe e.V., vertreten durch den Bundesvorstand am 16. November 2009, abgerufen unter:
http://www.notfallseelsorge.de/Infos/Vertrag%20JUH%20Ev_NFS.pdf
am 26.07.2011 und 22.10.2011.
(Link 29)

KRISENINTERVENTIONSDIENST MARBURG-BIEDENKOPF (REIFERT, CHR.), Wir über uns. Position, Entstehung, Arbeitsweise, abgerufen unter:
http://www.kid-marburg-biedenkopf.de/wir.htm
am 27.10.2010.
(Link 7)

DERS., Zwischen Feuer und Weihwasser – Notfallseelsorge, abgerufen unter:
http://credobox.blog.de/?tag=dekanat
am 06.03.2008.
(Link 21)

KRISENINTERVENTIONSTEAM MÜNCHEN (MÜLLER-CYRAN, A.), Die Geschichte des KIT München (KIT Rettungsdienst Krisen-Interventions-Team), abgerufen unter:
http://www.kit-muenchen.info/Content-pa-printage-pid-6.html
am 17.11.2010.
(Link 6)

KRÜSMANN, M./KARL, R./SCHMELZER, M./BUTOLLO, W., Prävention im Einsatzwesen, Primäre und sekundäre Prävention im Einsatzwesen. Zusammenfassung der Ergebnisse – Darstellung einer Gesamtkonzeption (Untersuchung der Ludwig-Maximilians-Universität München, beauftragt vom Bundesministerium des Innern und vom Bundesamt für Bevölkerungsschutz und Katastrophenhilfe), abgerufen unter:
http://www.einsatzkraft.de/Zusammenfassung.pdf
am 03.07.2008.
(Link 8)
[Prävention im Einsatzwesen, Primäre und sekundäre Prävention im Einsatzwesen. Zusammenfassung der Ergebnisse (Link 8)]

DIES., Prävention im Einsatzwesen, Sekundäre Prävention. Abschlussbericht für das Forschungsprojekt: Untersuchung bestehender Maßnahmen zur sekundären Prävention und Entwicklung einer Methodik und eines zielgruppenorientierten Programms zur sekundären Prävention einsatzbedingter Belastungsreaktionen und -störungen im Einsatzwesen (Untersuchung der Ludwig-Maximilians-Universität München, beauftragt vom Bundesministerium des Innern und vom Bundesamt für Bevölkerungsschutz und Katastrophenhilfe), abgerufen unter:
http://www.einsatzkraft.de/Endbericht2.pdf
am 03.07.2008.
(Link 9)
[Prävention im Einsatzwesen, Sekundäre Prävention. Abschlussbericht für das Forschungsprojekt (Link 9)]

Die Folgeuntersuchung derselben Autoren ist einsehbar unter:
http://www.einsatzkraft.de/Langzeitstudie.pdf

LAND BADEN-WÜRTTEMBERG, Vereinbarung über die Zusammenarbeit in der Notfallseelsorge zwischen dem Land Baden-Württemberg und der Evangelischen Landeskirche in Baden, der Evangelischen Landeskirche in Württemberg, der Diözese Rottenburg-Stuttgart und der Erzdiözese Freiburg, abgerufen unter:
http://www.nfs-bw.de/uploads/NFS_Vereinbarung_2006.pdf
am 02.07.2008.

LANDESKIRCHENAMT DER EVANGELISCHEN KIRCHE VON KURHESSEN-WALDECK, Rechtssammlung, abgerufen unter:
http://www.ekkw.de/angebote/img/img_eigene/gePfrGes.pdf
am 04.07.2008.
(Link 19)

LINK, N., Notfallseelsorge. Lange da sein und vor allem zuhören, abgerufen unter:
http://www.notfallseelsorge. de
am 27.10.2000.
(Link 16)

MINISTERIUM DES INNERN DES LANDES BRANDENBURG. Referat Brand- und Katastrophenschutz, Jahresbericht Brand- und Katastrophenschutz 2002, Potsdam 2002, 55–56, abgerufen unter:
http://www.lfv-bb/dokumente/Jahresbericht%202002.pdf
am 07.03.2008.
(Link 24)

MÜLLER-CYRAN, A., Stellungnahme zum Artikel »Wenn der Schrecken großgeredet wird«, in der Süddeutschen Zeitung vom 19.9.2007, abgerufen unter:
http://www.notfallseelsorge-bayern.de/Stellungnahme%20SZ-Artikel%20 Mueller-cyran.pdf
am 06.12.2010.
(Link 26)

OBERLANDESGERICHT KÖLN. 6. Zivilsenat, Beschluss vom 25.06.2009 (Az 6 W 65/09), abgerufen unter:
http://www.justiz.nrw.de/nrwe/olgs/koeln/j2009/6_W_65_09_Beschluss_20090625.html
am 07.04.2012.
(Link 36)

PERZUL, T., Chancen und Grenzen der Notfallseelsorge unter besonderer Berücksichtigung der Rettungsdienste und der Polizei. Hausarbeit zum Zweiten Theologischen Examen in der Ev.-luth. Kirche Oldenburg, abgerufen unter:
http://www.notfallseelsorge.de/Materialien/diplperzul.pdf
am 01.07.2011.

PETSCH, H.-J., Polizist wird Notfallseelsorger. Ein Gespräch mit Hanjo von Wietersheim, in: Unser Auftrag 7/8 98, abgerufen unter:
http://www.bubis.com/ags/index.htm
am 08.10.1998.
(Link 3)

PFARRVERTRETUNG IN DER EVANGELISCHEN KIRCHE IM RHEINLAND, »Seelsorgefelder«. Stellungnahme zur Vorlage der Kirchenleitung für die Landessynode 2012, abgerufen unter:
http://www.ekir.de/pfarrvertretung/Downloads/(12)_Stellungnahme_zu_den_Seelsorgefeldern.pdf
am 16.04.2012.
(Link 33)

PIPER, J., Seelsorge auf der Strecke des Unglücks. Kirchliche Notfallseelsorge und die Katastrophe von Eschede, in: Unser Auftrag 7/8 98, abgerufen unter:
http://www.bubis.com/ags/index.htm
am 08.10.1998.
(Link 5)

RAT DER EVANGLISCHEN KIRCHE VON KURHESSEN-WALDECK, Entschließung des Rates der EKKW zur »Notfallseelsorge in der EKKW«, abgerufen unter:
http://www.notfallseelsorge.de/Infos/ordnung%20ekkw.pdf
am 21.04.2011.
(Link 15)

SACHSE, P., Projekt »Notfallseelsorge und Krisenintervention im Land Brandenburg«, abgerufen unter:
http://www.notfallseelsorge.de
am 27.10.2000.
(Link 23)

SEELSORGE IN NOTFÄLLEN (SIN), Seelsorge in Notfällen e.V. Wiesbaden, abgerufen unter:
http://www.sin-wiesbaden.de/index.html
am 22.09.2007.
(Link 22)

VERTRETER VON NOTFALLSEELSORGEDIENSTEN AUS VERSCHIEDENEN LANDESKIRCHEN UND BUNDESLÄNDERN, Thesenreihe zur Notfallseelsorge (Kasseler Thesen), abgerufen unter:
http://www.notfallseelsorge.de/Infos/thesen.htm
am 01.07.2011.

V. WIETERSHEIM, H., Bundeskongress Notfallseelsorge und Krisenintervention 2003. »An Grenzen begleiten«. Ökumenischer Gottesdienst am 22. Mai 2003 in der Evangelischen Kirche in Bochum-Werne, abgerufen unter:
http://www.notfallseelsorge.de/Gottesdienste/gd-bknfs.htm
am 23.04.2009.
(Link 31)

DERS., Die Geschichte der Notfallseelsorge, abgerufen unter:
http://www.notfallseelsorge.de/Infos/nfs-geschichte.htm
am 03.06.2002 und am 13.07.2011.
(Link 1)

DERS., Entwurf für ein Fortbildungskonzept der Arbeitsgemeinschaft Seelsorge in Feuerwehr und Rettungsdienst (AGS), abgerufen unter:
http://www.bubis.com/ags/index.htm
am 13.01.1999.
(Link 14)

DERS., Pressemitteilung: Notfallseelsorge-Konferenz gegründet, abgerufen unter:
http://www.bubis.com/ags/index.htm
am 08.10.1998.
(Link 4)

DERS., Sektenwarnung, abgerufen unter:
http://www.notfallseelsorge.de/Infos/sektenwarnung.htm
am 10.03.2008.
(Link 10)

ZEPEZAUER, J., Kirchliche Seelsorge im Rettungsdienst. Pastoraltheologische Untersuchungen zur Zusammenarbeit zwischen Kirche & Rettungsdienst. Überarbeitete und gekürzte Ausgabe einer Wissenschaftlichen Arbeit für die Zulassung zur theologischen Abschlussprüfung (Diplom) im Fachbereich Katholische Theologie der Johannes Gutenberg Universität Mainz, abgerufen unter:
http://www.notfallseelsorge.de/Materialien/KirchlicheSeelsorgeimRD.pdf
am 23.06.2007 und am 01.07.2011.
(Link 13)

# 6. HANDREICHUNGEN, THEMENHEFTE, BROSCHÜREN, ZEITSCHRIFTEN


AHNEFELD, F.W. (Hg.), Ethische, psychologische und theologische Probleme im Rettungsdienst. Ergebnisse des Workshops Ulm/Neu-Ulm, 23.–25.02.1994 (Institut für Rettungsdienst des Deutschen Roten Kreuzes. Schriftenreihe zum Rettungswesen Bd. 11), Bonn 1994.

AKADEMIE BRUDERHILFE-FAMILIENFÜRSORGE UND DEUTSCHER VERKEHRSSICHERHEITSRAT (Hg.), Unfallbeteiligtes Kind, Kassel 2002.

BEERLAGE, I., Qualitätssicherung in der Psychosozialen Notfallversorgung, Deutsche Kontroversen – Internationale Leitlinien (Schriftenreihe der Schutzkommission beim Bundesminister des Innern, hg. vom Bundesamt für Bevölkerungsschutz und Katastrophenhilfe im Auftrag des Bundesministeriums des Innern, Band 2), Bonn 2009.

BEERLAGE, I./HERING, TH./NÖRENBERG, L., UNTER MITARBEIT VON SCHMIDT, J. M./SCHULZE, D./SONNENBERG, D., Entwicklung von Standards und Empfehlungen für ein Netzwerk zur bundesweiten Strukturierung und Organisation psychosozialer Notfallversorgung (Schriftenreihe der Schutzkommission beim Bundesminister des Innern, hg. vom Bundesamt für Bevölkerungsschutz und Katastrophenhilfe im Auftrag des Bundesministeriums des Innern – Zivilschutz-Forschung. Neue Folge, Band 57), Bonn 2006. [Entwicklung von Standards und Empfehlungen für ein Netzwerk zur bundesweiten Strukturierung und Organisation psychosozialer Notfallversorgung, Bonn 2006]

BRUDERHILFE AKADEMIE FÜR VERKEHRSSICHERHEIT (Hg.), Schutz des Lebens auf Europas Straßen (Texte + Materialien für Gottesdienst und Gemeindearbeit zum Thema Straßenverkehr), Kassel 1993.

BUNDESAMT FÜR BEVÖLKERUNGSSCHUTZ UND KATASTROPHENHILFE (Hg.), Psychosoziale Notfallversorgung: Qualitätsstandards und Leitlinien – Teil I (Praxis im Bevölkerungsschutz, Band 3), Bonn 2009. [Bundesamt für Bevölkerungsschutz und Katastrophenhilfe (Hg.), Psychosoziale Notfallversorgung – Teil I, Bonn 2009]

BUNDESAMT FÜR BEVÖLKERUNGSSCHUTZ UND KATASTROPHENHILFE (Hg.), Psychosoziale Notfallversorgung. Qualitätsstandards und Leitlinien – Teil I und II (Praxis im Bevölkerungsschutz, Band 7), Bonn 2011. [Bundesamt für Bevölkerungsschutz und Katastrophenhilfe (Hg.), Psychosoziale Notfallversorgung. Qualitätsstandards und Leitlinien – Teil I und II, Bonn 2011]

DEUTSCHE BAHN AG (Hg.), Umgang mit Streß und besonderen Belastungen. Eine Informationsbroschüre des Psychologischen Dienstes der Deutschen Bahn AG im Auftrag des Geschäftsbereiches Traktion, Frankfurt, 2. erweiterte Auflage 1995.

DEUTSCHES ROTES KREUZ, Landesverband Niedersachsen (Hg.), Das Zugunglück von Eschede, Porträt eines Einsatzes, Hannover 1998.

DIENSTSTELLEN FÜR FEUERWEHRWESEN UND KATASTROPHENSCHUTZ bei den Innenministern der Bundesländer, dem Deutschen Feuerwehrverband (DFW), der Arbeitsgemeinschaft betrieblicher Brandschutz (AGBB), dem Werkfeuerwehrverband (WFV), dem Fachnormenausschuss Feuerwehrwesen (FNFW) und der Arbeitsgemeinschaft der Leiter der Berufsfeuerwehren (AGBF) (Hg.), Brandschutz. Deutsche-Feuerwehr-Zeitung. Zeitschrift für das gesamte Feuerwehrwesen, für Rettungsdienst und Umweltschutz 48 (März 1994), Stuttgart 1994.
[Brandschutz. Deutsche Feuerwehr-Zeitung Nr. 3 vom März 1994, 48. Jahrgang, Stuttgart 1994]

EVANGELISCHE AKADEMIE BAD BOLL, Schnitte ins Herz. Die innere Not der Retter und Helfer. Tagung der Evangelischen Akademie Bad Boll für Feuerwehr, Rettungsdienste und Polizei vom 5. bis 7. September 1994 (Protokolldienst 29/94), Bad Boll 1994.

EVANGELISCHE KIRCHE VON KURHESSEN-WALDECK. Landeskirchenamt Kassel, Freiwillig und von ganzem Herzen ... Kollekten im Gottesdienst. Praktische Anregungen und theologische Überlegungen. Eine Handreichung der Evangelischen Kirche von Kurhessen-Waldeck, Kassel 2011.

EVANGELISCHES MILITÄRDEKANAT KIEL für den Konvent der Militärpfarrerinnen und Militärpfarrer (Hg.), Überbringen einer Todesnachricht – eine Handreichung für den Überbringer einer Todesnachricht mit praktischen Hinweisen und Beispielen aus dem Bereich der Bundeswehr, Kiel, 2. verbesserte Auflage mit Übertragung des Hauptteils in Englisch 2008.

EVANGELISCH-KATHOLISCHE AKTIONSGEMEINSCHAFT FÜR VERKEHRSSICHERHEIT/AKADEMIE BRUDERHILFE – FAMILIENFÜRSORGE (Hg.), Erste Hilfe – die Bereitschaft fördern (Texte und Materialien für Gottesdienst und Gemeindearbeit zum Thema Straßenverkehr, Heft 31), Kassel 2004.

FEYRER, J./MÜLLER-LANGE, J./REIPRICH-MEURER, H./HENN, S., Kirchliche Arbeit in Feuerwehr, Rettungsdienst und Katastrophenschutz. Materialdienst 1/1994, Feuerwehrseelsorge in der BF Köln. Hintergründe, Berichte, Bausteine Berufsethik, Sonderdruck Interschutz, Köln 1994.

FORUM GESUNDHEITSMEDIEN GMBH (Hg.), Das Praxishandbuch der Notfallseelsorge. Handreichungen – Konzepte – Anregungen, Merching 2009.

GEMEINSAME ARBEITSSTELLE FÜR GOTTESDIENSTLICHE FRAGEN DER EKD (Hg.), Öffentliche Klage und Trauer (Arbeitsstelle Gottesdienst 19 [1–2005]), Hannover 2005.

GEMEINSCHAFTSWERK DER EVANGELISCHEN PUBLIZISTIK e.V. (Hg.), Da wurden wir nie drauf vorbereitet. Die innere Not der Retter und Helfer bei Katastrophen. Texte einer Tagung der Ev. Akademie Bad Boll vom 5. bis zum 7. September 1994 (EpdD 2/95, 9. Januar 1995), Frankfurt 1995.
[Gemeinschaftswerk der Evangelischen Publizistik e.V. (Hg.), Da wurden wir nie drauf vorbereitet (EpdD 2/95, 9. Januar 1995), Frankfurt 1995]

DERS. (Hg.), Polizei im Dienst an einem neuen Europa. Kirche im Dienst einer neuen Polizei. Beiträge des 2. Europäischen Symposions »Kirche und Polizei« im Dominikanerkloster Frankfurt am Main vom 8.–12. Mai 1995, veranstaltet von der Evangelischen und Katholischen Polizeiseelsorge (EpdD 38/95, 11. September 1995), Frankfurt 1995.

GESELLSCHAFT ZUR ERFORSCHUNG DES PLÖTZLICHEN KINDSTODES DEUTSCHLAND e.V., Plötzlicher Säuglingstod. Hilfe und Unterstützung für betroffene Familien. Informationen und Empfehlungen für den Rettungsdienst, Göttingen 1997.

HESSISCHES KULTUSMINISTERIUM/HESSISCHES MINISTERIUM DES INNERN UND FÜR SPORT (Hg.), Handeln in Krisensituationen. Ein Leitfaden für Schulen, Wiesbaden 2007.

KARUTZ, H., Hanna und der Unfall, Düsseldorf 2013.

DERS./MÜLLER-LANGE, J. (DIE AKADEMIE BRUDERHILFE – FAMILIENFÜRSORGE [Hg.]), Betreuung von Kindern in Notfallsituationen, Kassel 2007.

KEMLER, H./RÖHRING, K. (Hg.), Zeichen der Hoffnung angesichts des Todes. Theologische Erwägungen zum Umgang mit den Toten und zur Gestaltung der kirchlichen Bestattung. Ein Votum der Theologischen Kammer der Evangelischen Kirche von Kurhessen-Waldeck (Didaskalia 50), Kassel, 2. Auflage 2000.
[Zeichen der Hoffnung angesichts des Todes, Kassel, 2. Auflage 2000]

KIRCHENAMT DER EVANGELISCHEN KIRCHE IN DEUTSCHLAND (Hg.), Weltsichten. Kirchenbindung. Lebensstile. Vierte EKD-Erhebung über Kirchenmitgliedschaft, Hannover 2003.
[Kirchenamt der Evangelischen Kirche in Deutschland (Hg.), Weltsichten. Kirchenbindung. Lebensstile, Hannover 2003]

KIRCHENAMT DER EVANGELISCHEN KIRCHE IN DEUTSCHLAND UND SEKRETARIAT DER DEUTSCHEN BISCHOFSKONFERENZ IN VERBINDUNG MIT DEN ÜBRIGEN MITGLIEDS- UND GASTKIRCHEN DER ARBEITSGEMEINSCHAFT CHRISTLICHER KIRCHEN IN DEUTSCHLAND (Hg.), Sterbebegleitung statt aktiver Sterbehilfe. Eine Textsammlung kirchlicher Erklärungen mit einer Einführung des Vorsitzenden der Deutschen Bischofskonferenz und des Vorsitzenden des Rates der Evangelischen Kirche in Deutschland (Gemeinsame Texte Nr. 17, Januar 2003), Hannover, Bonn 2003.

LANDESKIRCHENAMT KASSEL, Verhandlungen der 9. Tagung der 10. Landessynode der Evangelischen Kirche von Kurhessen-Waldeck. Ordentliche Tagung vom 24. bis 26. April 2002 in Hofgeismar. Amtliche Ausgabe, Kassel 2002.
[Verhandlungen, Kassel 2002]

LANDESPFARRAMT FÜR NOTFALLSEELSORGE DER EV. KIRCHE IM RHEINLAND (Hg.), »Mit Schere und Spreizer ...«. Gottesdienst für Einsatzkräfte und alle Interessierten mit anschließendem Empfang auf dem 31. DEKT in Köln 2007 (zu beziehen über das Landespfarramt für Notfallseelsorge der Ev. Kirche im Rheinland).

DERS. (Hg.), Wenn die Not Worte verschlingt, zusammengestellt von Müllenmeister, F., Pfalzfeld 2003.
[Wenn die Not Worte verschlingt, Pfalzfeld 2003]

DERS. (Hg.), Wenn die Not Worte verschlingt, zusammengestellt von Unruh, J./Duven, J./Müllenmeister, F., Pfalzfeld, 4., erweiterte Auflage 2008.
[Wenn die Not Worte verschlingt, Pfalzfeld, 4., erweiterte Auflage 2008]

LITURGISCHE KONFERENZ (Hg.), Neues Evangelisches Pastorale. Texte, Gebete, und kleine liturgische Formen für die Seelsorge, Gütersloh 2005.

LOEST, J., Die Furcht kann ihre Macht verlieren. Sterbende begleiten, Hamburg 1997.

LUTHERISCHES KIRCHENAMT DER VELKD (Hg.), Präsenzpflicht – Auf der Suche nach Leitmotiven für die Gestaltung des Pfarrberufs. Dokumentation des 46. Pastoralkollegs der VELKD. Februar 2000, Hannover 2000.

MINISTERIUM FÜR ARBEIT, GESUNDHEIT UND SOZIALES DES LANDES NORDRHEIN-WESTFALEN (Hg.), Abschied und Verabschiedung von Verstorbenen. Dokumentation eines Werkstattgesprächs, Düsseldorf 1996.

DERS. (Hg.), Der plötzliche Säuglingstod. Sie können das Risiko senken, Düsseldorf 1997.

MINISTERIUM FÜR FRAUEN, JUGEND, FAMILIE UND GESUNDHEIT DES LANDES NORDRHEIN-WESTFALEN (Hg.), Neue Kultur im Umgang mit

Tod und Trauer. Dokumentation der Fachtagung am 25. November 1998 in Wuppertal, Düsseldorf 1999.

MÜLLER-LANGE, J., Wieder festen Boden gewinnen – Wege aus der Trauer nach dem einschneidenden Erlebnis, Altenstadt 2005.

PFARRERINNEN- UND PFARRERAUSSCHUSS DER EVANGELISCHEN KIRCHE VON KURHESSEN-WALDECK (Hg.), Pfarrberuf heute. Dokumentation der Tiefenauswertung zur Befragung »pfarrberuf heute«, Kassel 2007.

RELIGIONSPÄDAGOGISCHES INSTITUT LOCCUM DER EV. LUTH. LANDESKIRCHE HANNOVERS (Hg.), Schulseelsorge (Loccumer Pelikan 2009 [Ausgabe 4]. Religionspädagogisches Magazin für Schule und Gemeinde), Loccum 2009.

SCHMIDT-ROST, R., Sterben, Tod, Trauer. Vom Umgang mit der Grenze des Lebens in der modernen Gesellschaft (IEZW 127 [VII/1995]), Berlin 1995, Neuauflage 2000.

SEKRETARIAT DER DEUTSCHEN BISCHOFSKONFERENZ (Hg.), Unsere Sorge um die Toten und die Hinterbliebenen. Bestattungskultur und Begleitung von Trauernden aus christlicher Sicht (Die deutschen Bischöfe 53), Bonn, 4. Auflage 2000.

[Unsere Sorge um die Toten und die Hinterbliebenen, Bonn, 4. Auflage 2000]

STOLLEWERK, B./BOTTERBUSCH, F.-W. (Hg.), Texte für die Notfallseelsorge, Birnbach 2002.

STRANG, A./GÜNTHNER, CHR., Krisenintervention. Psychosoziale Unterstützung für Einsatzkräfte (Die Roten Hefte 84), Stuttgart 2005.

[Krisenintervention, Stuttgart 2005]

UNFALLKASSE HESSEN (Hg.), Nachbereitung extrem belastender Einsätze bei der Feuerwehr (Schriftenreihe der Unfallkasse Hessen, Bd. 1), Frankfurt 1999.

VEREINIGTE EVANGELISCH-LUTHERISCHE KIRCHE DEUTSCHLANDS (Hg., im Auftrag der Fachkonferenz für Seelsorge in Kinderkliniken und auf Kinderstationen innerhalb der Gliedkirchen der EKD), Gute Hoffnung – jähes Ende. Eine »Erste Hilfe« für Eltern, die ihr Baby verlieren, und alle, die sie unterstützen wollen, Hannover 1996, 9. aktualisierte Auflage 2009.

VERLAGSGESELLSCHAFT STUMPF & KOSSENDEY MBH (Hg.), Rettungsdienst. Zeitschrift für präklinische Notfallmedizin 34 (September 2011), Edewecht 2011.

[Rettungsdienst. Zeitschrift für präklinische Notfallmedizin Nr. 9 vom September 2011, 34. Jahrgang, Edewecht 2011]

VÖGELE W., Zivilreligion, Katastrophen und Kirchen (AEZW 189), Berlin 2007.

[Zivilreligion, Katastrophen und Kirchen, Berlin 2007]

## 7. Hilfsmittel, Berichte in Broschüren, Zeitschriften und Zeitungen sowie sonstige Veröffentlichungen

ALLMEROTH, J., Im Gespräch: »Unsere Arbeit wird mittlerweile anerkannt« (Interview mit O. Gengenbach), in: Das Journal (DJ) für Menschen im Raum der Kirchen 77 (03/2003), 38.

ASSHEUER, TH., Weinen gestattet. Eschede und die Medien, in: Die Zeit 25 (10. Juni 1998) 18.

BLIEFERT, W., u. a., HNA SonntagsZeit zur ICE-Katastrophe vor 10 Jahren in Eschede, in: Hessische/Niedersächsische Allgemeine (31. Mai/1. Juni 2008), 2–3.

DELLIT, O., u. a., HNA SonntagsZeit spezial zur Grubenkatastrophe von Stolzenbach, in: Hessische/Niedersächsische Allgemeine (24./25. Mai 2008), 1–7.

DIETRICH, S., Katastrophen ohne militärisches Führungswissen nicht zu bewältigen. Rettungshelfer trafen sich fünf Monate nach dem Zugunglück von Eschede, in: Frankfurter Allgemeine Zeitung 259 (7. November 1998), 10.

EVANGELISCHE KIRCHE VON KURHESSEN-WALDECK (Hg.), Evangelisches Gesangbuch (EG), Kassel 1994.

FEYRER, J., Ist der Umgang mit Leid und Tod ein Problem in Feuerwehr und Rettungsdienst? Einführungsreferat auf dem Seminar »Hornhaut auf der Seele« im März 1994, in: Ders./Müller-Lange, J./Reiprich-Meurer, H./Henn, S., Kirchliche Arbeit in Feuerwehr, Rettungsdienst und Katastrophenschutz. Materialdienst 1/1994, Feuerwehrseelsorge in der BF Köln. Hintergründe, Berichte, Bausteine Berufsethik, Sonderdruck Interschutz, Köln 1994, 9–16.

FREISLEBEN, O., Seelsorgerliche Unterstützung ist eine große Hilfe, in: Evangelisch-Katholische Aktionsgemeinschaft für Verkehrssicherheit. Im Gespräch: Notfallhelfer und Seelsorger, Kassel 1997, 8.

GÖB, S., Mit dem Gebet am Ende. Seelsorge. Wenn das Schicksal sinnlos zuschlägt, ist der Dienst der Kirche gefragt wie kaum sonst, in: Rheinischer Merkur 8 (25. Februar 2000), 24.

GÖRES J., Die Herzen zerrissen. In Gottesdiensten und Gesprächen standen Pastoren den Opfern und Helfern bei, in: Deutsches Allgemeines Sonntagsblatt 24 (12. Juni 1998), 4.

GOETSCH, M., Die furchtbare Stille. Für die Betroffenen ist der Alptraum noch lange nicht zu Ende, in: Deutsches Allgemeines Sonntagsblatt 24 (12. Juni 1998), 3.

GREINER, U., Das Ende der Unverwundbarkeit. Ein Zug ist entgleist, ein Volk erschüttert, ein Mythos tot, in: Die Zeit 25 (10. Juni 1998), 15–16.

GUNDALIN, J./MÜLLER-LANGE, J., Was trägt – Gottesdienst Bundeskongress 2008, 20. Mai 2008, Gottesdienst in der Florinskirche Koblenz. Segen (gesprochen durch Weihbischof Jörg Michael Peters und Vizepräses Pfarrerin Petra Bosse-Huber im Wechsel), in: Müller-Lange, J./Schüssler, P. (Hg.), unter Mitarbeit von Unruh, J. und Sadowski, S., Spiritualität und Trauma. Referateband des 11. Bundeskongresses für Notfallseelsorge und Krisenintervention vom 19.–21. Mai 2008 in Koblenz, Frankfurt 2009, 19f.

HENNINGER, W., Evangelisch-Katholische Aktionsgemeinschaft. Ein Beispiel für die Ökumene, in: Evangelisch-Katholische Aktionsgemeinschaft für Verkehrssicherheit/Bruderhilfe Akademie für Verkehrssicherheit (Hg.), »Notfallseelsorge«. Eine Handreichung: Grundlegendes – Modelle – Fortbildung (Texte + Materialien für Gottesdienst und Gemeindearbeit zum Thema Straßenverkehr, Sonderheft), Kassel 1997, 25.

HOHMANN, W., Drei Notfalleinsätze am Vormittag. Live erlebt: »Eine Schicht« in der DRK-Rettungswache Kreuztal-Kredenbach. Patienten unser höchstes Gut, in: Idee+Tat. Illustriertes Mitteilungsblatt des Deutschen Roten Kreuzes, Landesverband Westfalen-Lippe e.V. 5/1998, 8–10.

KIRCHENAMT DER EVANGELISCHEN KIRCHE IN DEUTSCHLAND (Hg.), Ein starkes Stück Leben. Ideen und Entwürfe für die kirchliche Arbeit anlässlich der FIFA Fußball-Weltmeisterschaft 2006™, Hannover 2005, 18–24.

LEHMANN, K./KOCK, M., Leitwort des Ratsvorsitzenden der EKD und des Vorsitzenden der Deutschen Bischofskonferenz, in: Evangelisch-Katholische Aktionsgemeinschaft für Verkehrssicherheit/Akademie Bruderhilfe – Familienfürsorge (Hg.), »Notfallseelsorge«. Eine Handreichung: Grundlegendes – Modelle – Fortbildung – Erfahrungen (Texte und Materialien für Gottesdienst und Gemeindearbeit zum Thema Straßenverkehr, Sonderheft), Kassel, 2. erweiterte Auflage 1999, 3.
[»Notfallseelsorge«, Kassel, 2. erweiterte Auflage 1999]

LINK, N., Notfallseelsorge. Lange da sein und vor allem zuhören, in: Hessische/Niedersächsische Allgemeine 236 (11. Oktober 2000).

MOGGE, B., Notfallseelsorge, Ein noch junger Dienst von Kirche und Feuerwehr. Das Leid mittragen, in: Rheinischer Merkur 17 (24. April 1998), 25.

MÜLLER-LANGE, J., Wenn es brennt, ist es immer schon zu spät ... Plädoyer für die Kirchliche Arbeit in Feuerwehr, Rettungsdienst und Katastrophenschutz, in: Feyrer, J./Müller-Lange, J./Reiprich-Meurer, H./Henn, S., Kirchliche Arbeit in Feuerwehr, Rettungsdienst und Katastrophenschutz.

Materialdienst 1/1994, Feuerwehrseelsorge in der BF Köln. Hintergründe, Berichte, Bausteine Berufsethik, Sonderdruck Interschutz, Köln 1994, 5-7.

PAULUS, J., Kleiner Hippocampus - großes Leid, in: Frankfurter Allgemeine Sonntagszeitung 20 (18. Mai 2003), 59.

DERS., Wenn die Helfer Hilfe brauchen. Nach Katastrophen fällt es den Einsatzkräften schwer, den Schrecken seelisch zu verarbeiten. Ein US-Psychologe entwickelte eine Methode, die dabei helfen kann. Doch die Zweifel häufen sich: Schadet »Debriefing« mehr als es nützt?, in: Die Zeit 33 (9. August 2001), 24.
[Wenn die Helfer Hilfe brauchen, in: Die Zeit 33 (9. August 2001)]

PITZKE, M., Repression statt Depression. Der New Yorker Psychologe George Bonnano hat der Traumatherapie und dem Geschäft mit der Seelenpein den Kampf angesagt, in: Frankfurter Allgemeine Sonntagssonntag 20 (18. Mai 2003), 59.
[Repression statt Depression, in: Frankfurter Allgemeine Sonntagszeitung 20 (18. Mai 2003)]

RADWAN, CHR., Still leidet die Seele. Unfallfolgen/Verletzungen heilen, aber der Psyche bleiben Narben, in: Rheinischer Merkur 25 (19. Juni 1998), 30.

SCHAUMBURG, P., Erste Hilfe für die Seele. Notfallseelsorger sind anerkannte Partner des Rettungsdienstes (SiN Wiesbaden e.V.), in: Bruderhilfe-Journal 3/1996, 14-16.

SCHWEIZER, J., Entscheiden wie im Krieg. Bei Einsätzen wie in Madrid müssen Ärzte oft in Sekunden beurteilen, welche Opfer am dringendsten Hilfe brauchen, in: Frankfurter Allgemeine Sonntagszeitung 11 (14. März 2004), 63.

ULRICHS, H.-G., Ein Team, in: Kirchenamt der Evangelischen Kirche in Deutschland (Hg.), Ein starkes Stück Leben. Ideen und Entwürfe für die kirchliche Arbeit anlässlich der FIFA Fußball-Weltmeisterschaft 2006™, Hannover 2005, 24.
[Ein starkes Stück Leben, Hannover 2005]

WEBER, C./VÖHRINGER L., Insider warten auf den ersten Amoklauf, in: Süddeutsche Zeitung (16. Juli 2009).

WESTERHOFF, N., Wenn der Schrecken großgeredet wird. Fatale Hilfe für Katastrophenopfer, in: Süddeutsche Zeitung (19. September 2007).
[Wenn der Schrecken großgeredet wird, in: Süddeutsche Zeitung (19.09.2007)]

## 8. Thematische Schriften zur Notfallseelsorge mit hohem Bekanntheitsgrad

DIE AKADEMIE BRUDERHILFE-PAX-FAMILIENFÜRSORGE IN ZUSAMMENARBEIT MIT DER KONFERENZ EVANGELISCHE NOTFALLSEELSORGE IN DER EKD UND DER ZUSAMMENKUNFT DER DIÖZESANBEAUFTRAGTEN FÜR NOTFALLSEELSORGE (Hg.), Notfallseelsorge. Von der Initiative zur Institution, Kassel 2009.

EVANGELISCH-KATHOLISCHE AKTIONSGEMEINSCHAFT FÜR VERKEHRSSICHERHEIT/BRUDERHILFE AKADEMIE FÜR VERKEHRSSICHERHEIT (Hg.), »Notfallseelsorge«. Eine Handreichung: Grundlegendes – Modelle – Fortbildung (Texte und Materialien für Gottesdienst und Gemeindearbeit zum Thema Straßenverkehr, Sonderheft), Kassel 1997.

EVANGELISCH-KATHOLISCHE AKTIONSGEMEINSCHAFT FÜR VERKEHRSSICHERHEIT/DIE AKADEMIE BRUDERHILFE - FAMILIENFÜRSORGE (Hg.), »Notfallseelsorge«. Eine Handreichung: Grundlegendes – Modelle – Fortbildung – Erfahrungen (Texte und Materialien für Gottesdienst und Gemeindearbeit zum Thema Straßenverkehr, Sonderheft), Kassel, 2. erweiterte Auflage 1999.
[»Notfallseelsorge«, Kassel, 2. erweiterte Auflage 1999]

EVANGELISCH-KATHOLISCHE AKTIONSGEMEINSCHAFT FÜR VERKEHRSSICHERHEIT/DIE AKADEMIE BRUDERHILFE - FAMILIENFÜRSORGE/ EVANGELISCHE ARBEITSGEMEINSCHAFT FÜR VERKEHRSFRAGEN IN DER EKD (Hg.), Notfallseelsorge. (Texte und Materialien für Gottesdienst und Gemeindearbeit zum Thema Straßenverkehr, Heft 33), Kassel 2006.

EVANGELISCHE KIRCHE IN DEUTSCHLAND – RAT DER EKD (Hg.), Kirchliches Handeln bei Unglücksfällen und Katastrophen. Eine Handreichung für kirchliche Mitarbeiter, Hannover 1978.
[Kirchliches Handeln bei Unglücksfällen und Katastrophen, Hannover 1978]

EVANGELISCHE KIRCHE IN DEUTSCHLAND – RAT DER EKD (Hg., gemeinsam mit dem Diakonischen Werk der Evangelischen Kirche in Deutschland und der Johanniter-Unfall-Hilfe), Kirchliches Handeln bei Unglücksfällen und Katastrophen. Eine Handreichung für kirchliche Mitarbeiter, Hannover, 4. Auflage 1985.

## 9. BUCHBESPRECHUNGEN DES AUTORS

KRABS-HÖHLER, H./MÜLLER-LANGE, J. (Hg.), »hoffen bis zuletzt«. Seelsorgerliche Begleitung und psychosoziale Unterstützung für Angehörige nach dem Tsunami vom 26.12.2004, Frankfurt 2006, in: DtPfrBl 108 (2008), 47.

LEMMEN, TH./YARDIM, N./MÜLLER-LANGE, J. (Hg.), Notfallbegleitung für Muslime und mit Muslimen. Ein Kursbuch zur Ausbildung Ehrenamtlicher, Gütersloh 2011, in: WzM 64 (2012), 318-320.

MÜLLER-LANGE, J. (Hg.), Handbuch Notfallseelsorge, Edewecht, Wien 2001, in: PTh 90 (2001), 513-515, und in: DtPfrBl 104 (2004), 385-386.

SCHIRRMACHER, F., Seelsorge als Beziehungsgeschehen. Perspektiven zur Weiterentwicklung der Seelsorgepraxis, Neukirchen-Vluyn 2012, in: HPB 2013, 134-136.

ZIPPERT, TH., Notfallseelsorge. Grundlegungen - Orientierungen - Erfahrungen (VDWI 25), Heidelberg 2006, in: PthI 27 (2007), 180-181.

## 10. BUNDESKONGRESSE FÜR NOTFALLSEELSORGE

HAMBURG MESSE UND CONGRESS/FACHTRÄGER SCIENTIFIC SUPPORTERS/FEUERWEHR AKADEMIE HAMBURG/INSTITUT FÜR NOTFALLMEDIZIN (Hg.), ASAP - Help. As soon as possible! Intercon, 4. International Emergency and Rescue Congress and Exhibition mit 1. Internationalem Kongress und 10. Bundeskongress Notfallseelsorge und Krisenintervention, 13.-15. September 2007 in Hamburg, CD-Rom mit den vorhandenen Aufsätzen des Kongresses (zu beziehen beim Herausgeber).

INSTITUT FÜR NOTFALLSEELSORGE UND KRISENINTERVENTION (Hg.), »Horizonte«. 1. Bundeskongress Notfallseelsorge, Krisenintervention, Einsatznachsorge. Referate. Erste Hilfe für die Seele, 27.-29. April 1998 in Jena. (Beiträge zur Notfallseelsorge und Krisenintervention 2-3/98), Jena 1998.

[Institut für Notfallseelsorge und Krisenintervention (Hg.), »Horizonte«. 1. Bundeskongress Notfallseelsorge, Krisenintervention, Einsatznachsorge, Jena 1998]

INSTITUT FÜR NOTFALLSEELSORGE UND KRISENINTERVENTION (Hg.), »Hinter Blaulicht und Martinshorn«. 3. Bundeskongress Notfallseelsorge und Krisenintervention. Referate. Erste Hilfe für die Seele, 23.-25. Juni 2000 in Augsburg (Beiträge zur Notfallseelsorge und Krisenintervention 4/00), Jena 2000.

MARTENS, E. (Hg.), in Zusammenarbeit mit Gusek, K., »Ans rettende Ufer«. Tagungsband des 5. Bundeskongresses für Notfallseelsorge und Krisenintervention, 24.-26.04.2002 in Hamburg, Frankfurt 2003.

MÜLLER-LANGE, J. (Hg.), Trauma und Spiritualität. 4. Bundeskongress Notfallseelsorge, Krisenintervention, Einsatznachsorge, 9.-11. Mai 2001 in Mülheim an der Ruhr. Dokumentation zur Tagung (zu beziehen über das Landespfarramt für Notfallseelsorge der Ev. Kirche im Rheinland).

DERS./SCHÜSSLER, P. (Hg.), unter Mitarbeit von Unruh, J. und Sadowski, S., Spiritualität und Trauma. Referateband des 11. Bundeskongresses für Notfallseelsorge und Krisenintervention, 19.-21. Mai 2008 in Koblenz, Frankfurt 2009.

[Müller-Lange, J./Schüssler, P. (Hg.), unter Mitarbeit von Unruh, J. und Sadowski, S., Spiritualität und Trauma. Referateband des 11. Bundeskongresses für Notfallseelsorge und Krisenintervention, Frankfurt 2009]

RADIX, R. (Hg.), An Grenzen begleiten. Nachlese zum 6. Bundeskongress Notfallseelsorge und Krisenintervention, 21.-23. Mai 2003 in Bochum (Ethik in der Praxis 9), Münster 2004.

Weitere (Teil-)Dokumentationen der Bundeskongresse finden sich auf den Internetseiten:
http://www.nfs-kit.de sowie
http://www.notfallseelsorge.de und
http://www.feuerwehrseelsorge.de.

## Abkürzungen

Die Abkürzungen richten sich, soweit nicht anders vermerkt, nach SCHWERTNER, S. M., Theologische Realenzyklopädie Abkürzungsverzeichnis (IATG), Berlin, New York, 2., überarbeitete und erweiterte Auflage 1994, bzw. nach dem Abkürzungsverzeichnis der Religion in Geschichte und Gegenwart. Handwörterbuch für Theologie und Religionswissenschaft (RGG$^4$), Bd. 1., Tübingen, 4., völlig neu bearbeitete Auflage 1998, XX-LIV.

## Weitere Abkürzungen

Arbeitsgemeinschaft Seelsorge in Feuerwehr und Rettungsdienst = AGS
Arbeiten zur Theologiegeschichte = AThG
Deutsche Arbeitsgemeinschaft für Jugend und Eheberatung e.V. = DAJEB
Evangelisches Gesangbuch = EG
Informationen des Diakoniewissenschaftlichen Institutes der Theologischen Fakultät Heidelberg = DWI-Info. Forum, Materialien, Informationen

Konferenz Evangelischer Notfallseelsorgerinnen und Notfallseelsorger bzw. Konferenz Evangelische Notfallseelsorge = KEN
Praktische Theologie (früher Theologia practica) = PrTh
Religion in Geschichte und Gegenwart, 4. Auflage = $RGG^4$
Zeitschrift für medizinische Ethik = ZME (zuvor ArztChr)

### WEITERE HINWEISE

Wenn in den Anmerkungen Kurztitel verwendet wurden, sind diese im Literaturverzeichnis hinter den vollständigen Angaben in eckigen Klammern ohne Autor und Seitenangabe aufgeführt.

Verweise, die sich auf Quellen im Internet beziehen, sind im Apparat mit einem Kurztitel aufgeführt und einem Linkhinweis nummeriert, im Literaturverzeichnis vollständig aufgeführt, mit dem entsprechenden Quellen- bzw. Linkhinweis vermerkt und dort auch mit dem Datum des Internetzugriffs belegt. Wenn Internetadressen im pdf-Speicherformat für Zitate verwendet wurden, sind bei mehrere Seiten umfassenden Dokumenten im Apparat hinter den Linknummern die Seitenangaben mit der Bezeichnung *Seite* und entsprechender Seitenzahl aufgeführt.

Durch die täglichen Veränderungen der Informationen im Internet kann es vorkommen, dass belegte Linkhinweise in der dargestellten Weise nicht mehr abrufbar sind oder als Fehler definiert werden.

Einfügungen und Satzergänzungen innerhalb von Zitaten sind in eckigen Klammern und i. d. R. durch das Kürzel des Autors der Arbeit (SBS) gekennzeichnet.

Uneigentliche Redeweise ist in kursiver Schreibweise dargestellt.